中国区域协调发展研究

范恒山 孙久文 陈宣庆　等著

2012 年 · 北京

图书在版编目(CIP)数据

中国区域协调发展研究/范恒山等著. —北京:商务印书馆,2012
ISBN 978-7-100-08893-0

Ⅰ.①中… Ⅱ.①范… Ⅲ.①区域经济发展-研究-中国 Ⅳ.①F127

中国版本图书馆CIP数据核字(2012)第013666号

中国区域协调发展研究
范恒山 孙久文 陈宣庆 等著

商 务 印 书 馆 出 版
(北京王府井大街36号 邮政编码100710)
商 务 印 书 馆 发 行
涿州市星河印刷有限公司印刷
ISBN 978-7-100-08893-0

2012年6月第1版 开本787×1092 1/16
2012年6月第1次印刷 印张14
定价:29.80元

国家社科基金后期资助项目
出版说明

后期资助项目是国家社科基金设立的一类重要项目，旨在鼓励广大社科研究者潜心治学，支持基础研究多出优秀成果。它是经过严格评审，从接近完成的科研成果中遴选立项的。为扩大后期资助项目的影响，更好地推动学术发展，促进成果转化，全国哲学社会科学规划办公室按照“统一设计、统一标识、统一版式、形成系列”的总体要求，组织出版国家社科基金后期资助项目成果。

全国哲学社会科学规划办公室

目　　录

前　　言

区域协调发展:面临的挑战和应对的思路

范恒山

贯彻落实党的十七大精神,推动区域协调发展,需要从我国国情和现阶段的实际出发,充分认识我国区域发展面临的问题和挑战,明确推动区域协调发展的内涵、思路和重点。

一、充分认识我国区域发展面临的问题和挑战

近年来,我国大力推动区域协调发展,取得了一定成效。一是区域特色与优势得到有效发挥,区域发展速度全面加快、效益明显提升;二是各地区基础设施状况、投融资环境、体制政策环境等明显改善,区域协调发展的基础逐步确立;三是重点地区和重要经济带的引领支撑作用进一步增强,各地区经济结构调整和优化步伐加快,以区域合作与联动为基础的一体化程度明显提高;四是欠发达地区经济增长加快,发展的活力和主动性显著增强,区域间发展差距扩大的势头有所减缓。

但也要看到,目前我国区域发展还面临一些矛盾和问题,主要是:区域间经济社会发展差距仍然过大,而且继续扩大的总体趋势没有改变;区域间低水平竞争严重,无序开发状况比较突出,全国生产力布局总体上还不尽合理;区域间基本利益关系尚未理顺,基于资源开发与利用、生态环境保护与补偿、生产要素流动与交易等方面的利益关系调整还缺乏科学规范的制度构架,市场机制还不能充分发挥作用,促进区域协调发展的管理体制不够健全、法律制度不够完善,等等。这些矛盾和问题表明,我国区域发展不协调的状况还没有发生实质性改变。

不仅如此,随着改革开放和现代化建设的深入推进,思想观念、体制机

制、社会结构、利益格局、地域环境、发展水平等的变化又给区域协调发展带来了新挑战。第一,自然地理与历史差异等导致落后地区在市场竞争中不仅不能分享经济全球化、市场一体化、科技进步、要素流动和产业转移带来的利益,而且其自身的资源和要素大量流出,形成穷者愈穷的"马太效应";第二,过去的工农产品价格"剪刀差"在新的历史时期并未完全消失,而以农村生产要素特别是土地、人才的低廉售让支持城市发展的新"剪刀差"又开始出现,形成一种"剪刀差依赖",不利于实现城乡协调发展;第三,我国特别是落后地区正处于加快发展的关键阶段,这种发展在一定程度上仍需要资源和环境的有力支撑,而我国又面临资源环境瓶颈制约加剧和可持续发展的问题,这种"两难困境"是推动区域协调发展必须解决的一大难题;第四,由于领导干部选拔任用制度、政绩考核体系以及财政税收体制和市场制度体系不尽完善,一些地方政府和企业规避宏观调控,单纯追求经济增长、实施市场封锁的状况依然存在,导致国家宏观调控政策在实施中出现"效用销蚀"现象,也不利于推动区域协调发展。

二、明确推动我国区域协调发展的内涵、思路和重点

区域协调发展的基本内涵。就我国当前情况而言,区域协调发展至少包括四个方面内容:一是各地区人均生产总值差距应保持在适度范围。人均生产总值是衡量地区之间发展差距的重要指标,但也不能把推动区域协调发展简单地理解为缩小地区间生产总值差距。现阶段促进区域协调发展的主要任务,是遏制地区间人均生产总值差距扩大的趋势,使之保持在可以接受的限度内。二是各地区群众能够享受均等化的基本公共服务。提供基本公共服务是政府的重要职责,而且这种服务不应因地区和人群的不同而有明显差异。三是各地区比较优势得到充分发挥。实现区域间优势互补、互利互惠,是促进区域协调发展的重要内容。只有各地区的比较优势充分发挥,才能实现全国整体利益的最大化。四是各地区人与自然的关系基本处于和谐状态。各地区经济发展必须充分考虑资源环境的承载能力,既要促进欠发达地区经济发展,努力缩小地区差距,也要做到开发有度、开发有序、开发可持续,切实保护好生态环境。

推动区域协调发展的思路。主要是理顺五个方面的关系。一是实施区别战略与体现共同目标的关系。近年来,国家针对不同地区的情况提出了不同的战略重点和工作任务,要求各地区从实际出发,立足于发挥比较优势,实行有区别的战略举措和政策措施。但必须明确,缩小区域发展差距、实现基本公共服务均等化才是促进区域协调发展的共同目标。推进西部大

开发、振兴东北地区等老工业基地、促进中部地区崛起、支持东部地区率先发展等战略，都要服从这个共同目标。二是政府与市场的关系。政府在促进区域协调发展中担负着重要责任，但政府的引导和推动必须建立在遵循市场经济规律、发挥市场机制作用的基础上。三是中央与地方的关系。促进区域协调发展，需要国家的统筹和支持，特别是中央政府应在健全法制、确定战略、编制规划、制定政策、协调地区关系等方面承担更多责任，但关键还是要靠地方自力更生。四是发达地区与欠发达地区的关系。鼓励支持发达地区率先发展，是实现区域协调发展的重要基础；促进欠发达地区加快发展，是缩小区域差距的关键。发达地区应进一步加大支持欠发达地区的力度，加强与欠发达地区的合作互动，实现优势互补、共同发展。五是重点与一般的关系。促进区域协调发展，既要统筹兼顾，合理考虑各地区的实际需要，支持各地区加快发展；更要抓住重点，大力推动重点地区进一步开发开放，充分发挥这些地区的示范、辐射和带动作用，推动形成新的经济集聚区，培育新的经济增长极。

推动区域协调发展的重点。今后一个时期，推动区域协调发展应着眼于四个方面：紧扣主题、把握方向、抓住重点、着力关键。紧扣主题，就是紧扣“发展”这个主题，把发展作为促进区域协调发展的前提与基础；把握方向，就是把握“协调”这个方向，运用各种有效手段，促进形成主体功能定位清晰、东中西良性互动、各地区比较优势充分发挥、人与自然关系和谐、基本公共服务和人民生活水平差距趋于缩小的区域协调发展格局；抓住重点，就是抓住“加强薄弱环节”这个重点，围绕制约区域协调发展的重点地区、瓶颈环节、主要矛盾、基本制度等，加大工作力度，完善政策措施；着力关键，就是着力于“结合”这个关键，通过完善工作方式和推进制度创新，把各种促进区域协调发展的力量与措施有机结合起来，如实现国家支持与地方推动的结合、政府推动与市场能动的结合、自身努力与外部支持的结合、经济区域联动与行政区推动的结合等。

三、抓好推动我国区域协调发展的重点工作

实现区域协调发展是一个长期的历史过程和巨大的系统工程，需要持之以恒、不懈努力。当前及今后一个时期，应着力抓好以下几个方面的工作。

增强区域政策在宏观调控中的地位和作用，探索形成既各具特色又有机统一的区域政策体系。要充分发挥区域政策在宏观调控中的作用，就必须解决好突出地区特色与避免各自为政的问题，从国家区域协调发展的全

局出发，加强相关政策的协调和机制建设，形成既各具特色又有机统一的区域政策体系。具体地说，就是打破东、中、西部和东北的界限，根据不同地区的自然环境、资源禀赋、产业基础、发展阶段、社会环境等因素，进一步明确各区域的战略布局、功能定位、发展重点等，从而确定财政转移支付政策、税收政策、金融政策、人口迁移和流动管理政策、就业政策等的基本导向。

积极推进形成主体功能区，逐步建立合理的空间开发结构。按照优化开发、重点开发、限制开发和禁止开发的不同要求，推进形成主体功能区，能够进一步突出各地区的特色与需求，增强区域政策的针对性，同时也有利于处理好一些特殊性质功能区开发与保护的关系，是对区域发展总体战略的完善、细化与落实。在实际操作过程中，应重点把握好以下方面：准确认识和把握我国国情和发展阶段，从实际出发进行科学划分，不能盲目仿效发达国家；积极调整完善相关政策特别是财政政策、人口迁移政策、生态保护与资源利用政策、经济补偿及相关政策，尤其要加大对限制开发和禁止开发区域的财政转移支付力度；进一步明确中央和地方各自的职责，充分发挥各方面积极性，做好区域发展“四大板块”战略与形成主体功能区的政策衔接，保持政策的连续性和稳定性。

深化重点领域改革，建立协调发展的体制机制。区域协调发展的关键是区域经济一体化或者说市场一体化，其前提是体制一体化。从这个意义上说，体制创新是区域协调发展的重要保障，必须把深化改革作为促进区域协调发展的重要途径。当前，要着力推进行政管理体制改革，转变政府职能，完善干部选拔任用制度和绩效考核体系；完善所有制结构，调整国有经济布局，深化垄断行业改革，大力发展非公有制经济，构建富有活力和创造力的所有制基础；理顺财税管理体制，合理确定各级政府的事权并确保财权与事权相匹配，完善财政转移支付制度，建设公共财政体系，健全有利于发展方式转变和能源资源节约的税收制度；推进企业体制改革，完善微观制度基础，使企业既注重经济效益又注重社会效益；推进市场体制改革，完善现代市场体系，打破垄断，促进平等竞争。

着力抓好重点地区发展，进一步促进区域协作互动。促进区域协调发展要抓好两头：一方面，充分调动发达地区的积极性，进一步发挥其对欠发达地区的辐射、带动、示范和支持作用；另一方面，进一步支持欠发达地区加快发展，通过加大政策支持和体制倾斜力度，解决其面临的突出问题和主要瓶颈。

强化规划引导和法律约束，健全保障区域政策有效实施的制度。提高区域政策实施的有效性和规范性，需要加强两项工作。一是区域规划编制。

编制和实施区域规划，有利于统筹兼顾、综合协调，调动各方面的积极性，加快区域协调发展的进程。应按照科学发展、协调发展的要求，编制和实施若干重点开发区域和重点生态功能区域的规划。二是建立健全区域法律法规。应加快立法进程，抓紧制定促进区域协调发展法、区域规划法等专门法律法规，进一步解决规划和政策有效实施的问题。

（原文为“区域协调发展：面临的挑战和应对的思路”，
见 2008 年 6 月 4 日出版的《人民日报》第十一版。）

第一章　区域协调发展的科学内涵

实施区域发展总体战略和主体功能区战略，构筑区域经济优势互补、主体功能定位清晰、国土空间高效利用、人与自然和谐相处的区域发展格局，是国家"十二五"规划提出的未来五年的区域发展战略思路。本书将以区域发展总体战略为依据，从科学发展观出发，阐述区域协调发展的理论与实践。

一、科学发展观与区域协调发展

在中共十七大报告中，全面系统地阐述了区域发展总体战略的内涵，明确了区域发展的目标，实现区域协调发展的途径。报告提出：推动区域协调发展，优化国土开发格局，要继续实施区域发展总体战略，加强国土规划，按照形成主体功能区的要求，完善区域政策，调整经济布局。

在国家"十二五"规划当中，再一次强调要继续实施区域发展总体战略，提出推进新一轮西部大开发、全面振兴东北地区等老工业基地、大力促进中部地区崛起、积极支持东部地区率先发展和加大对革命老区、民族地区、边疆地区和贫困地区扶持力度的战略方针，把区域发展总体战略提到一个新的战略高度。

综观区域发展总体战略实施以来的我国区域发展，深刻地反映出区域发展总体战略是科学发展观在区域发展上的具体体现，实施区域发展总体战略的目的是实现人与人的和谐、人与自然的和谐，归根到底是为了提高全民族的生活质量，让各个地区的人民都能享受到改革开放和经济发展带来的实惠。

（一）"以人为本"是区域发展的核心

自新中国成立以来，我国的区域发展战略大体上进行了三次大的调整：

改革开放前基本上实行的是以内陆地区为重点的“均衡布局”战略；20 世纪 80 年代以后则实行的是以沿海地区为重点的“非均衡发展战略”；到了 90 年代初，针对地区发展差距的扩大，提出了“区域协调发展”的战略方针。不过，对于区域协调发展要达到什么目标，一直以来并不十分清晰。事实上，地区差距通常包括经济发展水平的差距和公共服务及人民生活水平的差距。在现实中我们往往将这些目标不加区分且过多地强调前者，以致出现开发投入巨大而居民生活改善缓慢的情形。

科学发展观的提出，并且将“以人为本”置于其核心地位，使我们明确了实现区域协调发展的目的，明确了实施区域发展总体战略的目标，明确了“以人为本”是区域发展的核心，是实现区域协调发展的出发点和归宿。坚持以人为本，要求区域发展以实现人的福利增长、人的发展为目标。

按照阿马蒂亚·森的观点：财富、收入、技术进步、社会现代化等都是属于工具性的范畴，是为人的发展、人的福利服务的，最高的价值标准就是自由。区域内成员的福利增长是发展的最终目的。这一方面需要解决好发展过程中的收入分配问题：福利的提升要公平地惠及所有成员，而不是为少数人所占有；另一方面则要注重完善社会保障制度，使得弱势群体的基本生存权利能得到保障，使社会发展成果也能为这部分人所享受到。

在解决我国地区间、城乡间发展差距的过程中，充分体现“以人为本”的发展理念，将基本公共服务水平的均等化放在首位，加大国家对中西部地区及广大乡村的财政转移支付，尽快使那里的教育文化、医疗卫生、道路交通、公共设施等向东部看齐，让居住在不同地区的人民都能享受到大致相同的公共服务，分享国家快速发展带来的成果和实惠，这也是构建和谐社会的基本要求。①

（二）“全面协调可持续”是区域发展的基本要求

我国的协调发展要求实现城乡协调、区域协调、经济与社会协调和人与自然的协调。要实现区域的协调发展，必须处理好两类关系：一是经济系统内的协调；二是经济系统与自然资源——环境系统的协调。其中经济系统内的协调强调区域间的和谐发展。各个区域作为构成国民经济大系统的子系统，在强调自身发展的同时，要关注本区域与其他区域的和谐。全面协调的区域发展不是建立在与其他区域冲突的基础上的，而是建立在区域合作、实现双赢、谋求共同发展的基础上的。这要求区域间产业结

① 参见陈耀：《推动我国区域协调发展的新思路》，《中国社会科学院院报》2006 年第 22 期。

构合理分工，优势互补，并要求相对发达地区发挥其辐射能力，带动其他地区发展。

除了协调区域间发展之外，另一个重要的关系是经济系统与自然资源——环境系统的和谐，即人与自然的和谐发展。这对区域经济发展提出了更高的要求。自然环境作为人类开展一切活动的外部条件，是人类生产活动的基础，乃至生存的前提。如何在人类谋求自身发展和自然环境的有效保护之间找到平衡的路径，是我们面临的严峻问题，是可持续发展也是协调发展的重要内容之一。

（三）统筹兼顾是实现区域协调发展的根本方法

“统筹城乡发展、统筹区域发展、统筹经济社会发展、统筹人与自然和谐发展、统筹国内发展和对外开放”五个统筹是实现区域协调发展的根本方法。区域发展中的统筹兼顾不仅对各个地区、城市与农村的发展都有侧重，而且注重经济与社会的共同发展、人与自然的和谐和充分利用国内、国际两种资源和两个市场。

统筹城乡发展，推进社会主义新农村建设，建立以工促农、以城带乡的长效机制，形成城乡经济社会发展一体化新格局。这是改变我国二元结构、实现城乡协调发展和城乡一体化的根本途径。统筹区域发展，实施区域发展总体战略，深入推进西部大开发，全面振兴东北地区等老工业基地，大力促进中部地区崛起，积极支持东部地区率先发展。在重大项目布局上充分考虑支持中西部发展，鼓励东部地区带动和帮助中西部地区发展。加大对革命老区、民族地区、边疆地区、贫困地区发展扶持力度。统筹区域发展是缩小区域发展差距、实现基本公共服务均等化的根本途径，是实现区域协调发展的根本方法。

统筹经济与社会发展就是不仅关注经济发展而且关注民生，将以人为本、提高人民的福利水平作为经济发展的出发点和归宿。通过加大对农村、落后地区的财政投入，建立和完善社会保障制度、医疗保障制度，加强就业技术培训，缩小区域差距，实现全国基本公共服务均等化，促进经济与社会的协调发展。统筹兼顾人与自然的协调发展、建设生态文明，是实现区域协调发展的根本途径。无论是统筹城乡发展、区域发展，还是统筹经济社会发展和人与自然的和谐，都需要加强区域合作、促进生产要素的自由流动，实现东中西部之间的资源和市场的共享和互补。

统筹国内发展和对外开放，在开放条件下，随着全球化的深入，还要加强国际资源和市场的开发和利用，把国内发展放到国际经济大环境下去统筹考虑，只有这样才能实现区域协调发展。

二、构建和谐社会与区域协调发展

构建和谐社会是区域协调发展的基本指导思想。中国共产党第十六届中央委员会第六次全体会议，制定了《中共中央关于构建社会主义和谐社会若干重大问题的决定》(以下简称《决定》)，提出了构建和谐社会的发展目标，同时也提出了区域协调发展的基本指导思想。

(一) 构建和谐社会中的区域发展内容

《决定》分析了构建和谐社会在中国特色社会主义事业总体布局中的地位。指出："社会和谐是我们党不懈奋斗的目标。新中国成立后，我们党为促进社会和谐进行了艰辛探索，积累了正反两方面经验，取得了重要进展。党的十一届三中全会以后，我们党坚定不移地推进改革开放和现代化建设，积极推动经济发展和社会全面进步，为促进社会和谐进行了不懈努力。党的十六大以来，我们党对社会和谐的认识不断深化，明确了构建社会主义和谐社会在中国特色社会主义事业总体布局中的地位，做出一系列决策部署，推动和谐社会建设取得新的成效。经过长期努力，我们拥有了构建社会主义和谐社会的各种有利条件。"

《决定》概括了我国经济社会发展中不和谐的问题，认为："目前，我国社会总体上是和谐的。但是，也存在不少影响社会和谐的矛盾和问题，主要是：城乡、区域、经济社会发展很不平衡，人口资源环境压力加大；就业、社会保障、收入分配、教育、医疗、住房、安全生产、社会治安等方面关系群众切身利益的问题比较突出。"

《决定》对区域发展提出了明确要求，指出："落实区域发展总体战略，促进区域协调发展。继续推进西部大开发，振兴东北地区等老工业基地，促进中部地区崛起，鼓励东部地区率先发展，形成分工合理、特色明显、优势互补的区域产业结构，推动各地区共同发展。加大对欠发达地区和困难地区的扶持。中央财政转移支付资金重点用于中西部地区，尽快使中西部地区基础设施和教育、卫生、文化等公共服务设施得到改善，逐步缩小地区间基本公共服务差距。加大对革命老区、民族地区、边疆地区、贫困地区以及粮食主产区、矿产资源开发地区、生态保护任务较重地区的转移支付，加大对人口较少民族的支持。支持经济发达地区加快产业结构优化升级和产业转移,扶持中西部地区优势产业项目,加快这些地区的资源优势向经济优势转变。鼓励东部地区带动和帮助中西部地区发展,扩大发达地区对欠发达地区和民族地区的对口援助,形成以政府为主导、市场为纽带、企业为主体、项目为载体的互惠互利机制。继续发挥经济特区、上海浦东新区作用,推进天津滨海新区等条件较好地区开发开放。建立健全资源开发有偿使用制度和补偿机制,对资源衰退和枯竭的困难地区经济转型实行扶持措施。"

《决定》实际上已经完全勾画出了在构建和谐社会中区域发展的地位、作用和主要的实施内容。我们看到,区域协调发展是《决定》始终都在坚持和强调的一个观点。

(二) 构建和谐社会对区域协调发展的要求

依据构建和谐社会的基本精神,在构建和谐社会的大目标下,实现区域的协调发展,我们得到以下几条关于区域协调发展的原则和启示:

1. 坚持科学发展观,确立区域经济社会的综合发展目标

构建和谐社会强调发展目标必须定位于综合平衡社会进步、环境保护以及经济增长。区域协调发展系统是由社会系统、环境系统和经济系统三大子系统共同组成的,区域经济系统的健康发展取决于三大子系统以及子系统与整体系统之间均衡协调的演进。为此,需要借鉴区域生态学、区域经济学、区域社会学以及可持续发展等相关学科的研究成果,尽快建立我国现阶段适度的区域协调发展目标评价体系、指标控制体系,并加强发展阶段、发展时序、动力机制的研究。①

2. 坚持和谐发展,加强对我国区域发展中的各种矛盾和问题的研究

我国的工业化和城市化经历了一段快速发展的时期,伴随这一发展进程的是种种社会矛盾、冲突和问题。目前,快速城市化带来的巨大人口和就业压力,城市空间"摊大饼"式的迅速蔓延,交通等基础设施的相对滞后,生态环境的严重退化以及收入差距不断拉大带来的社会分化问题已经成为我国大中城市普遍面临的难题,威胁着城市和区域的可持续发展。所以,区域协调发展的研究必须直面各种矛盾和问题,不仅仅是经济增长问题,更包括社会问题和环境问题。结合各地的现状基础条件,广泛借鉴国内外的先进理论和实践经验,创造性地探讨适合国情的区域协作的管治机制。以构建和谐社会为出发点,在区域协调发展中着力探索和解决区域发展中的新问题。

---

① 参见吴超、魏清泉:《"新区域主义"与我国的区域协调发展》,《经济地理》2004年第1期。

3. 以构建和谐的区域关系为目标，加快建立区域利益协调机制

构建和谐社会要求建立一种新的区域利益协调机制。在这个新机制中，区域与全局的利益分配建立起新的比例变动关系。通过鼓励每一个区域去努力追求本区域的经济利益，从而使整体经济利益实现最大化。这种利益分享的新机制，要求实现“发挥优势、发展特色、普遍增长”的区域经济新格局。在这样一个新格局中，每一区域都要找到适合于自己的发展方向，从而使整个社会经济生活纳入一种新的均衡与和谐之中。

要合理构建区际价格、供求、竞争关联机制，打破资源、市场利益的条块分割，以发挥优势、共同发展、提高效率为宗旨，在贸易、资金、物资、交通、人才、信息等领域协调东、中、西部地区进行广泛的交流与合作，支持中西部地区特色产业的发展、基础产业的技术进步和贫困地区脱贫致富，并通过经济杠杆调节和政策引导，使中西部地区的资源转换战略和东部地区的加快发展战略相互联结、有机结合，重新沟通被传统行政区域分割的经济关系，把加快推进发达地区的加快发展与推进落后地区的跨越式发展有机结合起来，形成地区间相互促进、共同发展的区域结构，把继续推进西部大开发、振兴东北地区等老工业基地、促进中部地区崛起、鼓励东部地区率先发展共同纳入国民经济整体协调发展体系当中。

4. 加强各层次区域规划的协调和衔接，实现规划的科学性

构建和谐社会背景下的区域协调发展，应重视不同层次区域的结合和协作。我国历来重视区域（空间）规划，但不同层次的规划之间缺乏必要的协调和衔接。我国的空间规划类型包括国土规划、城镇体系规划、城市总体规划以及近年来针对中心城市“城市区域”的城市区域规划。不同的规划发展是不平衡的，国土规划由于迄今为止没有取得法定地位，不具权威性和约束力，日渐减弱；而城镇体系规划多是城市总体规划的陪衬，生硬地套用城镇体系职能结构、规模结构、空间结构以及区域基础设施网络的规划模式，难以发挥指导作用；而城市区域规划与总体规划之间则范围不清，存在许多矛盾。总之，各类规划之间，任务不明、对象不清的现象普遍存在，彼此不协调，指导实践的能力有限。现阶段，关于区域规划研究的主要任务是科学地研究、界定各类规划的范围、任务，厘清彼此的关系，探讨彼此协调的机制。

加强区域空间规划与社会、经济发展规划的结合，是国际上自20世纪60年代以来区域规划发展的主要趋势，即由单纯物质性规划走向社会经济综合规划，由控制性规划走向引导发展的规划，由线性、蓝图式规划走向弹

性、动态的规划。[①] 这些观点在我国的区域规划中应该逐渐得到体现。

5. 在区域运行机制和发展模式上寻求新突破

我们在探讨区域协调发展模式时，应当在区域运行机制和区域政策导向上，在区域管理、区域成员责任承担、协调区域对外开放、区域化内容等方面寻求新突破。

要实现区域协调发展，市场机制和政府干预二者缺一不可。在充分发挥市场配置资源的基础性作用的同时，也必须发挥政府的宏观调控作用。在解决区域发展差距问题、促进欠发达地区快速发展方面，中央政府具有不可替代的作用。应充分发挥中央政府职能，实现区域之间体制环境的统一，提高全国基本公共服务的均等化水平。

各国的经验表明，在不同的国家，全球化等外部环境因素对经济增长、贫困问题和收入分配的影响差别很大，其影响在很大程度上取决于国家所采取的政策。以往中央财政对欠发达地区的转移支付力度还不够，区域政策在消除市场缺陷方面的效果尚不理想，欠发达地区的基础设施条件、自我发展能力和居民福利水平都有待改善和提高。

（三）构建和谐社会背景下的区域政策导向

在构建社会主义和谐社会的背景下，在区域政策导向上可以从以下几个方面考虑[②]：

1. 加快建立统一公平的国内市场，促进区域之间体制环境的统一和要素的流动

尽管市场失灵是导致区域差异的重要原因，但并不能因此就忽视市场在区域协调发展中的作用。完善的市场机制是区域协调发展的基础。只有消除地区封锁，各个地方废除妨碍公平竞争、排斥外地商品和服务的各种分割市场的规定，打破行政壁垒，建立国内统一市场，促进各种要素流动，发展具有比较优势的产业，各地区才能从全国性的区域性生产中获得更大的规模效益。建立统一公平的国内市场，要积极促进区域之间经济体制环境的统一。受经济体制改革区域推进的影响，我国各区域的经济市场化程度不一，这是转轨时期区域经济差异加剧的重要原因。因此，区域之间一致的市场经济体制环境是实现区域经济协调发展最基本的前提。政府通过建立统一的体制环境，消除限制区域之间要素自由流动的制度根源，取消阻碍要素

---

① 参见吴超、魏清泉：《"新区域主义"与我国的区域协调发展》，《经济地理》2004 年第 1 期。

② 参见张崇康：《中国区域协调发展中的政策选择》，《中国流通经济》2006 年第 5 期。

合理流动的区域壁垒，使各个区域按照市场规律的要求，自主发展，公平竞争，依据比较优势合理配置资源，实现区域之间的共同发展。

2.加大和改善财政转移支付，提高全国基本公共服务的均等化水平

我国经过二十多年的快速发展，具备了逐步解决区域发展差距的条件，中央政府也有能力为促进区域协调发展提供体制、政策、资金等方面的支持。现在需要通过一系列具体政策措施予以保障。

在解决地区经济社会发展水平差距过大的问题时，中央政府应该首选实行全国基本公共服务均等化，使各地区所有人都能够享受最基本的公共服务。中国现行的政府间财政体制在很多地方都无法保证公共服务的充分性。为此，需要规范财政转移支付制度。要加大对中西部地区财政转移支付的力度，实现各地区人均财力的均衡。

3.实现地方政府的角色创新，使地方政府成为区域性调控的主体

随着地方自主权的扩大，地方政府作为一个权利主体的地位开始显现。如果把市场的健康发育看成是我国区域经济的内生变量的话，那么，地方政府则是强化行政区经济的主导变量。在内生变量作用不力的情况下，政府权力便显得至关重要。但是，在改革进程中地方政府权限的不断膨胀，严重影响统一大市场和区域经济的形成发展，一些地方政府的行为重点从市场封锁转移到反宏观调控上来，形成了新形势下中央与地方的博弈格局。

地方政府的反宏观调控行为，如果放在区域经济的背景环境下来考察的话，可以看作在行政性关系与市场性关系的较量过程中行政性关系的进一步强化。这表明，在市场不完善的情况下，地方政府权力过大会导致其行为失范，市场经济扭曲为权力经济，从而不利于区域经济的良性发展。只有地方政府及时转换角色，它才能对区域经济的持续发展起到积极的促进作用。

由于我国各地区的资源条件和社会经济发展的特点具有较大的差异，各区域经济发展水平和市场发育程度极不平衡，中央实行统一调控，不仅难度大、效果差，而且会降低中央调控的权威性，所以可以发挥地方政府在区域层面自主调控的必要性。应当构建一个多层次的宏观调控体系，在强调中央对全国市场的宏观调控时，赋予地方政府相应的区域调控权，使地方政府调控成为介于中央宏观调控与以经济杠杆为手段所进行的间接调控之间的中间环节，成为统一大市场和区域经济的建设者和维护者。

4.及时制定和实施有关的法规和政策，推动和规范地方政府间的区域经济合作

地方政府间的区域经济合作对于促进各区域的经济发展，协调区际经济关系，构建联动、有序的经济区域等有着越来越重要的作用。

目前,我国还缺少鼓励和规范地方政府之间区域经济合作的必要的法规和政策,在合作中存在利益分配不公,正当权益缺乏保障,进而引起种种利益冲突等问题。制定和实施有关的法规和政策,能有力地推动和规范地方政府间的区域经济合作,保障合作各方的合法权益,达到各展所长、优势互补、共同发展的目的。地方政府应鼓励企业跨区域发展,这是市场经济条件下协调区域经济发展的一种有效方式。目前,企业跨区域发展仍处在起步阶段,存在着信息不畅、利益分配不规范、投资法律保障缺乏和体制环境不配套等多种问题,国家也应及时地提供政策上的服务和支持。

三、区域协调发展的内涵、特征和内容

具体到区域协调发展的内容,我们提出以下观点:

(一) 协调发展释义

"协调"的含义是"配合适当、步调一致"。所谓协调发展,就是促进有关发展各系统的均衡、协调,充分发挥各要素的优势和潜力,使每个发展要素均满足其他发展要素的要求,发挥整体功能,实现经济社会持续、均衡、健康发展。

协调发展的提出反映出人们对社会主义市场经济规律以及自然规律认识的进一步深化。在全面建设小康社会的进程中,坚持协调发展,就是要自觉地纠正一些地区和领域出现的重经济增长、轻社会进步,重效率、轻公平,重物质成果、轻人本价值,重眼前利益、轻长远福祉,重局部、轻全局的倾向。采取有效措施防止这些倾向继续蔓延,避免造成经济社会的发展失衡。坚持统筹兼顾,在经济发展的基础上促进社会全面进步,在合理开发利用资源中实现人与自然的和谐相处,促进经济社会可持续、协调发展的战略目标,不是单纯追求 GDP 的增长,而是在经济发展的基础上提升全体人民的福利;经济体制改革不仅要有利于促进生产力的发展,而且要有利于体现社会主义现代化事业的根本宗旨,实现社会和谐和全面进步。

(二) 区域协调发展的科学内涵

按照科学发展观的要求,区域协调发展的内涵至少应包括四方面的内容①:

---

① 参见杜鹰:《全面开创区域协调发展新局面》,《求是》2008 年第 4 期。

一是地区间人均生产总值差距保持在适度的范围内。现阶段促进区域协调发展的一项首要任务，就是要遏制地区间人均生产总值扩大的趋势，并努力使之保持在一个适度的范围内。

二是各地区的人民都能享受均等化的义务教育、公共卫生和基本医疗、社会保障、社会救助、促进就业、扶贫济困、防灾减灾、公共安全、公共文化等基本公共服务，不应因地区的不同、人群的不同而有明显的差异。

三是各地区比较优势能够得到合理有效的发挥，有效消除区域间的利益冲突，促进区域间的优势互补、互利互惠。

四是各地区人与自然的关系处于协调和谐状态。只有让人与自然关系处于和谐状态，才能真正做到区域的全面、协调、可持续发展。

（三）区域协调发展的基本特征

区域协调发展具有空间性、功能性、动态性、综合性等基本特征。

1. 区域协调发展的空间性特征

从区域经济的理论出发，区域经济是特定区域的经济活动和经济关系的总和。如果我们把全国的国民经济看作一个整体，那么区域经济就是整体的一个部分，是国民经济整体不断分解为它的局部的结果。对于国家的经济来说，整体系统涵盖了部门体系，也涵盖了区域体系（在市场条件下，部门体系实际上是融合于区域体系中运行的）；区域是它的一个实体，是一个子系统。区域体系是由无数个区域实体组成的，而且每一个实体都有其自身的特点和运行规律。我们把国家宏观经济管理职能下面的、按照地域范围划分的经济实体及其运行，都看作区域经济的运行。

区域协调发展的空间性特征表明，如果抛开区域与国家的关系而孤立考虑区域的发展，就会将一个区域孤立起来，用单个区域的经济增长的叠加来计算整体的增长，以增长掩盖各种关系的对立。这样发展的最终结果就会由于区域发展外部环境的破坏而阻碍区域自身的发展。

2. 区域协调发展的功能性特征

区域协调发展的功能性主要是通过区划来体现。区划就其概念来说是整体的一种不断进行的分解，一种区划就是整体不断地分解为它的部分。[①]也就是说，我们首先把国民经济看作一个整体，然后对其进行逐层分解，形成一个完整的区域系统。

整体的分解，可以有不同的分解办法，分解成不同的系统。其中，两类

---

① 参见〔德〕赫特纳：《地理学》，商务印书馆，1982，第 308 页。

系统对于我们认识区域协调发展是十分重要的:第一是类型区,第二是系统区。

第一类:类型区

类型区的划分是依据区域的相同性或相异性的关系,即区内的相同性和区际的相异性来划分的,显然,这是一种静态的排列。类型区的划分需要有明确的标识,这种标志可以是自然的,也可以是经济的,然后通过主成分法去提炼和归纳。类型区在区域研究中之所以显得重要,关键在于它所表现出来的是一个区域在自然景观和经济景观的类型差异性。差异研究是区域研究的生命,有差异才有类型。

第二类:系统区

系统区是区域之间位置关系和相互作用关系的一种表现形式。系统区的划分是将位置相连的区域放在一起,并不强求自然和经济的统一性,而仅仅是去研究它们之间的相互关系。由于所在位置上的相连,使我们完全有必要把它们看作一个整体来研究。先研究整体的特征,再研究各部分的特征。

由于区域协调发展的功能性的要求,使各类区域之间的发展必须有一个互动的过程。在某些时候,区域发展不能促进区域协调的原因并不是发展本身的问题,而是缺乏必要的带动意识和政策配套。

3.区域协调发展的动态性特征

对于任何一个略大一些的地区,经济发展不可能是均衡的。有的地区水平高些,有的地区水平低些;有些地区发展快些,有些地区发展慢些。一个国家、一个省、一个县都有同类的问题。对于决策者来说,把资金投在发达地区,效率高些,地区间的差距拉大;投到落后地区,可缩小差距,但又可能会影响效率。所以,区域经济有一个公平与效率的问题。如果一项区域发展政策能够实现区域的帕累托改进,这项政策就是可行的。

将“区域”因素地方化是区域发展中最大的问题。它造成的结果要么是少数区域的局部膨胀,要么是不顾客观条件而盲目开发。区域的不平衡和区域的均衡并不是自然而然的,都有其社会和政策背景。要想在强调少数区域优先发展的同时解决发展“区域化”的问题,就必须对发展战略进行新的调整。区域协调发展正是对区域发展导向的纠正和干预,旨在树立整体和协调的区域发展关系。

4.区域协调发展的综合性特征

区域协调发展是科学发展观在区域发展问题上的具体体现,是区域发展和区域协调的统一,也是区域发展综合性的一种体现。

中央政府提出的科学发展观，具体到区域发展问题上就是要解决区域发展与区域协调统一的问题。区域的发展不能仅仅对统计意义上的“整体”做贡献，还要真正惠及由各个区域组成的有机整体。真正的发展是目标与手段、个体与整体、区域发展和区域协调的统一，它不会破坏区域关系而应该对区域关系的协调做出贡献。“发展是硬道理”并不是说发展之后才能找到解决问题的办法，而是说发展本身就是促进和谐的力量，和谐是发展的题中之意。

任何发展都是在一定“关系”之下的发展，如果将发展与协调对立起来，或者将协调视为发展之后才能解决的问题，那么区域协调就难以实现。区域分化实际上是区域分割式的发展模式所内含的，这种发展使得财富在少数区域形成掠夺式的聚集，越是发展，对区域关系的破坏也就越大。少数地区先富起来然后带动其他地区的发展，这种政策本身并没有多大的问题，但如果以积极的态度促进少数地区的发展，却将带动其他地区发展的任务交给“市场”，等待其自发调节，那么所谓的先富效应就不会是先富带动后富，而是富者更富而穷者更穷。[①]

(四) 区域协调发展的主要内容

区域协调发展的内容十分丰富。区域协调发展，应当包括各区域经济总量的协调、产业结构的协调、经济布局的协调、经济关系的协调和发展时序的协调。

1. 区域经济总量和水平的协调

区域经济总量的协调是指在考虑各区域所处的位置、拥有的人口和目前的发展水平的前提下，实现各区域在发展规模上的协调，也就是我们通常意义上的区域协调发展的含义。进一步，我们可以将区域经济总量的协调分解为区域发展的规模协调和区域经济的水平协调。

区域发展的规模协调是一个综合性、组合式的概念，是指在各地区的比较优势和特殊功能都能得到科学、有效的发挥，形成体现因地制宜、分工合理、优势互补、共同发展的特色区域经济的条件下，区域应当具有的发展规模。

区域经济的水平协调是指各地区城乡居民可支配购买力及享受基本公共产品和服务的人均差距能够限定在合理范围之内，从而以人均国民生产

---

① 参见陈新、殷格、张林海：《区域发展与区域协调的统一——科学发展观视野下的区域发展战略》，《中州学刊》2005 年第 3 期。

总值衡量的发展水平的差距逐步缩小。

2. 区域产业结构的协调

区域产业结构协调有非常严格的衡量标准，判断区域产业结构是否协调主要有以下标准：

第一，合理地利用区域的自然资源。产业的形成和发展都不可能脱离物质基础，只有在合理利用本地自然资源基础上形成的区域产业结构，才能取得最佳的经济效益。

第二，区域内各产业的发展特色突出。各产业在发展中能够按照区域分工的要求，形成本区域的特色产业。

第三，区域产业能够提供与区域发展水平相吻合的产品和服务。

第四，区域产业能够合理开发和利用国内外的成熟技术，充分吸收当代最新科学技术成果，具有一定的产业创新能力。

第五，区域产业发展能够使当地的生态环境得到保护。

3. 区域经济布局的协调

优化地域经济空间结构，实现区域经济布局的协调，是区域协调发展的中心环节和核心任务。根据区域经济发展需要，在综合评价区域发展的优势和制约因素的基础上，充分考虑市场的需求和区际的经济联系，实现区域经济景观(实体)的优化配置，是区域经济布局协调的主要方向。

区域经济布局的协调，包括中心城市与周边区域的发展协调、主要基础设施建设在区域间的协调以及区域的产业功能分布的协调等。我们要特别关注产业功能分布在大的经济地带或经济板块间的协调。

我们特别担心的是“三大都市圈”与其他区域的产业功能分布的协调。如果到2020年我国人口的55％和GDP总量的60％要集中在“三大都市圈”，我们的国土就要变成“畸形的国土”了。因为在总量一定的情况下，提高三大都市圈的比重，自然就是降低其他地区的比重。要提高三大都市圈的比重，其发展速度就必然要高于其他地区，就必然要有大量的生产要素向这里集中，在生产要素不是无限供给的情况下，其他地区必然要减少生产要素的供给。而这样做的话，我们的西部大开发、东北振兴和中部崛起所做的缩小地区差距的努力都将前功尽弃。如果说我们现在要解决的还是东部12％的国土与中西部88％的国土的差距的话，那么将来就会变为“三大都市圈”3％的国土与其他地区97％的国土的差距。

4. 区域经济关系的协调

区域经济关系协调的目标是各地区之间基于市场经济导向的经济技术合作能够实现全方位、多领域和新水平的目标，形成各区域、各民族之间全面团结和互助合作的新型区域经济关系。

这些关系可以归纳为两类：

第一，竞争关系。区域竞争关系主要出现在特点相似的区域之间，这些区域的产业特点很相近，结构趋同，竞争不可避免。在任何的情况下都可能发生区域竞争，既包括争夺市场，也包括争夺资源。但是在一般情况下，竞争往往是局部性的问题，因为在全国统一的大市场已经形成或正在形成的情形下，地方政府对于趋利避害一般会有理智的判断，而各地区自然条件和经济发展差异的客观现实要求更多的是合作，这又使区域竞争一般局限在一个有限的空间或领域。

第二，合作关系。虽然存在区域竞争，但区域合作仍然是区域关系的主流。这是区域关系中一种活动的产出表现为另一种活动的投入时所结成的相互吸引的关系，对区域合作的双方的发展都有好处，因为合作的内容经常是两区域之间劣势生产要素的互补，或者是互为市场以扩大生产的规模。区域之间的产业上的生产联系十分普遍，成为区域合作的基本的形式。产业合作带动了其他方面的合作，所以开展区域合作应当从产业的合作开始。

5. 区域发展时序的协调

区域发展历来都有一个时序问题，就是说有先发地区与后发地区的区别。作为国家协调区域发展，确定正确的发展时序十分重要。我国在改革开放初期制定的“两步走”的区域发展时序，即沿海地区首先发展，然后回过头来支援内地的发展，无疑是十分正确的。我们需要坚定地走下去。

新时期需要解决的发展时序问题，是我国的区域发展进入“沿海支援内地”的发展阶段以后，选择一个什么样的向西推进的路线，以及这个路线在时间上如何安排。

我们综述区域协调发展的内涵，区域协调发展不是目的而是手段，是为了使所有区域都得到发展而实施的一种发展手段。要使所有的区域都能够逐步发展起来，在我国经济发展达到一定程度的今天，我们应当放弃非均衡发展的思路，采用协调发展的思路，这应该是区域协调发展的实践着眼点。

第二章　区域协调发展的理论基础和国际经验

区域协调发展问题的提出，有着很深远的理论基础。从20世纪50年代起，区域协调发展就成为区域经济理论研究中的核心内容之一。

一、区域经济理论与区域协调发展

区域经济理论的形成可以追溯到经济学发展早期的区位论，包括农业区位论、工业区位论、中心地理论和市场区位论、交通区位论等理论。20世纪50年代，美国学者艾萨德继承和发展了区位理论，创立了现代的区域经济学。区域经济学中与区域协调发展相关联的理论主要包括：

（一）区域均衡与非均衡理论

区域发展的均衡与非均衡，一直是区域发展理论争论的焦点。

1. 区域平衡发展理论

平衡发展或平衡增长是区域经济发展的一种方式。区域平衡发展理论是从发展经济学的有关理论引进并发展而形成的。

(1)纳尔逊的"低水平均衡陷阱"理论

低水平均衡陷阱理论是在美国经济学家哈维·莱宾斯坦提出的"准安定均衡"理论基础上，由发展经济学家纳尔逊(R. R. Nelson)进一步提出和完善的。该理论假设当人均收入超过维持生命的水平，人口就要迅速增长，但到人口增长率达到"自然的上限"以后，收入增长使人口下降。理论的主要内容是：不发达经济的痼疾表现为人均实际收入处于仅够糊口的或接近于维持生命的低水平均衡状态；过低的居民收入使居民储蓄和投资受到极大的限制；如果以增加国民收入来提高储蓄和投资，又通常导致人口的增加，从而又将人均收入推回到低水平稳定均衡状态之中。这是不发达经济难以逾越的一个陷阱。

持续的经济增长要求打破低水平均衡陷阱，在可动员的经济资源不变和没有外部经济刺激的情况下，要走出陷阱，就必须使人均收入增长率超过人口增长率。因此，必须多管齐下，综合治理，主要措施是：首先，从制度上创造有利于经济发展的政治氛围和社会环境；其次，推行计划生育，缩小家庭规模，改变社会结构，鼓励节俭消费，倡导居民储蓄，培养企业家精神；再次，改变收入分配格局，避免公平伦理观念影响效率原则，并促使财富向投资者集中；第四，依靠国家综合投资以及国民经济发展计划和规划的确定，加大突破陷阱的力量；第五，吸引外资以增大投资和收入；最后，通过技术进步来提高现有资源的使用效率。

(2)罗森斯坦—罗丹的“大推进”理论

美国经济学家保罗·罗森斯坦—罗丹(P. N. Rosenstein-Rodan)提出了著名的“大推进”理论。主张发展中国家在投资上以一定的速度和规模持续作用于众多产业从而冲破其发展“瓶颈”。

“大推进”理论的中心思想是：要克服由于地区市场狭小、投资有效需求不足和资本供给不足的双重发展障碍，发展中国家必须全面地、大规模地进行投资，即在国家经济各部门同时增加投资，并合理分配投资，满足和增加各方面的需求，使市场扩大，特别是对基础设施大幅度投入，给经济一次大的推动，从而推动整个国民经济的全面、均衡、快速发展，使发展中国家走出贫困的恶性循环。

因此，要形成广大的市场，使多种多样的商品都各有所需，就必须广泛地、大规模地在各个部门和各个行业同时进行必要的投资。相反，如果不采用“大推进”办法，而是进行孤立的、小规模的投资，经济只能缓慢增长，就不能迅速改变落后国家的经济面貌，无助于缩小发展中国家与发达国家之间的差距。

2. 区域非均衡发展理论

区域平衡发展理论遭到以赫希曼、缪尔达尔等为代表的一些发展经济学家的反对和批判。他们认为，发展中国家不具备全面增长的资本和其他资源，平衡增长是不可能的。投资只能有选择地在若干部门和区域进行，其他部门或区域通过利用这些部门或区域的投资带来的外部经济而逐步发展起来。

(1)艾尔伯特·赫希曼的不平衡增长理论

这一理论是由著名的经济学家赫希曼(A. O. Hirschman)在《经济发展的战略》一书中提出的，主张发展中国家的投资应有选择地在某些部门进行，其他部门通过其关联效应发展起来，从而使其经济逐步得到发展的经济战略。赫希曼认为发展中国家主要的稀缺资源是资本，若实行一揽子投资，则资本稀缺这一瓶颈无法突破，从而也就无法实现平衡增长。他指出，发展的路程好比一条“不均衡的链条”，从主导部门通向其他部门，从一个产业通向另一个产业，从一个企业通向另一个企业。经济发展通常采取“踩跷板”的推进形式，从一种不平衡走向新的不平衡。

(2)威廉姆森的倒“U”形理论

1965 年威廉姆森发表了“区域不平衡与国家发展过程”一文，通过对 20 世纪 50 年代 24 个国家有关区域差异的国际性数据进行横向比较，威廉姆森发现这些国家的区域差异格局在时间上呈现倒“U”形，其中贫穷的发展中国家如巴西、哥伦比亚、菲律宾与波多黎各等国的区域差异呈扩大的趋势，而发达国家如美国、加拿大、法国和意大利等国的区域经济差异却在持续缩小。与此同时，威廉姆森又进行了单个国家区域收入差异变化的分析，并提出：在经济发展的早期阶段，区域差异逐渐扩大；但在经济发展的成熟阶段，这一差异趋于收敛。据此，威廉姆森认为区域差异遵循“全国增长轨迹上的倒 U 形曲线”。

根据威廉姆森的倒“U”形理论，积极活动的空间集中式极化是国家经济发展初期不可避免的现象，但由此而产生的区域差异将随着经济发展的成熟而最终消失。倒“U”形理论的内在含义是经济发展与区域差异之间的相互作用和相互依赖性。具体地说，在经济发展的初期阶段，差异的扩大是经济增长的必要前提。因为用于国家经济发展的资源在此阶段是有限的，只有将有限的经济资源集中在较少的区域使用才能实现最迅速的经济进步，否则将导致经济效率的损失。而在经济发展的后期阶段，可供支配利用的经济资源比较充裕，因而鼓励新增长点出现的可能性增大，新的增长点的出现不仅可以缩小区域差异，而且还能促进国家整体经济发展水平的进一步提高。

(3)冈纳·缪尔达尔的循环累积因果论

循环累积因果论认为：经济发展在空间上并不同时产生和均匀扩散，而是从一些条件较好地区开始，一旦由于初始优势而比其他区域超前发展，则该区域就通过累积因果过程，不断积累有利因素，继续超前发展。由此产生两种相反的效应：一是回流效应；二是扩散效应。在市场机制作用下，回流效应远大于扩散效应，强大的回流效应和弱小的扩散效应是经济发展不平衡的重要原因。该理论的政策主张是：在经济发展初期，政府应当优先发展条件较好地区，以寻求较高投资效率和较快经济增长；当发展到一定水平时，要防止累积循环因果造成贫富差距无限扩大，必须制定一系列特殊政策来刺激落后地区发展，以缩小经济差距。

(4)区域经济梯度推移理论

区域经济梯度推移理论的基础是美国弗农(R. Vernon)等提出的工业生产生命循环阶段论。生命循环阶段论认为工业各部门甚至各种工业产品都处在不同的生命循环阶段上，在发展中必须经历创新、发展、成熟、衰老四个阶段，并且在不同阶段，将由兴旺部门转为停滞部门，最后成为衰退部门。学者把生命循环论引用到区域经济学中，创造了区域经济梯度转移理论，认为区域经济盛衰主要取决于其产业结构优劣，而产业结构优劣又取决于区域主导产业部门在工业生命循环中所处阶段，如果处于创新和发展阶段，则会在以后一段时期内保持快速发展势头，就属于高梯度地区；反之，则处于低梯度地区。创新活动大都首先出现在高梯度地区，由高梯度区向低梯度区转移；梯度转移主要是通过多层次城市系统向外扩展。

(二) 区域分工与协作理论

区域分工理论的起源，一般可以追溯到现代经济学之父亚当·斯密提出的绝对成本优势理论。从绝对成本优势和比较成本优势理论到新古典分工理论，区域分工理论经历了一个漫长的发展过程。

1. 绝对成本优势与区域分工

绝对成本优势的概念，最早是由亚当·斯密在1776年出版的《国富论》一书中提出的。

亚当·斯密从一般制造业工厂内部的分工入手，进而分析了国家之间的分工，认为各国可以利用在生产某种产品上的绝对成本优势来进行专业化生产，并以此专业化产品同其他国家进行贸易。亚当·斯密的国际分工原则，是建立在生产商品的成本差异基础上的，而这种成本差异是绝对的。

一个国家购买其他国家的某种产品而不自己生产，是因为该国不具有生产这种产品的绝对优势，也就是相对于购买其他国家生产的该产品而言，本国生产的成本太高。与之相对应，一个国家之所以能够向其他国家卖出某种产品，是因为该国具有生产这种产品的绝对优势。亚当·斯密进一步认为，各国生产成本的差异可以归结为生产效率的差异，而之所以形成生产效率的国际差异，主要是因为各国所拥有的优势不同。他把这种优势分为两类：自然优势和可获得性优势。前者指超乎人力范围之外的气候、土地、矿产和其他相对固定状态的优势；后者指工业发展所取得的经济条件，如资金、技术等。一个国家在生产和输出某种商品上具有自然或可获得性优势，也就具有成本优势。

虽然亚当·斯密的分工理论是针对国际分工和贸易领域提出的，但同样也适用于区域分工。也就是说，任何区域都具有其绝对有利的生产条件，并且各区域的专业化生产能够提高生产效率。各区域按照绝对有利的生产条件进行分工，生产成本最低的产品，然后区域之间进行交换，能够使各区域的资源和生产要素得到最有效利用，从而提高区域劳动生产率，增进区域经济利益。

2.比较成本优势与区域分工

大卫·李嘉图在1817年出版的《政治经济学及赋税原理》一书中，以劳动价值论为基础，利用两个国家、两种产品模型，论证了比较优势的存在以及在国家贸易理论中的应用，从而奠定了比较成本优势学说的基础。

按照比较成本优势学说，即使是不具有任何绝对成本优势的区域，也能参与区域分工，并且从中获利，从而解决了绝对成本优势学说的缺陷。李嘉图举了一个著名的酒和毛呢的例子来说明这个问题。假如葡萄牙生产一定单位的葡萄酒要耗费80个工人一年的劳动，生产一定单位毛呢需要耗费90个工人一年的劳动，而英国生产同样数量的葡萄酒和毛呢则需要分别耗费120个工人和100个工人一年的劳动。不难看出，葡萄牙在生产这两种商品上都具有绝对优势，而英国在生产这两种产品上则都处于相对劣势。那么按照绝对利益学说，葡萄酒和毛呢都应该集中在葡萄牙生产，这样一来葡萄牙和英国在这两种产品生产上就不存在分工问题了。而按照比较优势的原则，两国之间在这两种产品之间的分工不仅是可行的，而且是更有效率的。就葡萄牙而言，其从事葡萄酒生产比从事毛呢生产具有比较优势，因此应该集中于生产葡萄酒；反之，对于英国而言，其从事毛呢生产比从事葡萄酒生产具有比较优势，因此应该集中于生产毛呢。这样一来，两个国家在这两种商品上的分工不仅能得以实现，而且还节约了劳动，增加了产出。

3.要素禀赋理论

要素禀赋理论也称赫克歇尔—俄林模型(简称H-O模型)，最早是由瑞典经济学家赫克歇尔(E. Heckscher)于1919年提出的。

H-O模型突破了古典经济学劳动价值论的观点，以新古典经济学作为区域分工和国际贸易理论的基础，用生产要素禀赋差异导致的价格差异代替李嘉图的生产成本差异来进行研究，认为区域分工以及国际贸易产生的主要原因是各地区生产要素的丰裕程度，并由此决定了生产要素相对价格和劳动生产率的差异。俄林假定，商品在区域间可以自由移动(无运费)，而生产要素不能自由移动。不同区域的生产要素禀赋不同，也就是生产要素的供应丰裕程度不同，这样会引起两区域生产要素相对价格比例不同。根据生产费用理论,生产要素价格比例不同,会导致两区域生产的商品相对成本比例不同,从而在孤立的状态下会造成两区域商品相对价格不同。而且,正是由于两区域商品相对价格不同,才导致区域贸易的发生。一个区域输出那些含有区内供应丰裕而价廉的生产要素的商品,输入那些含有本区供应稀缺而价高的生产要素的商品。通过这样的自由贸易,地区间可以获得比较利益,而且在生产要素自由流动的条件下,贸易的结果可以使商品价格均等化,某种程度上也可以使生产要素价格均等化。

4.相似条件下的地域分工理论

克鲁格曼在20世纪90年代提出了相似条件下的地域分工理论。克鲁格曼认为,国际分工与贸易的形成,特别是要素供给结构相似国家之间形成的同类产品的贸易,是这些国家按照规模收益递增原理而发展专业化的结果,与国家之间生产要素禀赋差异的关系不大。克鲁格曼认为,规模收益递增是要素供给相似国家或地区之间形成分工和贸易的原因,而规模收益递增则不断强化这种既定的分工贸易格局。也就是说国家和地区之间的区域分工格局,具有很强的路径依赖。相似条件下的地域分工理论将规模经济作为一个重要的因素来研究区域问题,能够更好地阐明资源禀赋相近国家之间的分工,相对于比较优势理论具有更广泛的解释能力。

(三)区域空间结构理论

区域空间结构理论是目前仍在发展当中的理论,该理论的内容比较新颖,研究的范围比较宽泛,与区域协调发展的联系十分紧密。

1.区域空间开发模式理论

区域空间开发模式理论主要包括增长极模式理论和网络型模式理论,发展轴模式可以看作一种过渡的模式。

(1)增长极模式理论

区域空间开发的理论基础是增长极理论,并由此产生增长极模式。增长极理论最初是由法国经济学家弗朗索瓦·佩鲁于20世纪50年代提出来的。其基本思想是:经济增长并非同时出现在所有地方和部门,而是首先集中在某些具有创新能力的行业和主导产业部门,这些主导产业部门通常集聚在大城市中心。经济的增长首先出现在增长极上,然后通过不同的渠道向外扩散,并对整个区域产生影响。

增长极通过支配效应、乘数效应、极化与扩散效应对区域经济活动产生作用。

第一,支配效应。增长极上的产业具有技术、经济方面的先进性,能够通过与周围地区的要素流动关系和商品供求关系对周围地区的经济活动产生支配作用。也就是说,周围地区的经济活动随增长极的变化而发生相应的变动。

第二,乘数效应。增长极的发展对周围地区的经济发展产生示范、组织和带动作用,从而加强了与周围地区的经济联系。在这个过程中,受循环积累因果机制的影响,增长极对周围地区经济发展的作用会不断地得到强化和放大,影响范围和程度随之增大。

第三,极化效应。极化效应即增长极周围区域的生产要素向增长极集中,增长极本身的经济实力不断增强。我们现在一般把一个区域内的中心城市称为增长极,把受到中心城市吸引的区域称为“极化区域”。为什么主导产业的产生会在增长极出现极化作用?主要是由规模经济作用引起的产业集聚作用,使增长极能够不断成长壮大。

第四,扩散效应。扩散效应是与极化效应同时存在、作用力相反的效应,是生产要素从增长极向周边区域扩散的趋势效应。只要两地建立了市场经济的贸易关系,生产要素就始终是双向流动的,所以极化效用和扩散效用也是同时存在的;由于技术发展水平的不断提升,增长极上的产业不断发生更替,被更替下来的产业向增长极周边地区转移;随着社会经济发展水平的提高,增长极的产业部门存在的机会成本增加,使效率相对较低的产业向周边扩散。扩散效应又被称为“涓滴效应”,即生产的发展通过扩散而促进增长极周边所有区域的发展,从而缩小地区之间的差异。

增长极的形成,必然改变区域的原始空间平衡状态,使区域空间出现不平衡。增长极的成长将进一步加剧区域的空间不平衡,导致区域内、地区间的经济发展差异。不同规模等级的增长极相互连接,就共同构成了区域经济的增长中心体系和空间结构的主体框架。区域经济空间开发的其他各种模式,都是从增长极当中演化出来的。区域协调发展,要考虑区域增长极之间的关系。

(2)网络型模式

增长极的扩大可能在较为狭小的地域形成若干发展轴,这是增长极模式的扩展。由于增长极数量的增多,增长极之间也出现了相互联结的交通线,这样,两个增长极及其中间的交通线就形成了理论上的发展轴。但有时增长极的扩散不是线状的,而是圆状的,也就是向增长极的周边扩散。随着地区开发的深入和增长极数量的增加与质量的提高,根据区域经济空间相互作用理论和空间近邻效应,在区域经济增长极之间产生相向的聚集与扩散,在它们之间建立起各种交通线路以及各种经济社会联系,产生相对密集的要素流，从而形成区域内经济相对发达的区域。这种区域的形成就可以激活该地区的经济发展潜力。同时，由于该地区具有良好的区位优势，因此，能吸引其他地区的资源，使企业和经济部门等向此集聚。

增长极和发展轴演化的结果，就是由若干个增长极和发展轴联合在一起，形成你中有我、我中有你的局面，从而形成增长的网络。增长网络的形成，使极化效应产生的聚集规模经济在更大的范围内表现出来，而不是仅仅从一个点上表现出来。对于网络所在的区域来说，意味着增长结果的分散化和增长极点的分散化；而对于更大区域来说，则将整个网络区域视为一个巨大增长极，所以其极化的效应可能更强，对区域经济的影响也可能更大。这种联系方式组成了具有不同层次、功能各异、分工合作的区域经济系统。它能够将区外的一些资源纳入到这个系统之中，对其他地区的影响也最明显，一般发生在发达地区。因此，这种模式是区域协调发展的基础和核心内容。

网络型模式具有以下三个效应：

第一，规模经济效应。当一个网络型区域形成之后，该区域就具有了外部规模经济效益。从宏观经济的角度分析，就是从单个城市参与竞争过渡到城市群或都市圈参与的竞争，从而提升总体的竞争力。

第二，产业集聚效应。网络型区域所拥有的产业集聚功能，远远超过单个增长极所拥有的集聚功能，形成在一个较大地域范围内的产业聚集的趋势。例如汽车工业在长三角地区的集聚、钢铁工业在京津冀区域的集聚，都反映出这种趋势。

第三，区域联系效应。网络型区域的区域联系分为两个部分：区域内部的经济联系和区域外部的经济联系。从区域内部看，原来属于外部的联系被内部化，减少了区域合作的成本；从区域外部看，区域经济联系的范围扩大，内容更加多样性。

2.区域经济空间一体化理论

区域经济一体化的理论基础可以归结为空间一体化理论，美国区域经济学家弗里德曼在继承钱纳里和罗斯托的发展阶段理论的基础上，将产业发展和空间演变相结合，从而建立起区域空间结构和发展阶段理论。该理论认为："在区域经济持续增长过程中，空间子系统会重组，其边界会发生变化。这一过程往往按一定规则进行，其最终格局是全国各区域经济全面一体化。"弗里德曼根据区域内各组成部分的相互关系，将空间一体化过程分为以下四个阶段：

第一阶段：独立的地方中心阶段。

第二阶段:单一强中心阶段。

第三阶段:唯一强中心和边缘次级中心阶段。

第四阶段:区域空间一体化阶段。

区域经济空间一体化是一个空间系统演化的概念,也是一个动态的过程,主要有以下的表现形式[①]:

第一,空间形态一体化。空间形态一体化就是要形成组织严密、运转协调的城镇等级体系。在这一体系中,不仅城市与其腹地高度统一,合为一体,还要求城市之间在空间上联系紧密,不存在边缘化地区,形成多核心和生产要素高度密集的星云状结构的大都市带。空间形态一体化的含义,就是要形成有利于发挥这两大功能的空间布局结构。

第二,市场一体化。区域经济一体化实质是市场一体化。虽然区域内部没有关税等壁垒,但是在区域经济关系不协调的情况下,各个地区为了各自的利益,往往动用行政力量,阻碍生产要素、原材料和产品的跨区流动,进行市场分割和地方保护,从而阻碍区域市场一体化的形成。而如果没有区域市场一体化,那么区域经济一体化也就无从谈起。因此,消除区域合作的各种障碍,是实现区域经济一体化的基础。要保证各种生产要素通过市场自由流动,就必须有发育完善的市场体系和统一市场作基础。这里所说的市场,不仅包括产品市场,还包括资本、技术、人才等生产要素市场以及产权、旅游、文化等其他的专业市场。市场一体化是各种要素市场的有机统一体。

第三,产业一体化。产业一体化的含义,就是要构建分工明确、联系紧密的区域产业结构分工合作体系。这就要求根据比较优势形成产业分工,实现区域内产业结构合理化,以提升产业的整体竞争力。根据区域产业集聚理论,由于区域的主导产业,在生产上或者在产品分配上有着密切联系,或者在布局上有相同的指向性,这些产业按一定比例布局在区域的某个优越的地区内,就可以形成一个高效率的生产系统,改善企业生产的外部环境,从而使区域整个生产系统的总体功能大于各个企业和各组成部分功能之和。

第四,交通通信设施一体化。交通通信基础设施如同人的脉络,将区域各组成部分连为一体。没有便捷、完善的交通通信设施网络,区域内的商品、要素等流动就受到限制,也就必然无法实现区域经济的一体化。因此,加快区域内各省市间基础设施的连接,形成发达的地区交通枢纽,发挥其对

---

① 参见中国科学院:《中国可持续发展战略研究报告》,科学出版社,2004。

国民经济的巨大带动作用，是经济一体化发展的重要内容。区域内各组成部分要以区域高速公路等快速干道建设为契机，加快城市通道的配套与衔接，共同完善交通、物流网络。

第五，信息一体化。在信息化社会时代，随着信息技术的进步和获取信息手段的不断完善，信息深入到社会生活与经济发展的方方面面，从而信息一体化在区域经济一体化中的地位和作用就越来越大。信息一体化，要求消除信息封锁现象，实现信息资源互通共享。这样，既有利于共同市场的形成，又能有效地降低社会交易成本，提高整个区域的综合竞争力。

第六，制度一体化。从本质上来说，市场经济是法制经济。不仅市场主体的行为需要受到法律和制度的制约与规范，政府的行为也不例外。因此，要实现区域经济一体化，就要规范各地政策和制度，制定统一的市场规则和政府行为方式，为区域经济一体化提供制度规范和保障。就目前中国而言，由于行政壁垒造成的市场分割和区域经济冲突无疑是区域经济一体化过程中的重大障碍之一，不同行政主体的政策和制度之间往往存在冲突和矛盾，这也正是交易成本居高不下的重要因素。未来中国区域法制一体化最核心的工作，就是要建立一个共同的管理决策机构，打破行政界限的束缚，为实现“行政区域”向“经济区域”转变提供制度保障。

从当前我国区域经济发展的现状看，我国很大一部分区域的空间结构演变正处于由简单的中心—边缘关系转变为多极结构的阶段。我们的基本观点是：中国区域空间结构的未来，是通过区域的协调发展，形成一个多级的、多中心的、分散型的空间结构，使我们的国土普遍获得发展，各地区经济普遍沸腾。

（四）区域经济理论对区域协调发展的指导意义

区域经济理论对区域协调发展的指导意义主要体现在以下几点：

1. 追求社会公平、环境保护、经济增长等多重发展目标的综合平衡

20 世纪 90 年代以来，单纯追求经济增长的区域发展模式受到越来越多的批评和质疑。人们已经充分认识到经济增长不等于发展，发展是多重目标的综合平衡。在当今世界的许多发达国家，经济增长已经不再是最主要的发展目标，人们日益关注经济增长对社会平等、生态环境的影响。在区域经济学的发展观中，维护社会公平和良好生态环境是与促进地方经济增长同等重要的目标。

2. 注重对现实中的各种社会问题进行实证研究

在西方主要工业化国家中，早期伴随工业化产生的城市社会问题，包括郊区蔓延、环境恶化、社会分化以及大都市区普遍存在的政治分裂，并没有随着社会发展进入后工业社会而有所改善，反而不断加剧。大都市区政治分裂以及由此引发的中心城市与郊区利益集团的对抗、社会阶层矛盾冲突等愈演愈烈，导致物质形态和社会结构空间分化。区域经济理论强调正视社会矛盾和社会问题，并积极做出回应。

3.在区域运行机制和区域政策导向上构建新的框架

现代区域经济理论在区域运行机制和区域政策导向上都有新的突破，对区域协调发展的意义在于中央政府的区域管理与区域之间共同利益联盟的形成。

具体体现在以下几个方面[①]：

第一，区域管理结构的重构。传统的区域关系注重上级对下级的管理指导，通过在不同级别政府间设立机构来进行管理。区域协调发展则强调各区域成员为了共同利益自发组成某种区域结盟，虽然其管理形式较为松散，但由于存在着较强的共同利益约束，所以管理结构对于区域成员来说比旧的管理机制更具有吸引和约束力。

第二，区域成员承担责任的明晰。在区域发展过程中，区域利益体系会给区域内成员带来相应的责任，由于利益和成本分配不对等可能会造成非经济理性现象。区域成员自愿协作机制的构建是区域成员在利益一致的前提下，基于相互信任的分工形成的，可以确保区域成员间形成可信任的承诺，从而有利于促进区域内成员间的信息迅速交流和实现既定目标。

第三，区域对外开放程度的增强。各个区域都非常重视区域范围的界定，包括区域边界划分与区域内权利界定，其目的是为了确保区域经济增长和解决就业及社会发展等问题，但对外却具有相对较强的封闭性。因此，区域协调发展在强调区域组织内部合作的同时，更提倡对外开放，还鼓励区域内成员与其他区域在经贸及其他方面的联系与交往。

第四，克服“区域化”带来的负面影响。“区域化”兴起于西欧，“区域化”过程中不仅要求地理位置接近，还要求传统文化及其他各种制度相似，区域化主要内容以安全和经济为目标。“区域化”带来的负面影响是对中央政府的离心离德，对国家的发展也是十分危险的。区域协调发展注意在区域内外形成不同层次和不同水平的横向和纵向分工协作，不仅包括政治和经济合作，还包括教育、环保和社会文化等各个方面的协作，但同时又保持一定

---

① 参见贾彦利：《新区域主义与长三角区域化》，《商业时代·学术评论》2006年第18期。

的力度，使区域经济一体化不要向“区域化”的方向偏离。

二、区域协调发展的国际经验

由于我国属于后发国家，先进入现代化国家的区域发展的经验，值得我们去借鉴。

（一）美国的经验

美国区域经济发展经历了由不平衡向相对均衡的转变。美国东北区经济首先发展起来，并成为美国经济的中心。东北区包括美国北部工业带和五大湖工业区以及中央低地一带，是美国资本主义发展最早的地区，自然资源丰富，拥有巨大的铁矿、丰富的煤田以及其他有色金属矿产。这里的土地面积虽然只占全国的15%，却集中了全国人口的2/3，制造业、加工工业的3/4。特别是大西洋沿岸北部地区及五大湖区，工业发达，运输便捷，城镇密布，是全国经济发展水平最高的地区。而西部和南部作为欠发达地区人口稀疏，主要生产农产品和初级产品，经济文化相对落后，经济增长缓慢。区域经济发展的不平衡，严重阻碍美国整体经济的发展，同时也引发了一系列的社会问题。从19世纪下半叶起，美国已开始有意识地加快落后地区的开发，加强对落后地区经济的宏观调控，广泛运用财政货币政策并采取经济法律等多种措施，培养落后地区的自我发展能力，把区域经济的均衡发展看作事关国家长远利益和本国经济政治的根本制度能否正常运转的大事。对西部进行深入开发的努力，终于使美国区域经济发展逐渐趋于平衡。可以说，美国是从欠发达地区开发中获益最大的国家。

其具体政策如下：

1. 税制差别和转移支付

针对不同地区的经济发展水平实行不同的税制。从20世纪30年代起，联邦政府对北部发达地区多征税，把增量部分转移支付给落后地区；对落后地区多留资金，积极培养其良性循环发展能力。随着落后地区经济的不断发展，这一总体趋势到20世纪90年代才有所调整，减小了南北税负的差异。

第二次大战后，联邦财政就开始注意对落后地区的资金补贴，利用转移支付手段调节落后地区的社会经济发展，并利用军事援款支持落后地区工业的发展。地理条件的相对优越加上两个地区的“议员运动”，美国很多尖端军火工业和重要的军事基地都建立在西部和南部。从20世纪40年代始,联邦军事拨款一直向该区倾斜。巨额拨款,既促进了西南地区的工业发展,又带动了消费,扩大了市场容量。

2.政府出面组建经济开发区,加快落后地区的经济发展

为了有计划地开发落后山区,联邦政府于20世纪60年代颁发了《地区再开发法》和《阿巴拉契亚区域开发法》,以打破行政区划,实现区域综合治理。联邦财政为此特设专款,拨付贫困地区,用于受援区的交通设施建设、污染治理、兴建科学公园等,其中一部分款项支援私营公司,鼓励它们向落后地区投资。

3.基础设施和公共工程的投资建设

联邦政府通过各种渠道对西部和南部倾注了大量财力,财政支出和政府投资促进了后进地区的生产力发展和基础设施建设,逐渐建成纵横交错、四通八达的全国铁路网和公路网,将东部和西部、城市和农村紧密联系起来。铁路网和公路网的建设加速了人口和劳动力的西移和国内统一市场的形成与发展,为区域经济发展和逐步均衡化,提供了良好的运输条件。政府出资兴办水利事业,带动落后地区的经济发展。由于水利工程耗资大、工期长、收益不稳定,私人资本一般不愿涉及。各级地方政府出于本位利益的考虑,也不愿兴建跨区的大型工程。因此,联邦政府采取统一规划、直接管理的方式,出面组织兴建诸如田纳西流域综合治理等跨区工程,并配套建设发电厂、化肥厂、环保工程,吸收当地剩余劳动力,扶持落后地区的经济建设。

4.利用有效的融资手段,加快基础设施建设

在基础设施建设方面特别值得一提的是,美国政府很重视信息网络建设,使各地区均能享受全国乃至全球的经济、科技等信息,为一些落后地区和老工业基地及时掌握市场、科技信息、发展高新技术产业而后来居上创造了条件。除此之外,还制定了比较完整的环境保护法规和政策,各地区经济发展项目无论大小均要进行环境影响评价。长期的环保策略的实施对后进地区的发展起到了很好的促进作用,为地区发展营造了良好的发展环境。

利用财政融资手段,鼓励私人企业向落后地区投资。为了促进新兴地区的投资,联邦政府通过经济开发署,拟定了税收优惠、各种补贴及信贷优惠,对在落后地区投资的私人企业提供长期低息或无息贷款,对向落后地区投资提供贷款的金融机构予以信贷保险和技术援助。同时政府出资在南部农村建医院、办学校,发展邮电和保险,改善基础设施,健全社会保障系统,创造良好的投资环境。

5.鼓励资本和高智力生产劳动力的转移

近五十年来，巨额资本竞相流入美国西部和南部，发展起了高技术工业。新建的科学技术中心以大学、研究部门为中坚力量，利用良好的自然环境和便捷的交通设施，建立起大学、风险投资和创业公司相结合的高新科技产业基地，极大地促进了微电子技术、生物技术、新材料技术、激光、宇航及光电通信技术的发展，实现了西部和南部产业跳跃式升级发展，逐步成为全美电子、宇航、核能、石油化工等新兴工业的重要基地。

在加快落后地区经济发展的进程中，联邦政府不仅注意物质投入，更重视发展教育，优化人力资本，不遗余力地向落后地区的教育注以巨额资金，着重提高劳动者素质。20 世纪 60 年代，联邦政府将 45%的教育经费拨给了人口不到全国 1/3 的西南部地区，州政府每年财政支出的 85%用于教育投资特别是高等教育投资，这也为建立新的高科技中心奠定了基础。政府同时还实施了大量的职业培训计划，尤其是失业人口的再就业培训。在加大向落后地区的教育投资规模的同时，采取物质鼓励手段，引导人力资源流向。主要手段包括给南移劳动者发放迁移补贴费和住房补贴费、提供就业信息和就业培训、给投资者税收优惠等。

6.政策支持和法律支持

为了顺利完成开发任务，美国成立了直属总统的相关机构，负责协调中央和地方关系，并且制定各种财政补贴和法案，提供广泛的公共服务，以法律形式支持后进地区的经济开发。美国在 20 世纪 60 年代至 80 年代先后颁布了《地区再开发法》、《公共工程与经济发展法》和《阿巴拉契亚区域发展法》等多个法案，以解决严重的地区困难，为西部地区的经济发展做出规划指导。政府还成立了地区再开发署以实施这些法案，落实对困难地区的援助。

因此，法制的完善、交通通信的便捷、科技力量的日益雄厚、劳动者素质的提高、环境质量的保证和优惠的投融资政策，种种因素优化了西南部地区的投资环境，吸引了大量的私人资本。西南部地区的市场竞争力、自我发展能力得到不断的加强。正确的宏观政策导向、明确的区域政策目标和较完备市场经济机制下活跃的微观经济力量，最终实现了美国区域经济的均衡化发展。

比较 20 世纪 30 年代美国的南北差异与我国的东西差距，可以发现许多相似的因素。其一，形成原因相似，都是自然资源禀赋差异与人力资源禀赋差异相互作用的结果；其二，运转机理相似，市场机制必然形成两极分化的利益循环；其三，宏观效应相似，都会制约经济的发展和社会的稳定；其四，调控条件相似，美国经过内战后70年的累积而具备了区域经济均衡的综合国力，新中国成立后经过50年的建设而创造了缩小东西差距的现实条件；其五，历史任务相似，美国曾面对经济增长和消除种族隔阂的使命，中国面临促进经济发展和正确处理民族关系的重大课题。因此，通过对美国西部经济发展轨迹的深入研究，我们可以得到一些重要的启示：一是制定明确的区域经济发展战略，运用政府力量来引导和促进落后地区开发；二是重视发挥区域规划的指导作用，促进经济要素在空间上的优化配置，美国针对问题区域制定的一系列区域综合开发规划，最具代表性的如田纳西河流域和阿巴拉契亚山区的综合开发规划都收到了明显的政策效果；三是加强对落后地区的基础设施及公共工程的投资建设，为地区发展营造良好的发展环境；四是重视地区发展立法的作用，使区域开发有法可依、有章可循。

(二) 德国的经验

第二次世界大战后，德国原本比较均衡的区域经济结构由于战争的破坏和国家的分裂被打破，联邦德国各区域的发展极不平衡。在这一背景下，德国的区域政策应运而生。德国的区域经济政策发展和政策目标变化大致经历了以下四个阶段：

第一阶段：1951～1958年，消除战争损失与促进东部边境地区的发展；

第二阶段：1959～1968年，促进结构薄弱地区包括农村中心地和北方经济萧条的老工业区的增长潜能；

第三阶段：1969～1989年，以“改善区域经济结构”共同任务为目标，促进区域协调发展；

第四阶段：1990年至今，东、西德统一后，东部成为统一后的严重落后地区，促进重点即转向东部地区，同时兼顾西部地区的协调发展。

德国的区域政策以一系列法律规定为依据和基础，旨在实现《基本法》中规定的“国家必须保持各地区人民生活条件一致性”的最高目标。其核心机制是“改善区域经济结构”。具体措施包括：

1. 明确划分“促进地区”，实现区域协调发展

《共同任务法》第四条规定，为履行共同任务，联邦和州必须制订一项共同的框架计划。该计划每四年制订一次，内容包括：在全联邦范围内，按照统一的标准划分促进地区；确定促进目标；制定统一的促进规则以及统筹安排区域发展各项措施的实施等。促进地区主要是那些经济实力大大低于联邦平均水平的地区——通常是农村地区，或那些因产业结构转型而存在明显结构问题的地区——通常为老工业区。促进地区的界定按照统一标准每4～5年重新界定一次。一个地区是否被划为促进地区，主要由以下四个要素组成的综合指标来决定：失业率（权重40%）、工资水平（权重40%）、工作岗位预测（权重10%）、基础设施指标（权重10%）。

2.应用财政平衡及财政补贴，改善区域经济结构

德国区域政策的核心内容之一，就是应用财政手段，通过实施《财政平衡法》及财政补贴促使国民经济活动的空间均衡。德国政府允许各州之间的人均收入可以有10%的差距，超出全国平均水平的州，要拨出部分收入给低收入的州；低于全国平均水平的州有得到财政补贴的权力。德国财政平衡包括两个方面：一是横向财政平衡，目标是使各州人均税收平衡化，努力缩小各州之间的人均收入差距。主要是采取法人税的分配、税款转移和联邦特别拨款，促使各州人均税收均等化。通过法人税分配，可使财政弱州达到各州平均财力的92%；通过税款转移，可使穷州人均财政收入达到全国人均的95%；最后不足部分由联邦财政提供，称为特别拨款。二是纵向财政平衡，指州与乡镇之间的财政平衡，做法与横向财政平衡类似。

以财政补贴为基础，改善地区经济结构，是德国区域政策又一重要内容。德国的财政补贴分为对企业的直接补贴和对地区的间接补贴两种形式。前者包括投资补贴、特定资助、低息贷款和特殊折旧。后者是政府为改善受援地区基础设施条件而给予的低息贷款。主要内容是为地区交通建设、供电、供水、垃圾处理以及工业用地开发提供贷款。国家对贫困地区的经济资助和补贴重点集中在三个方面：对在贫困地区的投资加以一次性的投资补助；对生产性的基本设施进行补助投资；对高技术的职业位置予以补贴。理论依据是：区域间差距主要由三大因素造成：交通运输、投资和知识的积累，但如果资产和脑力资本能在区域间流动，那么区域间的差距会缩小。贫困地区的最大特点是缺少就业机会，而就业机会只有通过投资才能实现。故而加大对贫困地区的投资补助，尤其是对生产性基础设施的投资补助，显得格外重要。因为投资一方面能影响区域经济的竞争条件，刺激生产，创造就业机会，另一方面又能提高当地居民的生活条件。

3.扶持中小企业，提升中小企业的活力和竞争能力

在德国，中小企业被称为经济的脊梁，在经济中扮演着重要的角色。依据是中小企业创新能力强，对市场变化反应快，可以创造更多的工作岗位，保障社会稳定，推动经济增长。但与大企业相比，中小企业面临着更多的困难，如融资渠道窄、经营管理能力有限、市场信息不足等。所以，在共同任务框架内，德国特别重视中小企业，尤其在其创业阶段，对中小企业给予较大企业更多的补贴，采取咨询、改善融资条件等措施加以扶持，对非投资性活动的促进也旨在加强中小企业的竞争能力，促进中小企业的健康发展。

从总体上讲，德国区域经济政策目标明确，手段独特，职责分明，促进地区的划分客观，促进方法得当，成果明显，是一个运用区域经济政策很成功的国家。其对我国的启示主要表现在以下几个方面：一是区域经济要坚持走协调发展的道路。也就是说，加快中西部经济发展，缩小地区差距，必须以保护东南沿海应有的良好发展势头为前提，依靠加快中西部的发展来实现，而不能以放慢东南沿海的发展为代价。注意中央与地方的协调，按照总体效益优先的原则，使地方的局部利益服从国家的整体利益，并兼顾当前利益和长远利益。二是区域平衡发展要重视以点带面，这对东部和中西部的发展都有意义。在东部地区内部和中西部地区要选择一些临近交通线且有一定基础的城镇或资源点作为增长中心，进行重点投资，重点建设，通过它们的辐射功能带动周边地区的发展。三是发挥地方优势，调整产业结构，注重培养落后地区的自我发展能力。

（三）日本的经验

日本的区域开发背景同样具有独特性。二次大战后，日本作为一个挑起侵略战争的战败国家，在战争经济主导下的生产秩序和对外经济贸易全面破坏，工业滑坡，粮食紧缺，六百多万军人复员和海外侨民归国后面临着就业危机。因此，日本试图加快开发那些国土资源利用潜力大（也就是国土资源开发利用尚不充分的地区，如北海道地区）的地区来解决上述问题，其结果自然也就缓解了地区发展差距扩大的问题。

1. 区域开发的阶段

日本的区域开发可分为三个阶段：

第一阶段：20 世纪 60 年代。1960 年，日本提出了低度开发地区工业开发构想，决定把北海道、东北及日本海一侧等落后地区培育成为可与京滨、阪神等工业地带匹敌的大规模重化学工业地带。并于 1961 年制定法规，把整个日本分成三大块："过密区"、"整治区"和"开发区"。过密区内的工业建设被限制发展，鼓励区内现有企业外迁；对整治区则实行综合治理，吸收和消化从过密区迁出的企业和人口；开发区属于重点发展对象，它们地处落后区域，政府采用了"据点"开发战略，即建立核心城市和工业基地中心，发展核心城市，进行开发。同时为了鼓励发展工业，国家对于在"据点"内投资建厂的企业提供特别贷款，并免除这些企业的事业税、固定资产税和不动产取得税等税收，中央财政给予补贴。

因为战线过长，中央政府财力不堪重负。这一次开发并不成功。到了

60 年代末，经济发达的南部沿海城市陷入深深的“城市病”之中，而北部落后地区却仍然无法摆脱贫穷，人口依然不足，工业发展薄弱。同时，由于在开发中一味强调“生产力”，忽视保护环境，使得北部落后地区同样染上了环境污染等坏毛病。

第二阶段：20 世纪 70 年代。日本政府从 20 世纪 70 年代初开始调整发展战略，开始把基础设施、工业、环保、交通等因素糅合在一起综合发展。1973 年，日本政府根据田中角荣提出的《日本列岛改造论》制定了《经济社会基本计划》，力图通过有关产业开发和环境保护的大型开发项目的实施，解决第一阶段出现的问题。首先对工业格局进行了调整，收缩战线，规定了工业选址的必要条件。下决心迁出东京、大阪、名古屋和九州四个工业经济圈的工业企业，国家对此以提供贷款、补助金和免税等优惠条件加以鼓励。另指定北海道、东北、北陆、山阴、四国、冲绳等落后地区容纳从过分集中地区迁出的工业。

在进行工业重新分配的时候，日本也如同世界上其他国家一样，注意开发高附加值的高科技产业，把这些极具潜力的行业引导到那些等待开发的地区去，以促使其他产业的发展。另外，日本还大力发展交通，建立全国交通网络，力求把日本建成一个“一日交通国、一日经济国”。在实施过程中，首先是修建新干线、高速公路等交通网络，接着开始实施一些与网络相联系的大型开发项目，以改善国土利用上的不均衡状况，消除开发中的过密、过疏问题和地区差距。

同时，日本吸取前次教训，非常重视环保建设，制定了严格措施。要求各地在拟订工业基地的基建计划阶段，首先必须透彻研究协调环境，并将其措施和办法纳入计划，以解决公害问题和防止新的公害出现。

第三阶段：20 世纪 80 年代始至今。1977 年，日本制定了《第三次全国综合开发计划》，提出要“有计划地建立地方居民的综合生活环境”，开始提高落后地区生活性基础结构的投资比重，这标志着日本的地区开发政策由单纯重视生产向同时重视生活转变。

这一构想中提出的“生活圈”概念分为三个层次。

居住区：作为“生活圈”的最基本单位，成为家庭成员每天日常生活的最近圈域。

定住区：由若干个居住区构成的圈域。

定居圈：若干个定住区构成定居圈，全国大约形成 200～300 个“定居圈”。

20 世纪 80 年代后，日本制定了《第四次全国综合开发规划》。这次规划明确地将注重地方战略重点建设的“多极分散型国土利用格局的形成”作为基本目标。“多极分散型国土利用格局”的构想把重点放在了加强交通及信息通信等基础设施建设、扩大地区间交流机会方面。为促进这一规划目标的实现，推动安全富有的国土开发，建设充满活力的、舒适的生活地区，为丰富人的精神财富，开展新型产业开发及生活基础设施建设，加强能促进地方上的定居和交流的交通及信息通信等基础设施建设，被列为主要课题。

20世纪90年代末，日本制定了《第五次全国综合开发规划》，将2015年至2020年作为目标年度，下一期的全国综合开发规划以“21世纪国土开发设计”为标题，通过建立地区自立和互相补充的平向网络，形成一个独具个性的地区间合作和交流的多极型国土利用格局，成为这次规划的基本目标。为形成对多极型国土利用格局的支持，还设计构筑了东北国土轴、日本海国土轴、太平洋新国土轴和西日本国土轴这四大国土轴。

在这个规划中，强调多种开发主体间，即中央及地方政府，居民、企业等社会团体间明确职能分工；注重协作意识和协作主体的形成，主要包括推进由政府制订的区域合作支持方案的实施等；提出推进作为公众参与基础的信息公开，构筑能有效利用民间企业、团体等各种组织的能力、资金的制度体系，地方分权以及在区域开发的实施中推动公众参与及协议体制的建设，通过这样一系列的政策推进各种地区社会成员的参与。

2.具体的政策措施

第一，法律措施与开发计划。日本是个法制完备的国家，先立法、计划与立法相结合是日本开发落后地区的成功经验之一。在日本经济发展的各个阶段，对落后地区的开发都首先始于立法，其法律大体上分为全国性大法和地方法。全国性的法规如《国土综合开发法》、《国土利用计划法》，地方性法规如《北海道开发法》、《东北开发促进法》等。在法律的规制下，日本进一步制订了落后地区的开发振兴计划。按照开发对象不同，分为全国综合开发计划、都道府县综合开发计划、地方综合开发计划和特定地域综合开发计划四种类型。在这些计划中，对落后地区每一时期经济发展的目标都做了明确的规定。日本不仅每个时期的每个开发计划的开发目标明确，而且在制订全国性和地方性开发计划的过程中，中央直辖部门与辅助部门的意见分歧在计划制订前就做好协调，并将协调结果体现在计划之中，这样在计划的实施过程中，只有分工负责，不会发生扯皮现象。从而既做到了通过计划反映政府的意向，又调动了地方的积极性，而且颁布的法律又为计划的实施提供了保证。

第二，财政金融支持与开发计划。为落后地区开发发行特别公债，主要用于为落后地区筹建道路建设、渔港建设、住宅建设、医疗设施、老人儿童福利设施、通信设施以及振兴地方传统产业所用资金，特别公债成为落后地区开发的重要资金来源。并对落后地区的企业事业单位实行优惠税收和贷款政策。

为落后地区开发设立专门金融机构。除了经营一般的金融业务外，主要是对从事与落后地区开发有关的各项经营以及对地区的产业振兴做出贡献的企业或个人，给予优惠贷款，并为本地区开发筹措资金。财政金融手段的有效利用，对日本落后地区开发起了积极的促进作用，一方面使资金相对集中地投向了具有发展意义的项目；同时，又诱导地方政府从全局出发，按中央政府意图，开发落后地区，加快其发展。

第三，基础设施建设与开发计划。对落后地区的基础设施、文教、医疗、福利设施加强投资，改善文化生活环境。中央和地方政府率先在落后地区投资兴建铁路、港湾、工业用地、工业用水道等基础设施。直接目的不在于取得利润，而是为私人企业的生产和居民生活提供服务，以此诱导资本和人口流动，使各种资源在国土上得以合理布局和合理利用，从而获得较长远的综合性的社会效益。

第四，行政管理与开发计划。设立专门的行政管理机构。日本是政府干预型的市场经济国家，在总理府内设立了三个开发厅——北海道开发厅、冲绳开发厅、国土开发厅，负责制订开发计划、政策和措施，对开发工作给予行政上的指导。

第五，特色经济与开发计划。发展特色经济，增强自我发展能力。日本根据落后地区的特点，在进行深入调查的基础上，注重发挥地方优势，做到扬长避短，不强求一律，因地制宜制定适合各地经济发展的措施，其中包括振兴农林牧业的措施、振兴传统产业的措施、大力发展特色经济的措施、发展旅游业的措施等等，这些具体措施为振兴落后地区经济、增强自我发展能力、缩小地区经济差别起了非常重要的作用。

第六，振兴落后地区的科教事业与开发计划。为了振兴落后地区教育，日本制定了《偏僻地区教育振兴法》、《振兴落后地区特别措施法》等法规，对教职员发放教育津贴，补助教育。为了提高落后地区的科技水平，日本政府非常重视科研机构的布局，在每个地区分别设立国立科研机构。并采取为中小企业设立“技术银行”等措施，根据中小企业的需要，派遣技术人员到委托企业进行有关质量管理、市场情报等方面的技术指导，以提高中小企业的技术水平。

我们可以从日本的区域开发中得到启示：经济开发应以立法为前提，我国对中西部的开发，应该制定相关的专门立法来保证开发工作的顺利进行；中央和地方的开发计划应协调一致，为了避免冲突和扯皮，损伤地方积极性，我们应该在制订开发计划时增加透明度，协调意见分歧，既能保证开发计划的权威性，又能提高地方积极性，从而提高工作效率；地区开发计划应有明确的目标，振兴落后地区必须发展科教事业，从人才培养入手，增强自我发展能力，变资源优势为经济优势。积极发展优势产业和产品，提高加工深度。

(四) 其他国家的经验

1. 韩国的经验

韩国在资源有限和各地区经济基础差异较大的背景下，从经济起步时就实行区域发展不平衡战略和赶超型产业结构调整政策，紧紧抓住经济发展的主轴，建立强有力的政策调节机制。将资本集中投资于重点的直接生产性部门并获得投资效应，从而增加产出和投入。这种模式随着国际、国内形势的变化而不断地变化和调整，使韩国很快走上了富国强民之路。

韩国的区域协调发展战略贯穿在经济发展的以下几个阶段：

第一阶段：第一、第二个五年计划期间(1962～1971 年)。政府强化了高度集权的中央政府管理机制，建立了高度集中的经济管理体系，集中资源发展原来基础比较好的京釜(首尔—釜山)铁路沿线地区。在外向型经济发展战略的指导下，考虑到对日出海口的便捷，以东南沿海港口为基地，积极发展劳动密集型出口创汇产业，由于这些产业的发展，吸引了大批人口流入该地区，形成了东南地区至首尔的京釜经济发展轴。事实证明，在经济发展的前期，由于资金和技术资源都相对缺乏，韩国依靠的主要是劳动力资源的比较优势，并通过重点发展劳动密集型产业打下了经济基础。韩国起步阶段实行的区域规划和产业政策，对经济起飞起了决定性的作用。

第二阶段：第三个五年计划到 20 世纪 80 年代期间。政府着手产业结构的转换和升级，提出利用进口原材料、能源，结合国内优势，积极发展资本密集型的重化工业，这对本来基础相对较好的东南沿海地区提供了新的发展机遇。至 20 世纪 80 年代初，基本上形成了东南沿海重化工业经济圈。由此可见，韩国在 70 年代实施的重点区域发展战略和产业结构的有序升级是成功的，而且面临西方石油危机和国际市场不景气的影响，取得如此高的成就确实不易。

20 世纪 80 年代以后，面对世界新技术革命浪潮的兴起和发达国家贸易壁垒的增加，随着经济水平的提高和劳动成本的上升，劳动密集型产品的价格优势越来越弱,导致相对发达地区的劳动密集型产业竞争力不断下降。为了保持经济的持续增长,韩国借助其高速发展时期积累的资金与人力资本,着手实施新的发展战略,对产业结构进行调整,提出"技术立国"的口号,引导国民经济各部门发展技术密集型产业,并逐渐实现由粗放型发展模式向集约型转变,以适应日趋竞争激烈的国际经济形势。同时由于教育的作用,最终带动了产业结构向高科技等资金和知识密集型产业转化升级。关于人力资源开发与人力资本积累,韩国政府从 20 世纪 60 年代中期就开始大幅度增加教育投资。在教育计划方面,韩国政府随着产业结构的变化,一方面不断调整各级技术教育的方向,同时也善于把短期计划与长期安排有机结合起来,制订了"长期综合教育计划"和"面向 21 世纪教育改革宏图"等一系列政策与措施,取得了显著成效。

第三阶段:实施西部开发计划时期。在东部地区经济发展起来后,针对西南地区经济发展一直比较缓慢的状况,韩国政府及企业界借助于该地区相对廉价的土地和劳动力资源,将区域开发的侧重点转移到长期被忽视的、较落后的西部沿海地区,于 20 世纪 80 年代开始实行其"西部开发计划"。为了防止低层次产业在西南地区的重复建设,加上此时已有了相对充足的资金基础,韩国提出将西南地区作为一个整体来规划和开发。按规划要求,在西部地区新建的企业及其项目,需要达到较高的资本和知识密集度,有些项目还必须是瞄准 21 世纪的高新产业。在光州附近建造尖端科学产业技术开发区,将主攻方向定位在生物工程和信息技术等尖端科技产品上,以作为开发西南部高科技产业区的标志。随着群山、里里、井川、河南、金川、大沸等西南沿海地带大规模工业基地的建立,西南地区与东南及其他发达地区的经济差异逐渐缩小。至此,韩国"人"字形区域经济格局基本形成,这是以地带为轴线,以发达区域为结点组成的区域经济网络。首先是以首尔和釜山为中心的两大经济圈,这两大经济圈一直是韩国工业化和城市化程度最高的地区。其次是由首尔—大田—大邱—釜山线和首尔—大田—全州—光州线组成的"人"字形经济轴线,这是国土利用率最高的地带,也是金融、贸易、科技、文化最发达的地带。再次韩国的经济圈层次结构分明,自上而下呈金字塔式结构,处在最高层的为首尔、釜山两大经济圈,较次一层的是以首尔、全州、釜山、光州为四大中心的城市经济圈,最后是以五个直辖市和九个道(相当于我国的省)的首府为中心的经济圈,处在最底层的是各开发区中心城市经济圈,这些经济圈无论从人口还是产值都体现区域中心城市的聚集性和集约性,从全国来看经济中心虽然呈点据状分布,但各经济圈在交通、运输、通信和市场流通功能的作用下,形成了生产分工、商品销售、信息资源传递以及竞争与联合的复杂经济网络。在中央政府高度集中和强有力的政策指导下，经济网络主体的活动不受行政区划和国境所限制，各区域发展立足本地，面向世界。正是由于这种开放而又高效的经济网络，使韩国面向世界市场的产业结构政策获得成功。

我国西部许多省、区的经济基础与发展状况同韩国起步时很相似，且许多地区的经济状况比韩国刚起步时还具有优势。与韩国相比，我国西部幅员广阔，蕴藏着大量的土地、矿产资源。虽没有韩国那样的深水良港，但现代化的公路、铁路等交通设施与沿海发达地区相连，空间结构大为改观，全国联网的通信网络使西部能既准确又及时地获得所需要的信息资源。西部面临着有发展的国内大市场和许多参与国际竞争的机遇，在西部已经出现了许多发展速度较快的经济增长点，这是区域发展起步的重要动力之源。而且国家给予许多经济、政策上的优惠和援助，比韩国起步的基础更有优势，面对的阻力要小得多。

从韩国区域和产业政策的演变过程，我们从中能得到几点启示：

我国针对西部经济基础薄弱的特点，西部开发在产业选择上可以仿效韩国赶超型模式，以市场为基础，以东部和海外市场为依托，加快产业结构调整。在投资项目的选择上，一方面要符合产业变迁的发展趋势，走集约化道路，避免资源的浪费和重复建设，努力克服长期以来形成的“资源优势、效率劣势”的弊端，避免步入片面追求速度的误区；另一方面，各地要根据自身的区位优势，积极寻求与发达地区基于市场原则的全方位、多层次合作途径，加大技术、信息资源开发以及引进吸收和消化的程度，发展技术密集型产业。

在西部工业化进程中，不能忽视对落后地区的传统农业结构调整与改造，利用西部众多增长点的扩散效应，发展技术密集型农业，加快农业现代化的步伐，这既是对不平衡战略的动态调整，也是兼顾平衡发展战略的重要举措。

2.印度的经验

印度是一个区域经济发展不平衡的大国，区域经济问题可以概括为“北南问题”，即北部发达而南部相对落后。印度经济学家劳·克里施拉称此为“中心—外围问题”，即印度的中心地区落后，而沿边地区较发达。区域经济不平衡，促使大量人口注入发达地区或城市中心，引起了很多社会问题。因此，独立后的印度政府非常重视区域平衡发展问题，并采取了一些政策措施。

第一，实施“绿色革命”计划，着重解决农村、林区的贫困问题。具体措施包括为农民、林民提供低价的种子及相关物品，对他们的投入给予财政补贴，增加信贷，加强科技推广以及恢复和兴修水利灌溉设施，等等。针对内陆一些地区与沿海城市差距大的特点，鼓励企业到落后地区投资办厂，加快落后地区的工业化进程。如在农、林地区划出一定区域兴建基础设施，鼓励私人资本和外资在落后地区创办企业，并给予减免税优惠政策，等等。

第二，成立援助落后地区的咨询机构。1968 年，国家发展委员会任命专门工作组，就如何为落后地区工业发展提供财政金融刺激提供建议。1980 年，印度政府又建立落后地区发展委员会，审查和监督对落后地区的政策实施情况。

第三，重视对落后地区的资金援助，促进向落后地区投资。采取税收分成、赠款及贷款的形式对各邦进行资金援助；利用税收优惠、运输补贴、投资补贴、许可证优先等方式刺激和鼓励私营部门向落后地区投资。

第四，高新技术产业带动落后地区崛起。20 世纪 90 年代以来，由于政府与科技人员的共同努力，一向不引人注意的印度信息软件产业在落后地区迅速崛起。据世界银行的报告，目前印度软件出口规模和质量已经排在了仅次于美国的第二位，并有可能使印度成为世界上第一个依靠信息技术产业带动整个国民经济增长的国家。对印度信息产业发展成功产生深远影响的两个因素，一是印度对人力资源的开发、对教育的重视；二是软件行业具有的全球意识。从教育的角度看，20 世纪 80 年代以来，印度的教育经费占 GDP 的比重一直在 3%以上，而同期中国教育经费占 GDP 的比重则一直在 2.5%以下；从市场方面看，印度软件业走的是一条开拓国际市场的道路。20 世纪 80 年代中期，计算机向用户服务器及网络化方向的发展极大地刺激了市场对软件产品的需求，也使印度在国际外包软件服务方面得以不断扩大市场份额。

3. 埃及的经验

自 1991 年始，埃及政府实施了近十年的经济改革，取得了很大成绩，但南北两个地区的差别却在进一步拉大。1997 年，埃及政府根据本国实际情况，提出了一系列开发计划，其目的是缩小地区差异，增加可居住面积，带动落后地区经济发展。埃及开发落后地区采取了如下措施。

第一，建设大型项目。1997 年 4 月，埃及政府制订了 20 年社会经济发展规划，目的是到 2017 年，通过在西奈和南部河谷、西部沙漠兴建大型项目，建立工业区和农业区，将可居住面积从 4%提高到 25%，缓解尼罗河三角洲地区的人口压力，缩小地区差异。这些大项目分布在埃及的南部、东部和北部，包括南部河谷开发项目，也称新三角洲项目或托西卡。该项目是

1997 年 1 月启动的，主要工程是开挖一条长 310 公里、宽 30 米的水渠，将尼罗河水从纳赛尔湖引至新河谷，目的是在西部沙漠地带建设一块新的三角洲，大规模开垦土地，全面发展农业、工业、矿业和旅游业，建立新城区，大规模移民，缓解尼罗河谷的人口压力。项目建成后，每年将消耗尼罗河水 50 亿立方米，开垦 33.6 万～92.4 万公顷土地，容纳 600 万移民。除引水外，还进行发电、输电、石油天然气管道、公路、铁路、机场、住房、城市供水等基础设施建设。

东奥维纳项目。奥维纳地区位于埃及西部沙漠的西南部，面积约 50 万费担（1 费担＝0.42 公顷），计划打井利用地下水开垦土地，约需投资 7.5 亿美元，包括建设水泵站、电站、灌溉系统、机械设备和内部公路网等。

开发西奈项目。该项目是从尼罗河杜米亚特支流引水，通过地下管线穿过苏伊士运河至西奈各地。西奈部分水渠长 175 公里，并建设公路、城市、辅助渠道、泵站及灌溉系统等。计划灌溉开垦 62 万费担土地，并在北西奈建立面积为 10 万费担的以农业为基础的工业项目。

科技谷项目。该项目位于伊斯梅利亚省东部，苏伊士运河东岸，目的是吸引外资，引进国外先进技术，建立埃及的高新技术产业基地，提高埃及的出口竞争力。项目占地 1.65 万费担，分割成若干块，每块 300～400 费担，分给各个国家的企业用于实验和研究，着重发展电子、软件开发、计算机、空间科技、医药、生物工程等。由政府负责基础设施建设，计划容纳三百多家企业，只要入驻企业转让与现代科技有关的管理、营销和工业技能，即可享受自由区的免税待遇。第一期投资 1.2 亿美元，预计可创造收入 6.8 亿美元。10 年总投资 120 亿美元，可创造 12 万个就业机会。

开发北苏伊士湾项目。该项目是综合开发红海沿岸计划的一部分，建立特区，吸引投资，发展冶金、纺织、建材、食品等工业，同时发展旅游业。

第二，政府制订扶贫计划。作为扶贫计划的一部分，政府出资帮助没有土地的农民、失业人员、刚毕业的学生、贫困妇女迁移至新开垦的地区，建立社区，提供就业机会，发展农业，建立可持续生产能力，在解决温饱问题的同时，实现扩大可居住面积、缩小地区间差距的计划。

第三，政府鼓励投资并给予优惠政策。尼罗河西岸地区重点发展工业，在这里建立的工业项目用地免费，条件是三年内必须开工；东岸农业用地以优惠价格出售，必须绝大部分用于农业，其中 2%可以用于与农业有关的农产品加工等项目；埃及《投资法》规定，在老河谷以外的地方投资，自项目开工之日起享受 20 年免除所得税的优惠；为鼓励国内私人投资，埃及政府给予本国私人投资与外资同等优惠待遇；通过立法的形式，保障投资者利益。

1979年埃及颁布了《新城区法》，规定国内外投资者必须在规定的新城区内投资，才能享受该法规规定的优惠特权。

埃及政府开发落后地区的政策取得了一定成效，国家大项目的建设在调整人口分布、城市布局、开发有限资源、缩小地区差异、增强经济发展后劲、实现可持续发展等方面发挥着一定的作用。但是，由于整个开发计划过于庞大，投资过大和急于求成的思想，给国家财政预算造成巨大压力。主要原因是外汇收入减少，国际收支出现逆差，内外债增加，不良资产增加。在这种情况下，埃及政府不得不重新调整一些大型项目的实施计划，适当扶持一些效益较好、周期短的重点项目，缩小项目规模。同时，扩大私人投资所占比重，吸引私人资本和外国资本参与基础设施建设。虽然政府采取了一系列措施，但由于整个投资环境一直没有显著改善，又没有认真采取措施，没有切实为外商提供服务，吸引外资只停留在政策上，从根本上影响了外国投资者的信心，无法吸引足够的外资来弥补国内资金的不足，使得项目的实际进展滞后于政府的设想。

（五）国外经验给我们的启示

第一，国外开发落后地区并最终取得成功的经验表明，自然资源的丰富程度与其经济发展水平没有必然的联系。

一个自然资源没有优势且经济相对落后的地区，如果能够根据自身的比较优势找到适当的突破口，并制定出切实可行的发展战略，在较短的时间内取得快速稳定的发展是可能的。与上述国家相比，我国西部地区总体生态环境较差，经济也较落后，但却有着相对丰富而又廉价的劳动力和可供利用的土地资源。可根据自身的特点，做到生态建设与经济建设并举，以劳动密集型方式为主从事生产。既可弥补资金的不足，又可增加农村的劳动就业，缓解生态建设、经济发展和就业的矛盾。在开发过程中要做好投入大量人力、财力和物力，进行长期而艰巨工作的准备。

即使是自然条件与经济条件都不错的地区，如果不注意开发与保护并举，也可能会导致这些优势条件的再丧失。这对于西部地区中生态环境和经济条件已经得到改善，或条件本来就较好的地区提出了警示，我国西部大开发要以生态建设为前提，走可持续发展的道路。

第二，经济增长与教育投资的关系密切。

增加教育投资和人力资源开发，促使产业结构与经济增长方式的转变，可以显著地促进地区经济的增长。在知识经济来临的时代，经济落后地区可以采用将有限的资金集中到某一领域，并充分利用人力资源的比较优势，在新一代技术发展的时期进入新行业，依靠密集的高素质人才实现跨越式发展。可以在发展劳动密集型产业以及积累人力资本的基础上，逐步朝资金和知识密集型产业过渡，促使产业结构与经济增长方式的转变。

现代人力资本理论以及有关学者的研究也表明，对人力资源投资的收益要高于对物质资源投资的收益。但是，我国西部大开发目前面临的一个难题是教育资金不足，对人力资源开发的力度跟不上西部大开发的速度。而在资金有限的情况下如何广开渠道，加大对教育与培训的投入，还不仅仅是一个简单的投入比例的问题，同时也有机制和体制等方面的困扰，是值得深入研究的问题。

第三，政府的主要任务是制定切实可行的发展战略、政策及相关的法律法规。

在政府做出正确战略决策后，可以通过多种途径为中西部地区的开发提供优惠和扶持政策，同时通过立法的方式促使各项政策得到贯彻执行，这既是保证政策贯彻的重要手段，也是一个国家及其行业走向法治的标志。

国际化与全球化意识。世界上有许多像韩国、印度这样的新兴工业国和发展中国家都在借助知识经济和经济全球化的机遇来努力获得竞争优势——包括使落后地区实现跨越式发展。我国西部地区开发显然也不能只把眼光放在西部，而要有国际意识、全球意识，要创造良好的软、硬环境条件，在全球范围内努力争取各种资源——尤其是西部地区相对缺乏的技术、人才和资金资源，并形成有利于各种资源有效配置并充分发挥作用的良好环境。

第三章　新中国成立以来区域发展战略的演进

区域协调发展是我国区域经济发展的客观要求，是我国区域发展战略演进的一种必然的结果。自新中国成立以来，我国的区域经济发展战略已经历区域均衡发展、区域非均衡发展和区域协调发展三个典型发展阶段。从空间特征看，全国经济发展重心从沿海转向内地，再从内地向沿海转移，然后转向东、中、西部区域协调发展阶段。

一、1979年以前的均衡发展战略

从新中国成立到1978年改革开放，我国的区域经济发展战略基本上是遵循一条“均衡发展”的道路前行。

（一）均衡发展战略的形成和实施过程

旧中国留给我们的是一个经济基础十分薄弱、地区经济发展极不平衡的地区经济格局。从现代工业的地区分布来看，沿海地区和内地的工业比重1949年为71.5∶28.5，1952年为70.8∶29.2。

新中国成立后，为了缩小沿海与内地之间的经济发展差距，同时考虑到当时的国际形势，从“一五”开始，均衡发展成为产业布局的重要战略导向。在“一五”计划中，明确提出产业布局的方针是“为了改变原来地区分布不合理状况，必须建立新的工业基地，而首先利用、改造和扩建原来工业基地是创造新的工业基地的一种必要条件”。为了平衡区域生产力分布，重点加强内地建设，建立区域独立的工业体系，奠定我国社会主义工业化的初步基础。改革开放前的三十年我国的区域经济发展基本上是以均衡发展为指导思想。均衡发展战略的实施使我国在生产力的均衡布局方面取得了很大的成就。一大批国家重点项目在中西部地区的投资建设，一批沿海地区的老企业的内迁，在较短的时间内为中西部地区奠定了城市化和工业化基础。

新中国成立初期，我国先经历了三年的国民经济恢复阶段，初步具备国民生活生产的基础。自1953年开始，第一个五年计划开始付诸实施，掀起一次国民经济建设的高潮。在“一五”时期，国家平衡内地和沿海的固定资产投资，充分发挥沿海原有工业基础和区位优势，增加对内地的项目投资，其中沿海占全国投资总额的41.8%，内地占58.2%。在“一五”时期重点建设的156个项目中，除了军工项目之外，在东部地区投资的项目为27项，占总投资的33.9%，其中21个项目集中投资在辽宁一省，投资额为46.4亿元，占总投资额的31.3%，而工业发达的上海、广东、江苏、浙江均没有项目建设。同期，中部地区获得项目投资55项，占投资总额的51.5%。在“一五”时期，国家集中大量的物力、财力和人力在内地兴建一大批重点项目，如包钢、武钢、一汽等钢铁、化工、电力、能源重大型项目，此外还建设宝成、包兰、兰新、湘黔等国家重要铁路干线。在“二五”时期，国家大型项目的投资明显向内地转移，其中包括大庆油田、江汉油田、贵昆铁路等都是这一时期的标志性工程。“三五”时期是我国历史上“三线”建设的高潮期，国家在内地的投资上升至75.1%，沿海部分工业发达地区，如上海、天津、辽宁等省市的工业迁往内地，致使中西部地区的投资迅速猛增，尤其是川、陕、滇、甘、鄂、湘等七省投资占全国总投资总额的41.8%。“四五”时期，还在继续进行“三线”建设，内地比重持续维持较高水平。但是，国家在这一时期已开始纠正过度非均衡发展于内地投资的政策导向，沿海投资项目数开始出现反弹，如扩建鞍钢以及鞍本铁矿，扩建辽河油田、大港油田，兴建宁波港等。1972年，我国从国外引进26个大型电力、化工、冶金、纺织项目，其中沿海有14个，占投资总额的54.9%，辽宁、北京和天津均有大型项目开工建设。进入“五五”时期，特别是1978年党的十一届三中全会以后，我国区域发展战略发生重大转变，全国各地开始以经济建设为中心，全国社会经济发展重心全方位地向沿海非均衡发展，沿海投资比重趋于上升。

正是这一时期的工业和公路、铁路的建设为后来的改革开放和迎接沿海地区经济的快速发展提供了有力的支撑。但实际上国家在内地大规模的投资并没有产生良好的效益，地区间的差距也没有缩小。其主要原因：一是由于用国防原则代替经济原则，特别是在“三线”建设时期，许多企业按“山、散、洞”的要求选址，违背了聚集产生规模效益的经济规律，没有形成“发展极”，使这些项目建成后不配套，生产能力过剩；二是由于国家大中型企业“嵌入”式的封闭体制使“发展极”的扩散效应难以发挥，对地方经济进步没有产生很好的带动作用，所以东部与中西部地区的人均国民收入差距仍然很大。

(二)均衡发展战略的主要特征

从全国实现均衡发展的基本导向出发,从"一五"计划到"五五"计划(包括中间的调整时期),均衡发展表现出三个主要的特征:

1. 产业布局的重点从沿海向内地转移

新中国成立后的三年恢复时期,国家工业建设的重点是东北老工业基地,其次是华东和华北。"一五"时期,苏联援建的156项工程当中,沿海地区占1/5,内地占4/5;而整个"一五"时期,基本建设投资内地占53.3%,沿海占46.7%。"二五"时期以后,由于"大跃进"和"文化大革命"的影响,工业建设大规模向内地推进,造成了很多问题;特别是"三线"建设的失误,影响了国民经济的正常发展。

表3-1 1952~1975年全国基本建设投资的地区分布 (单位:%)

时 期	沿 海	内 地	其中"三线"地区
"一五"时期	41.8	47.8	30.6
"二五"时期	42.3	53.9	36.9
调整时期	39.4	58.0	38.2
"三五"时期	30.9	66.8	52.7
"四五"时期	39.4	53.5	41.1
1952~1975年	40.0	55.0	40.0

资料来源:刘再兴:《中国生产力总体布局研究》,中国物价出版社,1995,第13页。由于有一部分不分地区的投资,沿海和内地投资之和不等于100。

应该看到,"大跃进"之前,均衡发展战略实现了在中央政府的统一领导下集中力量进行大规模的社会主义建设的目的,使全国各个地区都能够参与到国家的经济建设中来,改变了旧中国生产分布极端不合理的分布格局,为沿海地区经济发展开辟了资源来源和市场,从而促进了沿海和内地的共同发展。

2. 项目布点上以"大分散、小集中"为主要特征

改革开放前的产业布局,从宏观上基本上采取分散布局的方式,以省区市为单位,均衡分布。这一方面反映了当时计划经济条件下地方争项目的一个现实,也反映我国发展初期地方经济空白较多、发展要求迫切的客观现实。在具体分布上,除了采掘工业必须以资源分布为依据外,加工制造业基本上是布局在主要城市。"文化大革命"开始后,正值"三线"建设紧张进行的时期。开展大规模的经济建设,许多重点项目纷纷上马,新的工业区和新的城市也在西部地区出现。但是,由于没有严格的规划,缺乏科学态度,区域发展出现了很大的盲目性。主要表现是:

首先，项目上马的盲目性。项目没有经过科学的论证，没有可行性研究。长官意志，仓促上马，开工后或者是建设时间拖长，或者是中途停工，造成很大浪费。

其次，项目布局的盲目性。在没有制定详细工业布局规划的情况下，随意选择厂址，造成投资的增加、效益的下降、投产的困难，给经济建设带来很大损失。

再次，项目选址的非科学性。在没有研究产业发展的客观要求的情况下，根据“国防原则”，一味要求所有“三线”企业都要“靠山、分散、进洞”，使有些企业车间与车间之间相隔数十公里，形不成生产能力。

3. 工业布局尽可能与原料地和能源产区相适应

中国土地辽阔，资源种类繁多、储量丰富，许多资源的储量都位居世界前列。丰富的资源为我国产业部门的发展与布局提供了良好的条件。采掘工业部门，原料用量大或可运性小的部门，如原料开采、化纤、人造树脂、塑料、水力发电、钢铁、建材、森林工业、机械制造（部分），以及轻纺工业的制糖、罐头、肉类加工、水产加工和茶业、棉花、毛皮等的粗加工业部门，都倾向于布局在原料产地。一些能耗大的部门，则倾向于布局在国家的主要能源生产地区，这类部门包括：火电站，铝、镁、铜等有色金属冶炼，电冶合金，稀有金属生产，合成橡胶以及石油化工等。另外，重型机械制造、水泥、玻璃、造纸业等在有些情况下也属于这类产业。这种布局模式保证了各个地区都能够参与到国家的经济发展中来，并使本地区能够获得相应的发展机会。

（三）“三线”建设的经验与教训

1979 年以前，对区域格局影响最大的事件，就是长达十年的“三线”建设。所谓“三线”建设，是指“三五”和“四五”时期国家对内地的重点投资建设，由于当时的“备战”思想，“三线”的范围限定在除新疆、西藏外的西南、西北地区及中部的几个省份。从投资来看，“三五”时期占全国的 52.7％。“四五”时期占 41.1％，可以说，按比重来衡量，远远超过我们今天的西部大开发，也可以看作西部大开发的前奏。

关于“三线”建设的经验与教训，刘再兴教授总结为四点①：

第一，建设速度问题。生产布局重心西移的步子仓促，份额过大，超越了我国经济发展的阶级，延缓了我国经济发展的进程。投资的大规模西移，使沿海重工业基地的发展缺少资金，发展缓慢，影响了国民经济的整

① 参见刘再兴：《中国生产力总体布局研究》，中国物价出版社，1995，第 17～20 页。

体效益。

第二，建设效果问题。基本建设周期长，效果差，投资浪费大。原因是西部本身的自然条件较差，基础设施条件不好，在高山峻岭中的建设，工程造价高，投资效果不好。

第三，建设思路问题。强调区域自身体系，导致区域产业结构趋同化，丧失了分工效益。在建设当中产生的“大则全，小而全”的工业结构，使建设的企业规模小，生产的产品质次价高，对国民经济产生了持久的不利影响。

第四，厂址选择问题。厂址选择上的严重失误，给国民经济造成了极大的浪费。

当然，“三线”建设也为西南、西北的重工业发展打下了一个较为雄厚的工业和基础设施的基础。对照“三线”建设看西部大开发，笔者认为，在西部大开发的前五年以基础设施建设为主是很明智的，因为在基础设施条件还不完全具备的情况下，贸然投资于其他产业，必然会重蹈“三线”建设的覆辙。然而，基础设施建设对区域经济的拉动是有限的，时间上也不会延续很长。所以，在达到一定的基础设施建设目的之后，发展战略的转型是十分必要的。

（四）区域协调发展思想的萌芽

1979 年以前，虽然均衡发展是基本的导向，但区域协调发展的思想萌芽也是在这段时间出现的。

1952～1954 年间，中央撤销了六大军事行政区，相继建立了东北、华北、华东、华中、华南、西南、西北七大经济协作区，1961 年将华中区与华南区合并为一个大区。经济协作区的成立，使协调区域性的工业发展有了一个基本的依据。

1975 年，中共中央制定了《1976～1985 年发展国民经济十年规划纲要》，1978 年修订时提出“在 1980 年建成中国独立的比较完整的工业体系和国民经济体系；到 1985 年进一步完善全国的经济体系，各个部门的主要环节基本掌握现代先进技术，在全国基本建成六个大区不同水平、各有特点、各自为战、大力协同、农轻重比较协调发展的经济体系”，这反映出一定的协调发展的思想。

需要指出的是，有人对我国在前三十年的区域经济发展，特别是“三线”建设采取全盘否定的态度，这是不对的。历史是一步一步走过来的，区域协调发展的思想也是逐步认识清楚和逐步确立的。没有前三十年的实践经验的总结，就没有我们今天正确的区域协调的发展观。割裂历史，企图从国外引进一种新的观念就完全改造中国的区域,是不现实的。

二、向沿海倾斜的非均衡发展战略

1979 年到 1995 年的十六年间,是我国改革开放的重要时期,也是中国区域格局大变革的时期,是当前区域格局的形成时期。

(一) 区域非均衡发展战略的实施

党的十一届三中全会以后,邓小平同志在对我国社会主义的新探索中,认真总结了我国区域经济发展的经验教训。他认为我国还处于并将长期处于社会主义初级阶段,而在初级阶段,地区经济文化发展并不平衡;同时他认为大规模的世界战争在较长的时间里是不可能发生的,我国应该集中力量进行现代化建设。为此,需要大幅度调整区域经济布局,将发展条件更为有利的东部沿海地区作为优先发展的重点区域。因此,1979 年到 1995 年,我国在区域经济发展布局的总体格局上,对生产力布局和地区经济发展政策做了较大的调整。

1978 年开始实施沿海优先发展战略,即充分利用沿海工业基础和区位优势,面向国际市场,积极参与国际市场竞争,实施外向型发展战略。为了加快改革开放步伐,中央于 1979 年率先赋予广东、福建两省实行"特殊政策、灵活实施"的权力,利用两省毗邻港澳台的区位优势,加快建设带动全国其他地区的改革开放窗口,并且陆续批准设立深圳、珠海、厦门、汕头为经济特区。

在"六五"(1981～1985 年)期间,我国的区域发展战略向东部沿海地区非均衡发展的趋势更加明显,一方面表现为国家在沿海的重点项目投资比重超过内地,达到 47.7%,中西部地区占 46.5%;另一方面是国家在东部沿海地区进行先行先试的经济体制改革,先后设立 4 个特区,14 个沿海开放城市,在外资项目审批、财税、外汇留成、信贷等方面给予这些地区特殊的优惠政策。①

1987 年 12 月,中共中央提出沿海地区经济发展战略,强调了三方面的重点:一是沿海地区大力发展外向型经济,积极参加国际交换和竞争,扩大产品出口,加速发展外向型经济;二是积极扩大劳动密集型产品的出口,大

① 参见张可云:《区域经济政策》,商务印书馆,2005,第 442 页。

力发展“三资”企业，实行原材料和销售市场“两头在外”；三是加强沿海与内地的横向经济联系，带动整个国民经济的发展。1988 年 3 月国务院召开关于沿海地区对外开放工作会议上，正式决定实施以沿海地区乡镇企业为主力、“两头在外，大进大出”的沿海地区经济发展战略，大力发展出口加工型经济，进入“国际经济大循环”。同时，中央决定进一步扩大沿海对外开放的地域范围，批准海南升格为省建制并设立特区，紧接着批准上海市浦东新区为改革开放新的试验区，这意味着我国沿海非均衡发展达到一个相当高的阶段。

20 世纪 80 年代中期，全国生产力布局已经展开，原先的沿海内地划分过于笼统，已不能适应生产力地区布局的要求。“七五”(1986～1990 年)计划根据经济技术水平和地理位置相结合的原则，将全国划分为东部、中部、西部三大经济地带，强调“七五”及其后几年全国生产力布局不再搞一次战略展开，而是在东中部两大块上做文章，加速东部沿海地带的发展，同时把建设的重点逐渐转移到中部，并积极做好进一步开发西部地带的准备。中国区域政策的目标区演变成东、中、西三个地带的基本格局，区域政策的目标是必须正确处理三个地带之间的关系。

在“八五”(1991～1995 年)期间，我国在继续深化改革和扩大开放、优先考虑沿海地区发展的同时，开始将更多的项目安排在中西部地区，体现在国家财政预算投资中，中西部地区的比重明显要高于沿海。国家对中西部的投资，重点是对 80 年代以前形成的部分工业基地与“三线”企业进行调整、改造、扩建和提高，同时也新建和扩建了一些工业项目，在中部地区工业建设的主要方向是能源基地和有色金属基地，在西部地区条件较好的关中、黄河上中游沿岸、川南川西等地区进行了重点开发。但是在市场力量的作用下，“八五”时期东部地区基本建设投资远高于中西部地区。

我国向沿海地带非均衡发展的区域政策，充分发挥了沿海地区的比较优势，取得了先行发展，其经济增长率持续保持在全国的领先水平，使国民经济整体水平有了较大的提高。但是，在全国经济连续十多年保持快速增长的同时，区域差距扩大、区域间利益的矛盾和冲突、地区保护主义等问题相继而来，逐渐成为困扰我国经济发展的重大问题。

(二) 区域非均衡发展战略带来的问题

在邓小平同志“两个大局”的思想指引下，向沿海倾斜的发展战略，即非均衡发展战略，是我国改革开放后唯一正确的区域发展战略。毫无疑问，这一战略取得了巨大的成功：在我国沿海地区形成了一个紧跟国际发展潮流的高速发展的工业化区域，使我国的国民经济在相当长的一个时期内保持高速发展的态势，国家经济发展的“增长极”逐步形成。

但是，向沿海倾斜的非均衡发展战略，也造成了发展中的一些问题：

1. 区域差距扩大

统计资料表明，1979～1991年，沿海与内地相比，国民生产总值的绝对差距扩大了10倍以上，人均国民生产总值的绝对差距扩大了4.4倍。从人均GDP来看，1984年东部为中部和西部的14.5倍和9.7倍，1994年上升为18.7倍和22.7倍，差距扩大了29%和15.2%。1995年城镇居民收入最高的5个省份均在东部地区，分别相当于全国平均水平的112%～174%，而最低的5个省份4个位于西部，1个位于中部，仅为全国平均水平的67%～77%；农民家庭人均纯收入最高的5个省份也全部位于东部，分别相当于全国平均水平的156%～259%，而最低的5个省份全部集中于西部地区，仅相当于全国平均水平的55%～65%。以省为基本地区单位，分为东部、中部和西部三组（即三大地带），分解分析表明，1985～1995年的10年间，三大地带之间的差距对省际居民收入总体差距的贡献从27.4%上升为46.6%，这表明，地区间公平问题日益突出，已对总需求和国民经济发展形成制约。

2. 区域之间利益摩擦和冲突加剧

长期以来，由于我国工业加工能力主要集中在东部，而自然资源则主要集中在中西部，因此，在东西部之间形成一种特殊的分工协作关系。在传统的价格体系下，中西部落后地区向东部输出廉价的农矿初级产品，而高价输入东部的加工产品，造成大量的利润流失和税收转移，东部地区则获得了“双重利润”。20世纪70年代末以来，地方分权改革以后，各地方相应获得了一定权益，区际关系也开始按照商品经济原则来运作，企业的经济效益与各省区政府的财政收入密切相关。为了加快本地区的发展，缩小与其他地区经济发展差距，维护地方利益，中西部地区各省也开始向高利率的加工工业投资。这样，一方面导致了地区间为争夺原料而发生的各种经济摩擦和矛盾，另一方面造成地区之间产业结构趋同化。此外，一些地区为了发展和保护自身的经济利益，往往设卡封关，大搞市场封锁，地方保护主义限制了本地资源流出和外地产品流入，形成地区间贸易和要素流动的壁垒，直接妨碍了资源在全国范围的合理流动和全国统一市场的形成。

3. 区域发展不协调问题日益严重

由于经济发展相对落后，为了加快本地区的经济发展，当地政府和人民往往是以资源耗竭、生态破坏和环境污染为代价来发展经济。由于自然条件变化和经济社会等原因,我国生态环境不断恶化,西部地区尤为突出。根据全国第二次遥感调查结果,我国水土流失面积达356万平方公里,占国土面积的37.1%,每年流失的土壤总量在50亿吨左右。另外,沙化土地也达到174万平方公里。虽然实施了林业六大工程,土地沙漠化趋势得到减缓,但北方干旱、半干旱地区荒漠化土地分布仍很广泛,水蚀、风蚀、土壤盐渍化与土壤污染并存,土地的生态服务功能降低。① 日益恶化的生态环境,极大地制约着西部地区的经济和社会发展,也直接影响到全国经济、社会的可持续发展。

(三) 区域协调发展思想的提出

由于上述问题的出现,使我们开始对区域协调发展有了更加深刻的认识。所以,"六五"计划以后,就提出了区域协调发展的思想。

"六五"计划中对地区协作做出了明确的规定,指出要在总结经验的基础上,有计划、有步骤地开展地区经济协作;同时编制部分地区国土开发整治规划,首先是编制以上海为中心的长江三角洲的经济区规划;以山西为中心,包括内蒙古西部、陕北、宁夏、豫西的煤炭、重化工基地的经济区规划。

在我国中长期计划中,首次体现区域协调发展的思想是在"七五"计划(1986~1990年)当中。在"七五"计划中提出要正确处理东部沿海、中部、西部三个经济地带的关系,"要加速东部沿海地带的发展,同时把能源、原材料建设的重点放到中部,并积极做好进一步开发两部地带的准备"。把东部沿海的发展同中、西部的开发很好地结合起来,做到互相支持、互相促进的思想,可以说是区域协调发展的初步设想。具体包括:进一步推动上海经济区、东北经济区、以山西为中心的能源基地、京津唐地区、西南"四省(区)五方"地区等全国一级经济区的形成与发展;形成以省会城市和一批口岸与交通要道城市为中心的二级经济区网络;发展以省辖市为中心的三级经济区网络。

"七五"计划提出这一指导方针,说明中国的区域政策开始把正确处理三个地带之间的关系和地带内的区域经济关系作为政策目标,为区域协调发展思想的进一步发展起到了先导作用。

"八五"期间,中央做出了"开发上海浦东,带动长江三角洲和整个长江流域地区经济的发展"的重大战略决策。国家出台了一系列推进和加快东

① 参见"全国水土流失面积已达356万平方公里",http://www.sina.com.cn,2006年10月19日。

部沿海地区对外开放的政策，使东部沿海地区出现了新一轮的对外开放高潮，进一步发展了已经形成的全方位对外开放的格局。与此同时，中央政府开始着手从整体上解决东部和中西部的发展问题，区域协调发展的思想更加明确。"八五"计划提出了区域经济发展的新的基本指导原则，即统筹规划、合理分工、优势互补、协调发展、利益兼顾、共同富裕。为此，国务院于1992年下发了《关于加快发展中西部地区乡镇企业的决定》。同年，党中央又提出了由沿海、沿江、沿边、沿线和内陆纵深推进的全方位开放布局，密切了内地与沿海在对外开放上的联系。在沿海地区开放的基础上批准长江沿岸28个城市和8个地区以及东北、西南和西北地区的13个边境城市对外开放，内陆省会城市开放，从而形成了由"经济特区—沿海开放城市—沿海经济开放区—沿江沿线沿边开放城市—内地经济特区"逐步推进的开放开发梯次格局。

这一时期，中央还扩大了中西部地区地方政府在外贸、财政、金融等方面的自主权，也开始酝酿并着手实施国家扶贫开发政策和进一步完善民族地区政策。1994年中央下发了《90年代国家产业政策纲要》和《国家"八七"扶贫攻坚计划》，明确国家对沿海非均衡发展政策的调整，要对中西部地区进行援助，要按照今后十年地区经济发展和生产力布局的基本原则，正确处理发挥地区优势与全国统筹规划、沿海与内地、经济发达地区与较不发达地区之间的关系，促进地区经济朝着合理分工、协调发展的方向前进。这是国家中长期计划中首次明确出现"协调发展"的概念。

"八五"计划要求，要正确处理发挥地区优势与全国统筹规划、沿海与内地、经济发达与较不发达地区之间的关系，促进地区经济朝着合理分工、各展其长、优势互补、协调发展的方向前进。防止追求大而全的地区经济体系，更不能搞地区市场封锁。在全国统一规划和政策指导下，提倡各地区之间按照互惠互利、风险共担、发挥优势的原则，开展多领域、多层次、多形式的横向联合与协作，推动生产要素的优化组合，加快地区产业结构的合理化。在开发横向联合与协作中，要重合同、守信用。要互相开放市场，使货畅其流，促进全国统一市场的形成与发展。继续完善和发展区域合作，以省、区、市为基础，以跨省、区、市的横向联合为补充，发展各具特色、分工合理的经济协作区；提倡经济上较发达的沿海省、市与内地较不发达的省、区开展经济联合。巩固、完善和发展区域合作组织和各种经济网络。横向经济联合与协作的重点，要放在发展农业、能源、交通、通信、原材料、农用工业，以及改造加工工业和发展出口创汇产品上。提倡建立跨地区的农副产品、能源、重要原材料的生产基地。进一步发展各种形式的物资协作，大力发展科技协作。要继续贯彻执行国家关于开展横向经济联合协作的政策，并进一步在计划管理、统计办法、投资指标、税利和产品分配以及收费方面，制定有利于促进地区协作和联合的规定与办法。同时，加强经济预测和信息发布，并运用经济政策和法律手段，对地区协作和联合进行宏观指导与调控。

三、1995年以后的区域协调发展战略

1995年以后的“九五”开始，我国的经济发展进入到一个新的时期，这个时期的最主要特点，就是开始实施区域协调发展战略。

（一）“九五”时期和“十五”时期

1.“九五”时期：从坚持区域经济协调发展到实施西部大开发战略

面对“八五”中后期中西部与东部沿海之间经济差距进一步扩大的现实，从“九五”开始，国家有意识地积极支持内地的发展，实施有利于缩小地区差距的政策，坚持区域经济协调发展，逐步缩小地区发展差距。从这个时期开始，中长期计划中协调发展成为区域发展的主导思想。

1995年9月，党的十四届五中全会通过了《中共中央关于制定国民经济和社会发展“九五”计划和2010年远景目标的建议》，明确提出把“坚持区域经济协调发展，逐步缩小地区发展差距作为社会和经济发展必须贯彻的重要方针”。1996年3月，八届人大四次会议批准的《“九五”计划和2010年远景目标纲要》提出从“九五”开始，要更加重视支持内地的发展，实施有利于缓解差距扩大趋势的政策。在三大地带框架基础上进一步提出了发展七个跨省市区的经济区域的设想。对于如何防止地区差距的扩大，“九五”计划具体提出了六条政策措施，包括对中西部援助性投资，加强东、中、西部地区之间的经济联合与技术合作等。

“九五”期间，国家对中西部援助力度明显加大，对地区差距问题也越来越重视。1999年年底召开的中央经济工作会议上，正式把实施西部大开发战略列为2000年经济工作的一项重要内容，国家开始实施西部大开发战略，国家对不发达地区的援助进一步集中到西部地区，国家区域政策的目标调整到促进地区协调发展上来。

2."十五"时期:从实施东北地区等老工业基地振兴战略到统筹区域发展

"十五"计划中将"实施西部大开发战略,促进地区协调发展"专门列为一章,强调国家要推进西部大开发,"国家实行重点支持西部大开发的政策措施,增加对西部地区的财政转移支付和建设资金投入。并在对外开放、税收、土地、资源、人才等方面采取优惠政策"。对于中部地区,强调要充分发挥其承东启西、纵贯南北的区位优势和综合资源优势,提高工业化和城镇化水平;对于东部地区,要求其在体制创新、科技创新、对外开放和经济发展中继续走在前列,提高发展水平,有条件的地方争取率先基本实现现代化;要求打破行政分割,重塑市场经济条件下的新型经济关系,形成各具特色的区域经济。国家区域发展政策形成了较为完善的体系。①

2002 年党的十六大报告明确提出:"支持东北地区等老工业基地加快调整和改造,支持以资源开采为主的城市和地区发展接续产业。"这是中央首次提出振兴东北地区等老工业基地的方略。十六大做出支持东北地区等老工业基地加快调整和改造的战略部署,这是中央从协调区域发展和全面建设小康社会的全局着眼做出的一个战略决策。

为落实中央的决策,2003 年 3 月,《政府工作报告》提出了支持东北地区等老工业基地加快调整和改造的思路。党和国家领导同志先后赴东北三省就老工业基地调整改造进行调研。2003 年 5 月底 6 月初,中共中央政治局常委、国务院总理温家宝在辽宁考察时指出,加快东北地区等老工业基地调整和改造,是党的十六大提出的战略任务,振兴东北老工业基地与西部大开发战略,是东西互动的两个"轮子",这两个地区情况有所不同,但都是全国经济战略的重大问题。2003 年 8 月 1 日至 3 日,中共中央政治局常委、国务院总理温家宝在黑龙江、吉林两省考察工作并在长春主持召开振兴东北老工业基地座谈会,指出要把振兴东北摆在突出位置,东北老工业基地要适应改革新形势,走出加快振兴的新路子。9 月 10 日,温家宝总理主持国务院常务会议,讨论并原则同意《关于实施东北地区等老工业基地振兴战略的若干意见》。9 月 29 日,中共中央政治局讨论通过《关于实施东北地区等老工业基地振兴战略的若干意见》。10 月,中共中央、国务院下发《关于实施东北地区等老工业基地振兴战略的若干意见》。12 月,国务院振兴东北地区等老工业基地领导小组成立。2004 年 3 月,国务院振兴东北地区等老

① 参见王荣科:《我国区域发展政策的回顾与展望》,《安徽大学学报》(哲学社会科学版)2002 年第 3 期。

工业基地领导小组召开第一次全体会议。

从 20 世纪 80 年代开始的沿海发展战略，到 1999 年的西部大开发战略再到 2002 年提出的振兴东北等老工业基地战略，中国的区域发展战略从空间上覆盖了东部、西部和东北，唯独缺少中部地区。2004 年 3 月，温家宝总理在政府工作报告中，首次明确提出促进中部地区崛起，引起中部省份极大关注；2004 年 12 月，中央经济工作会议再次提到促进中部地区崛起；同年召开的十六届四中全会首次把“中部崛起”写进了党的全会的文件，会议通过的决议强调要“促进中部地区崛起”。2005 年 3 月，温家宝总理在政府工作报告中再次提出，抓紧研究制定促进中部地区崛起的规划和措施，充分发挥中部地区的区位优势和综合经济优势，加强现代农业特别是粮食主产区建设；加强综合交通运输体系和能源、重要原材料基地建设；加快发展有竞争力的制造业和高新技术产业；开拓中部地区大市场，发展大流通。2006 年 4 月，中共中央、国务院印发《关于促进中部地区崛起的若干意见》，此后国务院还下发了《关于中部六省比照实施振兴东北地区等老工业基地和西部大开发有关政策范围的通知》。2007 年 4 月 13 日，国务院批准设立国家促进中部地区崛起工作办公室，具体工作由国家发展改革委地区经济司承担。中部办负责研究提出中部地区发展战略、规划和政策措施，促进中部地区崛起有关工作的协调和落实。促进中部地区崛起，是党中央、国务院继做出鼓励东部地区率先发展、实施西部大开发、振兴东北地区等老工业基地战略后，从我国现代化建设全局出发做出的又一重大决策，是落实促进区域协调发展总体战略的重大任务。

3.统筹区域发展与区域协调发展战略

2003 年 10 月 14 日，党的十六届三中全会做出了《中共中央关于完善社会主义市场经济体制若干问题的决定》。《决定》指出，完善社会主义市场经济体制的目标是：按照统筹城乡发展、统筹区域发展、统筹经济社会发展、统筹人与自然和谐发展、统筹国内发展和对外开放的要求，更大程度地发挥市场在资源配置中的基础性作用，增强企业活力和竞争力，健全国家宏观调控，完善政府社会管理和公共服务职能，为全面建设小康社会提供强有力的体制保障。“五个统筹”与“统筹区域发展”的提出促进了区域协调发展机制的全面形成。

我国是一个幅员辽阔的发展中大国，各地的自然条件与社会经济基础存在着巨大差别，而这种差别必将对各地的经济发展方向、发展速度、发展程度产生决定性的影响。统筹区域发展就是要充分发挥各个地区的自身优势和发展积极性，发掘各个地区的发展潜力，实现各个地区的共同发展。统筹区域发展的核心目标是实现区域经济的协调发展，促进各地区之间形成优势互补、分工协作、相互促进、良性互动的协调关系。

统筹区域发展的最紧迫课题是为欠发达地区的经济发展和人民生活水平的提高创造有利条件。我国是一个地区差距非常巨大的国家，并且这种地区差距不仅仅表现为不同地区居民名义收入水平上的差距，最为严重的是许多欠发达地区的经济发展条件非常落后，大量人口仍然处于绝对贫困状态。任由这种地区差距继续扩大，既不符合以人为本的科学发展观的要求，也不利于国家的长治久安。因此，必须采取有力措施为欠发达地区的经济发展和人民生活水平的提高创造有利条件。

统筹区域发展的一个重要方向是推进区域经济一体化，并最终形成若干各具特色的经济区和经济带。通过共同市场建设与基础设施的统一规划和共建来促进产业聚集，形成产业布局与分工合理、经济联系紧密、内部聚集效应与对外扩散效应明显的经济带和经济区。各具特色的经济带和经济区的形成，有利于减少交易成本和重复建设，有利于提高资源的配置效率，有利于提高产业的国际竞争力和提高国民经济整体素质。推进区域经济一体化，促进经济区和经济带的形成，需要我国对区域经济开发模式进行必要的调整。长期以来，我国基本上采取的是以据点式开发为主、点线结合的开发模式。这种开发模式是符合当时我国生产力发展水平的，但在目前东南沿海地区经济已经较为发达并且城镇非常密集的情况下，继续实行相互分割、各自为政、缺少必要联系与协调的据点式开发，已经不适合生产力继续发展的要求。在珠三角、长三角、京津唐地区适时采取网络式开发模式，推进区域经济一体化，是新时期我国区域经济发展战略的重要组成部分，也是区域经济发展的一个基本方向。

（二）“十一五”时期和“十二五”时期

1.“十一五”时期：区域发展总体战略的提出与实施

我国“十一五”规划提出要促进区域协调发展，根据资源环境承载能力、发展基础和潜力，按照发挥比较优势、加强薄弱环节、享受均等化基本公共服务的要求，逐步形成主体功能定位清晰、东中西良性互动、公共服务和人民生活水平差距趋向缩小的区域协调发展格局。

实施区域发展总体战略：坚持实施推进西部大开发，振兴东北地区等老工业基地，促进中部地区崛起，鼓励东部地区率先发展的区域发展总体战略，健全区域协调互动机制，形成合理的区域发展格局。

西部地区要加快改革开放步伐，加强基础设施建设和生态环境保护，加快科技教育发展和人才开发，充分发挥资源优势，大力发展特色产业，增强自我发展能力。东北地区要加快产业结构调整和国有企业改革改组改造，发展现代农业，着力振兴装备制造业，促进资源枯竭型城市经济转型，在改革开放中实现振兴。中部地区要抓好粮食主产区建设，发展有比较优势的能源和制造业，加强基础设施建设，加快建立现代市场体系，在发挥承东启西和产业发展优势中崛起。东部地区要努力提高自主创新能力，加快实现结构优化升级和增长方式转变，提高外向型经济水平，增强国际竞争力和可持续发展能力。

推进形成主体功能区，根据资源环境承载能力、现有开发密度和发展潜力，统筹考虑未来我国人口分布、经济布局、国土利用和城镇化格局，将国土空间划分为优化开发、重点开发、限制开发和禁止开发四类主体功能区，按照主体功能定位调整完善区域政策和绩效评价，规范空间开发秩序，形成合理的空间开发结构。

优化开发区域是指国土开发密度已经较高、资源环境承载能力开始减弱的区域。要改变依靠大量占用土地、大量消耗资源和大量排放污染来实现经济较快增长的模式，把提高增长质量和效益放在首位，提升参与全球分工与竞争的层次，继续成为带动全国经济社会发展的龙头和我国参与经济全球化的主体区域。

重点开发区域是指资源环境承载能力较强、经济和人口集聚条件较好的区域。要充实基础设施，改善投资创业环境，促进产业集群发展，壮大经济规模，加快工业化和城镇化，承接优化开发区域的产业转移，承接限制开发区域和禁止开发区域的人口转移，逐步成为支撑全国经济发展和人口集聚的重要载体。

限制开发区域是指资源环境承载能力较弱、大规模集聚经济和人口条件不够好并关系到全国或较大区域范围生态安全的区域。要坚持保护优先、适度开发、点状发展，因地制宜发展资源环境可承载的特色产业，加强生态修复和环境保护，引导超载人口逐步有序转移，逐步成为全国或区域性的重要生态功能区。

禁止开发区域是指依法设立的各类自然保护区域。要依据法律法规规定和相关规划实行强制性保护，控制人为因素对自然生态的干扰，严禁不符合主体功能定位的开发活动。

2.党的十七大关于区域协调发展的新战略

党的十七大报告在实现全面建设小康社会奋斗目标的新要求中提出：增强发展协调性，努力实现经济又好又快发展。城乡、区域协调互动发展机制和主体功能区布局基本形成。

关于区域协调发展战略提出：推动区域协调发展，优化国土开发格局。缩小区域发展差距，必须注重实现基本公共服务均等化，引导生产要素跨区域合理流动。要继续实施区域发展总体战略，深入推进西部大开发，全面振兴东北地区等老工业基地，大力促进中部地区崛起，积极支持东部地区率先发展。加强国土规划，按照形成主体功能区的要求，完善区域政策，调整经济布局。遵循市场经济规律，突破行政区划界限，形成若干带动力强、联系紧密的经济圈和经济带。重大项目布局要充分考虑支持中西部发展，鼓励东部地区带动和帮助中西部地区发展。加大对革命老区、民族地区、边疆地区、贫困地区发展的扶持力度。帮助资源枯竭地区实现经济转型。更好发挥经济特区、上海浦东新区、天津滨海新区在改革开放和自主创新中的重要作用。走中国特色城镇化道路，按照统筹城乡、布局合理、节约土地、功能完善、以大带小的原则，促进大中小城市和小城镇协调发展。以增强综合承载能力为重点，以特大城市为依托，形成辐射作用大的城市群，培育新的经济增长极。

3.“十二五”规划关于区域协调发展的新阐述

在“十二五”规划当中，把区域协调发展进一步具体化，明确提出通过落实区域发展总体战略实现区域协调发展。这就是“充分发挥不同地区比较优势，促进生产要素合理流动，深化区域合作，推进区域良性互动发展，逐步缩小区域发展差距”。这些新的阐述包括：

第一，规划提出“坚持把深入实施西部大开发战略放在区域发展总体战略优先位置，给予特殊政策支持”，是“十二五”规划提出的一个政策着力点。在西部广大地区培育新的经济增长极，是“十二五”期间具体的手段。

第二，规划提出，对全面振兴东北地区等老工业基地，重点是从产业结构调整、现代服务业发展和经济区建设的角度去推进。

第三，规划对大力促进中部地区崛起，在政策上更加强调有序承接东部地区和国际产业转移。

第四，规划对于积极支持东部地区率先发展，则希望东部地区在改革开放中先行先试，在转变经济发展方式、调整经济结构和自主创新方面走在全国前列。

第五，规划对加大对革命老区、民族地区、边疆地区和贫困地区扶持力度给予了前所未有的重视，表明国家对落后地区的扶持比以往更加重视，也会给予更大的投入。

四、对我国区域发展战略与区域格局演变的评价

区域发展总体战略的形成与新中国成立以来我国的经济发展战略和经济格局演变有着直接的关联，非均衡发展战略的实施和区域差距的扩大是区域发展总体战略形成的重要历史背景。

（一）我国区域发展战略演变的评价

新中国成立以来，我国区域经济发展战略经历了从均衡发展战略到非均衡发展战略再到协调发展战略的历史演变。正是由于非均衡发展战略的实施带来了区域差距的扩大以及其他一些经济社会问题，促使人们对过去的区域发展战略进行新的思考。人们普遍认识到非均衡发展战略可以促进东部和沿海地区的快速发展，但是区域差距的扩大对我国经济的整体协调与发展带来严重阻碍，于是区域协调发展的思想逐渐酝酿产生。

我们通过固定资产投资的区域变化，可以看到这种战略的结果。见表3-2。

表3-2　“一五”至“十五”时期东、中、西部全社会固定资产投资对比

时期	投资总额（亿元）	占全国的比重(%)			以东部为100		
		东部	中部	西部	东部	中部	西部
“一五”	611.58	41.8	26.6	21.2	100	63.6	50.7
“二五”	1307	37	30.6	26.8	100	82.7	72.4
“三五”	1209.09	24.9	28.2	38.5	100	113.3	154.6
“四五”	2276.37	33.4	28.1	28.4	100	84.1	85
“五五”	3186.22	40.1	28.3	23.8	100	70.6	59.4
“六五”	7997.6	46.1	26.8	21.3	100	58.1	46.2
“七五”	20593.5	48.8	24.9	13.5	100	51	27.7
“八五”	63808.3	59.4	21.5	12.7	100	36.2	21.4
“九五”	139093.75	62.45	16.94	17.48	100	27.13	27.99
“十五”	295531.01	60.64	17.6	19.6	100	29.02	32.32

资料来源：(1)国家统计局：《中国统计年鉴》(1996～2005年)，中国统计出版社，1996～2005；(2)叶裕民：《中国区域开发论》，中国轻工业出版社，2000，第57页。

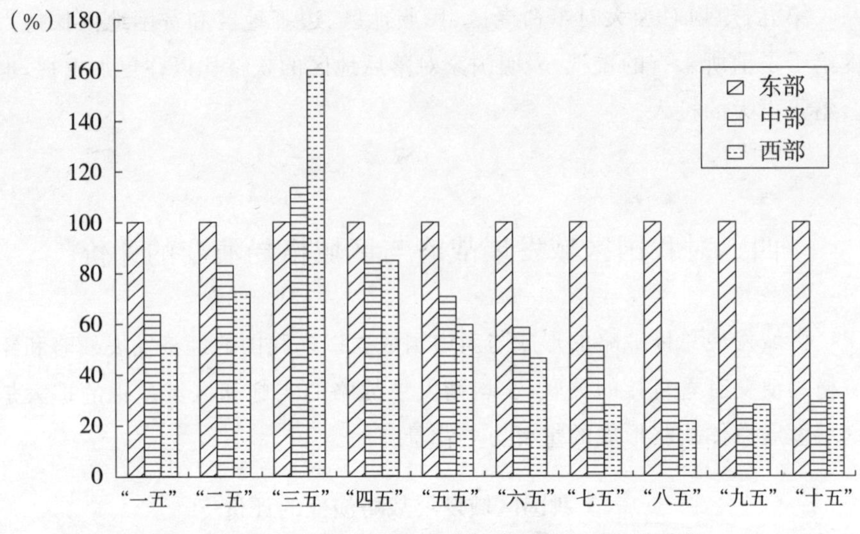

图 3-1 “一五”到“十五”三大地带固定资产投资比较

1995 年以来，区域经济协调发展的思想就成为我国中长期规划的主导思想。这一思想的提出，主要是基于逐步缩小地区发展差距的理念。根据这个理念，多年来国家通过支持内地发展，制定和实施有利于缓解区域差距扩大趋势的政策，使东、中、西三大地带间的区域差距逐步缩小。

如何通过缩小地区差距来促进区域协调发展？

第一，构建跨省区市的经济区域来促进区域经济合作。“九五”期间，提出按照市场经济规律和经济内在联系以及地理自然特点，突破行政区划界限，在已有经济布局的基础上，以中心城市和交通要道为依托，逐步形成 7 个跨省区市的经济区域。这 7 个区域包括长江三角洲及沿江地区、环渤海地区、东南沿海地区、西南和华南部分省区、东北地区、中部五省区、西北地区。

“十五”和“十一五”、“十二五”期间，国家批准设立了 10 个综合配套改革实验区、批准了二十多个国家层面的区域规划、设立了 5 个国家级新区，这些区域的形成和开发，促进了区域经济发展，缩小了区域发展差距，提升了区域发展水平。

第二，开始通过区域政策协调区域发展的尝试。从 20 世纪 90 年代中期到现在，我国通过区域政策实施，实现区域发展的协调。实施的政策主要有：优先在中西部地区安排资源开发和基础设施建设项目；理顺资源性产品价格，增强中西部地区自我发展的能力，加大中西部地区矿产资源勘探力度；实行规范的中央财政转移支付制度，逐步增加对中西部地区的财政支持；加快中西部地区改革开放的步伐，引导外资更多地投向中西部地区；加大对贫困地区的支持力度，扶持民族地区经济发展；加强东部沿海地区与中西部地区的经济联合与技术合作等。不难看出，国家对中西部支持力度明显加强，对区域差距问题给予了高度重视。

第三，通过区域开发战略达到区域协调发展。近年来，对区域协调发展影响最大的，是国家先后实施了几项区域开发战略。包括实施推进西部大开发战略、振兴东北地区等老工业基地战略、促进中部地区崛起战略和鼓励东部地区率先发展战略，健全区域协调互动机制，形成合理的区域发展格局。这些开发规划突出区域科学发展观的理念，提出要根据资源环境承载能力、现有开发密度和发展潜力，统筹考虑未来我国人口分布、经济布局、国土利用和城镇化格局，规范空间开发秩序，形成合理的空间开发结构，每一项区域开发行动都必然会深刻影响区域发展的协调程度。

（二）我国区域格局演变的评价

新中国成立以来，中国区域经济格局发生了重大演变，这是研究现实中国区域问题的一个大的背景。从 1949 年开始，中国的区域经济格局经历了三次大的战略性经济格局调整。第一次经济格局调整始于“一五”时期和随后开始的“三线”建设；第二次则是源于改革开放后的东部优先发展战略；而目前的区域开发行动，则为我们提供了第三次区域经济格局调整的契机。

1. 沿海与内地的两分法区域格局

沿海与内地的区域格局，实际上是承袭新中国成立之前的旧格局，新中国成立后，我们一直努力打破这种旧有的区域格局，但直到改革开放之后才实现目的。

新中国成立后的“一五”时期开始建设的 156 个重大项目是按区域经济平衡发展的目标在全国布局的。20 世纪 60 年代初，出于备战的需要，国家决定将集中在大城市和沿海地区的工厂转移，加快“三线”建设，建立战略后方。同时，新中国成立以来，我国的地区经济发展就极不平衡，大部分工业集中在东部沿海地带，生产力分布存在地区的非均衡性，这些客观的经济形势也提出了区域经济格局调整的要求。所以，这一阶段主要实行的是区域平衡发展战略。这一战略的集中体现就是“三线”建设。按照设想的军事地理区划，中国沿海为第一线，中部为第二线，后方为第三线。湘西、鄂西及四川、云南、贵州三省为西南三线。西北“三线”建设，其辖区为陕、甘、宁、青、豫西、晋西。相对于西北、西南的大三线，中部及沿海地区腹地称“小三线”。根据这一精神，“三五”计划明确提出，把国防建设放在第一位，加快“三线”

建设，逐步改变工业布局。“四五”计划则提出建立各自为战、大力协同的经济协作区。在“三线”建设的过程中，国家对于中西部的投资高度倾斜。“三五”计划中，全国新建的大、中型项目中，西南、西北、中南地区的项目数高达60.2%，而该时期东部的发展则受到了遏制。

“三线”建设是一次大规模的区域性集中大开发。主要集中于大三线的“三线”建设在客观上缓解了新中国成立初期区域经济分布极不平衡的状况，而且为中西部的进一步发展打下了初步的基础。从空间均衡布局的角度衡量，“三线”建设有其正面的意义。1970年，各个省份人均GDP排名中前十二名依次是：广东、上海、北京、江苏、吉林、青海、云南、辽宁、黑龙江、陕西、宁夏和贵州。属于“三线”地区的有五个省份，其中青海和云南分属第六和第七。这是“三线”建设所带来的一次大的区域经济格局调整。随着战略重点的转移和“三线”建设的中止，排名出现了变化。1985年，前十二名的省市里面已经没有一个“三线地区”的省份。所以，这种“沿海与内地”的两大块的区域格局，一直到“七五”时期才发生变化。

2.东、中、西三大地带的三分法区域格局

改革开放以后，在“两个大局”思想的指导下，东部沿海优先发展战略开始成为区域经济格局调整的主题。从20世纪70年代末开始，在沿海地区先后设立了四个经济区、五个沿海经济开发区和十四个沿海开放城市。“七五”计划提出“我国国民经济分布客观上存在着东、中、西部三大地带，并在发展上呈现出由东逐步向西推进的客观趋势”。这种强调东、中、西部非同步发展的非均衡发展战略是在综合考虑我国现实的经济发展能力后提出的优化发展战略，不同于新中国成立初期和“三线”建设中的均衡发展思路，“效率优先，兼顾公平”开始成为区域经济发展战略的主导思想。

根据国家“七五”计划提出的划分标准，将全国分为东部地区：辽宁、河北、天津、北京、山东、江苏、上海、浙江、福建、广东、海南、广西十二个省市区；中部地区：黑龙江、吉林、内蒙古、山西、安徽、江西、湖南、湖北、河南等九个省区；剩余十个省市区为西部地区。

“沿海地区加快对外开放，使得这个有两亿多人口的地带优先发展起来，从而带动内地更快地发展起来”，这一战略构想在本阶段实施后的结果是：沿海东部地区迅速发展起来；虽然某些年份地区经济差距略有缩小，但三大地带间地区经济差距总体趋势是不断扩大的。1978年，东部地区GDP占全国GDP的比重是52.61%，1990年上升到54.02%，1999年则上升到58.66%，到2009年，东部地区的GDP已经占到全国GDP的60.12%。1999年，人均GDP排名中居于前十位的省市是上海、北京、天津、浙江、广东、福建、江苏、辽宁、山东和黑龙江。其中前九位都是东部地区的省市，2009年，东部地区仍有八省市排在前十位。[①] 东部优先发展战略使得经济中心明显东移。

这一时期，中央扩大了中西部地区地方政府在外贸、财政、金融等方面的自主权，开始酝酿并着手实施国家扶贫开发政策和进一步完善民族地区政策。1994年中央下发了《90年代国家产业政策纲要》和《国家八七扶贫攻坚计划》，表明国家对沿海非均衡发展战略的调整，要对中西部地区进行援助，按照今后10年地区经济发展和生产力布局的基本原则，正确处理发挥地区优势与全国统筹规划、沿海与内地、经济发达地区与较不发达地区之间的关系，促进地区经济朝着合理分工、协调发展的方向前进。这是国家中长期计划中首次明确出现"协调发展"的概念。

到2009年，三大地带的基本结构特征是：

第一，东、中、西三大地带经济产出比重依次递减，东部地区的经济产出占全国一半以上。2009年，东、中、西三大地带的GDP占全国GDP比重分别为60.12%、26.97%和11.92%。据《2008年中国基本单位统计年鉴》的数据[②]，在限额以上企业的基本单位总营业收入上，东部地区占全国的比重高达77.23%，而中部和西部只占16.06%、6.71%。以上数据显示我国经济产出主要集中在东部地区，中部次之，西部最少，呈现从东到西梯度递减。

第二，东部地区经济发展水平远高于中西部，中部与西部之间差异不大。2009年，东、中、西三大区域内的人均GDP分别是44379元、23143元和17115元；三大地带从业人员的人均限额以上企业的营业收入比例大致为50∶32∶28，显示出地区发展水平的非均衡性。东部经济发展水平远高于中部和西部，中部又略高于西部，但中、西两个地带差距不大。

第三，改革开放和东部加快发展是这一时期的发展重心。"八五"期间，中央做出了"开发上海浦东，带动长江三角洲和整个长江流域地区经济的发展"的重大战略决策。国家出台了一系列推进和加快东部沿海地区对外开放的政策，使东部沿海地区出现了新一轮的对外开放高潮，进一步发展了已经形成的全方位对外开放的格局。

3. 四大板块的区域格局

进入"十一五"时期，促进区域协调发展，实施西部大开发，振兴东北地

---

① 本书所用数据考虑到1970年以来的历史一致性、可比性，没有将海南、重庆、西藏三个省市区纳入分析。

② 本书所用的营业收入数据皆来自《2008年中国基本单位统计年鉴》。

区等老工业基地，促进中部地区崛起，鼓励东部地区率先发展，形成东中西互动、优势互补、相互促进、共同发展的格局，是从全面建设小康社会和加快现代化建设全局出发做出的总体战略部署。在经历了四次大的区域开发战略实施之后，形成了一个新的区域格局：

由北京、天津、河北、山东、江苏、上海、浙江、福建、广东、海南构成东部板块；

由山西、河南、安徽、江西、湖北和湖南构成中部板块；

由重庆、四川、贵州、云南、西藏、广西、陕西、甘肃、青海、宁夏、新疆和内蒙古构成西部板块；

由辽宁、吉林和黑龙江构成东北板块。

从2006年起，我国四大板块的区域格局开始形成。新时期我国区域格局的变化主要体现在以下三个方面：

第一，形成合理的区域发展格局。国家继续在经济政策、资金投入和产业发展等方面，加大对中西部地区的支持。东部地区发展是支持区域协调发展的重要基础，要在率先发展中带动和帮助中西部地区发展。各地区要根据资源环境承载能力和发展潜力，按照优化开发、重点开发、限制开发和禁止开发的不同要求，明确不同区域的功能定位，并制定相应的政策和评价指标，逐步形成各具特色的区域发展格局。

第二，健全区域协调互动机制。形成区域间相互促进、优势互补的互动机制，是实现区域协调发展的重要途径。健全市场机制，打破行政区划的局限，促进生产要素在区域间自由流动，引导产业转移。健全合作机制，鼓励和支持各地区开展多种形式的区域经济协作和技术、人才合作，形成以东带西，东、中、西共同发展的格局。健全互助机制，发达地区要采取对口支援、社会捐助等方式帮扶欠发达地区。健全扶持机制，按照公共服务均等化原则，加大国家对欠发达地区的支持力度，加快革命老区、民族地区、边疆地区和贫困地区的经济社会发展。

第三，促进城镇化健康发展。坚持大中小城市和小城镇协调发展，提高城镇综合承载能力，按照循序渐进、节约土地、集约发展、合理布局的原则，积极稳妥地推进城镇化。珠江三角洲、长江三角洲、环渤海地区，要继续发挥对内地经济发展的带动和辐射作用，加强区内城市的分工协作和优势互补，增强城市群的整体竞争力。继续发挥经济特区、上海浦东新区的作用，推进天津滨海新区等条件较好地区的开发开放，带动区域经济发展。有条件的区域，以特大城市和大城市为龙头，通过统筹规划，形成若干用地少、就业多、要素集聚能力强、人口分布合理的新城市群。人口分散、资源条件较差的区域，重点发展现有城市、县城和有条件的建制镇。建立健全与城镇化健康发展相适应的财税、征地、行政管理和公共服务等制度，完善户籍和流动人口管理办法。统筹做好区域规划、城市规划和土地利用规划，改善人居环境，保持地方特色，提高城市管理水平。

第四章　我国区域协调发展的现状、问题与评价

自“十五”到“十二五”以来，我国先后实施了西部大开发、振兴东北地区等老工业基地、中部崛起等区域开发战略，建设了三峡工程、南水北调、西气东输、西电东送等大型跨区域的基础设施工程，以此加快各区域之间的协调发展。

一、我国区域协调发展的现状

“十一五”结束之时我国区域协调发展的现状如下：

(一) 区域经济协调发展形势很好

具体表现在如下几方面：

1. 各地区区域经济发展较快

“十一五”以来，我国宏观经济形势出现了较快的增长势头。

从四大板块分析，我国东部地区依然是经济高速增长区(见图 4-1)。

2000～2009 年东部地区的 GDP 年均增速达到 12.22%，其次是西部地区，年均增速为 11.75%，东北地区和中部地区增速分别为 11.70%和 11.52%。可见，中部地区在这时期成为经济增长最为缓慢的地区。

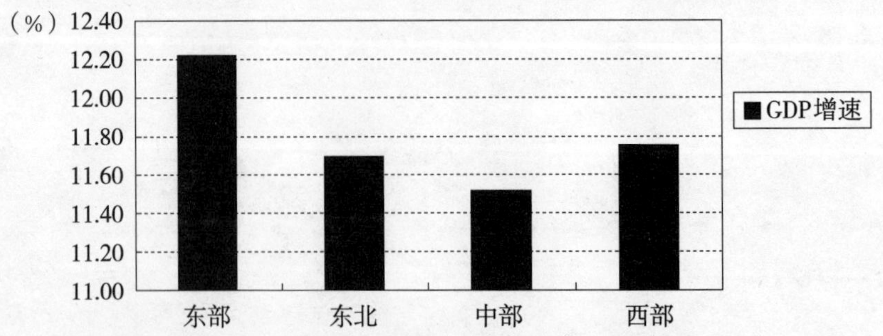

数据来源：国家统计局：《中国统计年鉴 2010》，中国统计出版社，2010。

图 4-1　2000～2009 年我国“四大板块”GDP 增速比较

以省区为单位分析，2000～2009 年地区经济年均增速最快的是内蒙古，年均增速达到 16.77%；其次是天津市，增速为 14.35%；最低的是云南省，年均增速仅为 9.95%。但是与之前几个时期相比，本阶段我国经济增速以及运行情况较为平稳，增速较快。西部地区还有陕西、西藏、重庆和广西在这时期增速较快，而中部地区安徽、山西和湖北增速显得较慢。进入到 2010 年和 2011 年上半年，上海、北京等沿海地区的发展速度位于全国的最后。

2. 经济结构得到优化

"十一五"以来，我国三次产业发展都较快，并且结构不断得到优化，三次产业结构总体上处于"二、三、一"式的结构模式，尤其是进入 2009 年以来，结构优化体现最为明显的是第三产业的比重增加，达到 43.4%。第二产业比重稳定在 47%左右，如图 4－2 所示。

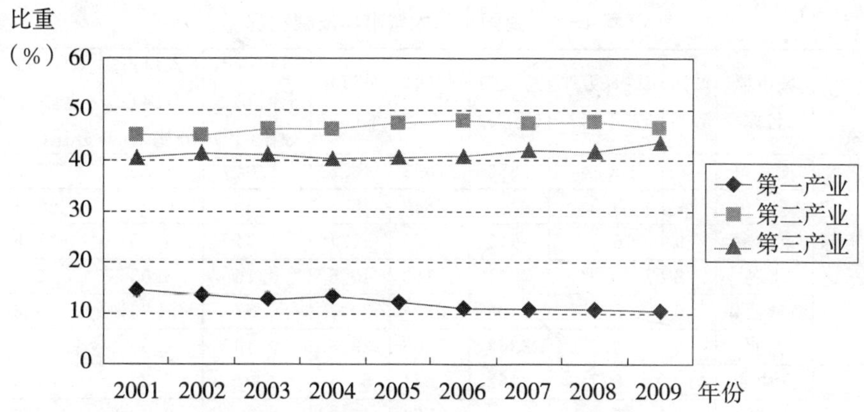

数据来源：国家统计局：《中国统计年鉴 2010》，中国统计出版社，2010。

图 4－2　2001～2009 年我国三次产业比重

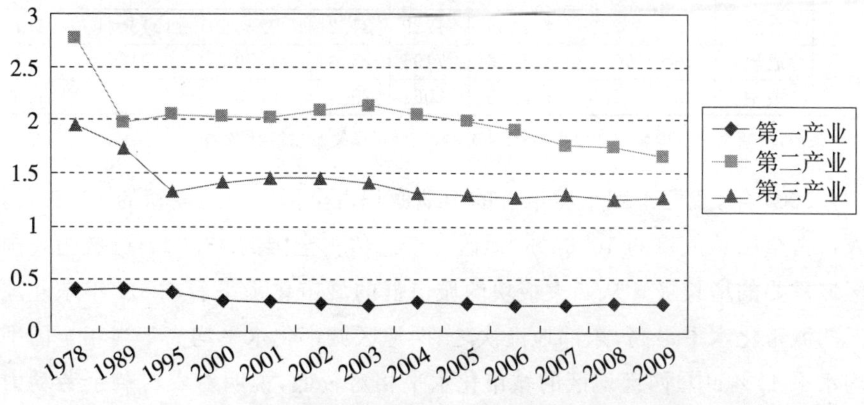

图 4－3　我国主要年份三次产业比较劳动生产率

从三次产业比较劳动生产率分析，第一产业比较劳动生产率总体趋势处于稳定状态，这与我国第一产业的从业人员数据统计不准有关；第二产业比较劳动生产率有所下滑趋势，这与产业总体水平不高、技术推力不足有关；第三产业比较劳动生产率缓慢上升，如图 4－3 所示。

（二）一些核心增长和联合协作区域初步形成

伴随着工业化和城市化进程加快，城市之间的行政界线日趋模糊，城市之间的联系变得更加紧密，城市群逐渐成为区域经济活动的重要空间依托。

1.核心增长区域

从全国来看，我国已经形成了三个比较典型的都市圈（城市群）以及十一个具有城市群或城市化区域，每年为我国创造出份额很大的经济总量。见表 4－1。

表 4－1 我国十四大城市群发展状况

地区	城市群名称	城市数目	面积（万平方千米）	总人口（万人）	GDP（亿元）	城市化率（%）	面积占国土面积百分比（%）	人口占全国百分比（%）	GDP 占全国百分比（%）
东部地区	长三角	15	10	7656	27602	48.5	1.04	5.89	16.9
	珠三角	9	5.5	3449	27843	69.5	0.58	2.65	17.1
	京津冀	9	16.7	649	12485	41.1	1.74	4.65	7.6
	半岛	8	7.3	3941	10180	40.6	0.76	3.03	6.2
	海峡西岸	6	5.5	2508	5354	30.1	0.57	1.93	3.3
	徐州	6	4.7	3362	3566	29.4	0.48	2.59	2.2
东北	辽中南	10	9.7	3062	7021	53.1	1.01	2.36	4.3
	哈尔滨	9	25.8	3156	4554	45.4	2.69	2.43	2.8
中部地区	中原	8	5.7	3915	4811	28.9	0.59	3.01	2.9
	武汉	9	5.3	2981	3674	40.4	0.69	2.29	2.3
	长珠潭	3	2.8	1264	1919	31.1	0.29	0.97	1.2
	合肥	5	2.9	1469	1729	31.2	0.3	1.13	1.1
西部	成渝	10	17.2	7816	7195	25.3	1.79	6.01	4.4
	关中	5	5.5	2205	2061	29.4	0.58	1.7	1.3

资料来源：倪鹏飞：《中国城市竞争力报告 NO.3》，社会科学文献出版社，2005。

2004 年，我国十四个城市群的土地面积占全国国土总面积的 13.11%，人口占全国总人口的 40.64%，地区生产总值占全国的 73.6%，已成为我国区域重要的增长极。从四大板块的城市群的城市化水平看，2004 年东北地区的城市化水平最高，东部地区次之，两地区城市化水平均高于当年全国平均水平 41%；中、西部地区的城市化水平相对较低，说明对农村剩余劳动力的吸纳能力相当微弱。从四大板块的城市群的国土面积看，东部人地矛盾最为紧张，人均建城区面积最少，中、西部地区其次，东北地区人均建城区面积较高。从创造出的财富看，东部地区仍然是我国经济财富的主要来源地，东部城市群 GDP 占全国的 53.3％，中部地区占全国的 7.5％，东北地区占 7.1％，西部地区占 5.7％。从经济密度和人均 GDP 看，东部地区城市群的经济密度最高，每万平方千米创造了约 1751.11 亿元 GDP，人均 GDP 达 40357 元；东北地区每万平方千米 GDP 约为 326 亿元，人均 GDP 为 18615 元；中部地区每万平方千米 GDP 约为 726.53 亿元，人均 GDP 为 12600 元；西部地区每万平方千米 GDP 约为 407.75 亿元，人均 GDP 为 9236 元；均高于全国的 142.58 亿元/万平方千米和人均 GDP10529 元。[①]

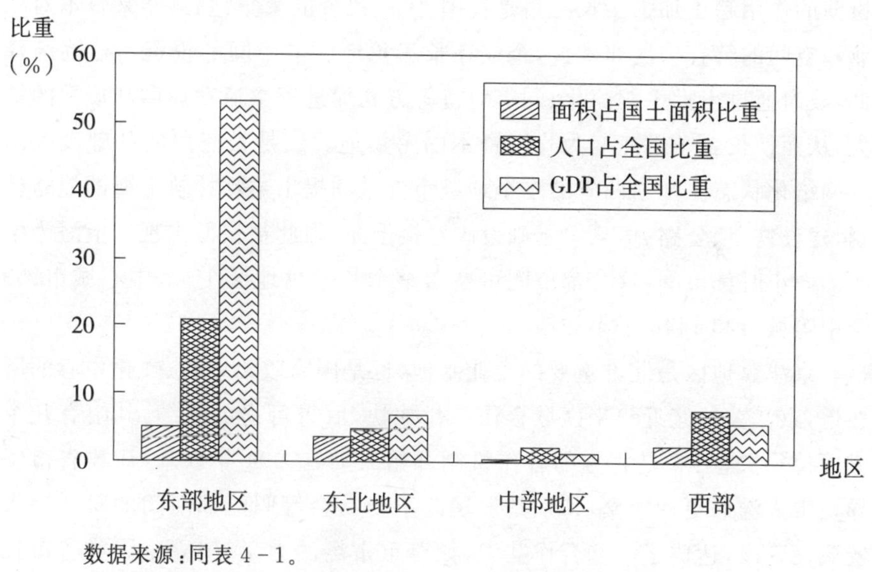

数据来源：同表 4－1。

图 4－4　我国四大板块城市群发展状况对比

2. 区域合作层次逐渐提高、合作机制更加完善

随着经济全球化和区域经济一体化进程加快，我国各区域内部分工更加深化，区域合作层次逐渐提高、合作机制更加完善以及合作领域更加广泛，各区域合作正在从政府主导向企业主导转变，区域合作更加注重区域利益联合体的构建和区域优势的互补与共享。区域合作的机制不断脱离政府干预向市场引导转变，区域政策从松散型转向利益激励型和约束型，从而实现区域合作朝着一体化方向迈进。就几个大区域看，长三角、珠三角和泛珠三角的区域合作最为典型，具体如下：

---

① 参见国家统计局：《中国统计年鉴 2005》，中国统计出版社，2005。

长三角是国内区域合作模式运行比较成功和实施较早的地区，因此积累了丰富的成功经验与做法：一是建立长三角区域合作对话机制。从20世纪80年代以来，长三角官方活动往来日益频繁，先后设立国务院上海经济规划办公室、长江三角洲城市经济协调会、两省一市省市长联席会议制度、沪苏浙经济发展座谈会等，通过政府领导之间的协调，加强省市之间的交通、生态、工业、旅游等领域合作。二是签订各种专业和层次的区域合作框架协议。具体涵盖长三角高速交通网、旅游共同市场、资本投资、教育合作、人才开发等，通过"合作协议"、"共同宣言"等方式约束地方保护行为，并邀请媒体进行监督，促进多边协议有效地付诸实践。三是企业在区域合作中扮演的作用趋于加强。长三角是我国外资、民资的聚集地，近年来资本对产业和空间的整合力度非常大，企业在长三角地区城市间的投资门槛逐渐降低，政府通过审批手续简化、同等对待等方式促进资本流动速度和规模的扩大，从而使长三角迅速变为我国资本的密集地。四是长三角的基础设施出现网络化状态。江浙两省的多个地级市都带动提出主动接轨上海的战略计划，建设铁路、公路、信息等基础设施对接上海，因此很快便出现以上海为中心的3小时都市圈，这个都市圈可覆盖整个长三角地区15个中心城市、55个中等城市和1446个小城镇。

京津冀地区是北方重要的工业基地，也是国家政治中心、文化中心的所在地，京津冀地区近年来区域合作步伐加快，取得可喜的成绩，其中有几个方面值得关注：一是官方的合作机制开始启动。2004年以来，津冀省市领导负责人沟通更加频繁，特别是发展改革委员会等职能部门间的对话进入实质性阶段，达成了一些合作共识，如尊重市场的力量、建立京津冀省市长联席会议制度、启动京津冀区域规划等。二是交通基础设施一体化进程加快。"十五"以来，京津冀地区开始进行以北京为中心的都市圈的规划与建设，现在已开工或者投入使用的就有京津城际专线，京石、京津唐等城际铁路专线建设，再加上京承、京沪、京广等铁路、高速公路，京津冀都市圈交通网络初步形成。三是战略机遇加快京津冀的区域合作进程。北京举办2008年奥运会和天津滨海新区的开发是本地区现在和今后几年区域合作的落脚点，围绕着这两个机遇对区域产业和要素进行整合，加强区域之间的分工协作，促进区域一体化进程。四是区域生态环境保护的合作机制正在形成。由于京津冀地区自身的地理特征和人为破坏，现在该区域的生态环境已经处于恶化阶段，围绕着区域生态恢复工程正在紧锣密鼓地开展。区域协调发展问题促成了京津冀区域合作迈向更高的层次。

泛珠三角区域合作是目前国内地域面积最大、跨行政省区最多的合作模式。在“十五”期间,泛珠三角的合作也成为我国区域合作史上具有里程碑意义的大事,构筑“9+2”的新型合作模式,覆盖了广东、福建、湖南、江西、云南、广西、四川、贵州、海南等九个省区和香港、澳门两个特别行政区。其合作领域包括:一是建立官方定期的会晤沟通的平台,即行政首长联席会议制度。每年举办一次,加强官方之间的沟通,商讨区域性合作重大事宜以及区域问题的协调,并且各省市在发展改革委员会属下设立区域合作办公室,专职负责区域合作事务。二是举办泛珠三角区域合作与发展论坛和泛珠三角经贸合作洽谈会。按照“政府搭台、企业唱戏”的方式,鼓励企业参与泛珠三角区域合作活动,特别是区域性重大项目投资、产权转让等,鼓励沿海省份的资本西进。三是签订关于交通、产业、治安、能源等合作协议。在泛珠三角一体化进程中,东、中、西互动态势不断增强,特别是西电东送、珠三角的传统制造业的转移、内地铁路与沿海的港口联运等合作项目逐渐增多。

(三) 引导区域协调发展的政策框架基本形成

一般来说,区域政策框架至少包括区域协调机构、区域划分、区域政策程序、区域政策目标、区域政策工具以及区域政策评价等部分。就我国目前的区域政策框架而言,主要包括如下:

1. 区域协调机构开始设立

从西部大开发开始,党中央和国务院为了实施西部大开发战略,成立西部开发领导小组并设立专门办公室,由国务院总理担任领导小组组长,国家发改委主任担任办公室主任,国家各相关部委负责人担任小组成员,同时抽调国家相关部委精干力量组成各职能组成员。在西部开发办的协调下,国家先后进行西部重大型基础设施的规划和建设,其中包括了西部大开发“四大工程”、西部交通基础设施、西部生态保障项目等等,西部开发办公室设立的作用体现在:一是整合国家各部分分散化的区域政策,包括投资政策、税收政策、金融政策、环保政策、农业政策等,通过政策相互搭配进行综合配套实施;二是协调中央和地方关系,包括中央与地方之间、中央企业与地方之间、地方与地方之间三重关系,增强政策执行和下放的效率,提高区域政策实施的效果;三是注重区域政策实施的长期性、科学性和可持续发展性,西部开发办的成立从大局统筹考虑,克服了地方进行项目投资和产业选择的短见性;四是克服区域外部性,西部开发办借助国家赋予的权力,协调区域之间的关系,从一定程度上减弱了区域外部性负面影响,比如区际环境问题等。紧接着提出西部大开发后,振兴东北地区等老工业基地也提上国家区域发展战略日程,于2003年成立振兴东北办公室,其职责类似西部开发办,由于西部与东北地区情况不大一样，所以东北办在操作区域政策的方式上也与西部开发办公室略有所不同，具体表现为：一是东北办侧重于区域政策工具选择和实施，不像西部办，还需要资金和政策大量投入；二是东北地区区情同质性强，区域政策主要解决问题是东北老工业基地的衰退，而西部地域广阔，区情复杂多样，区域政策不仅要解决落后地区发展问题，还涉及生态环境的可持续发展以及边疆稳定等问题。

2. 区域政策作用对象更加明确

无论是西部大开发政策、振兴东北地区等老工业基地政策，还是上海浦东新区以及天津滨海新区等特殊区域的开发政策，国家编制出来的区域政策或者规划相对于90年代中期前的要更加完善，而且能够大胆借鉴国外发达国家的经验，取得显著的效果。具体特点表现为：一是区域政策作用对象比较明确，如西部大开发政策对西部地域范围进行了明确的界定，各种相关政策在配套实施过程中多数能够就西部区情进行统筹兼顾。二是区域政策作用对象能够进行动态调整，这主要是体现在国家能从区域格局变动和宏观形势需要出发，大胆调整区域政策力度，及时地撤销或者出台区域政策，差别化和特殊化相辅相成地推进区域政策进入实施阶段。三是区域政策作用对象层次比较分明。从西部大开发相关政策看，国家在实施政策时能够基于特定的区域划分体系进行，围绕着省、市(州)、县三级，并且按照地理特征进行分类指导，从而保证区域政策能够因地制宜。

3. 区域政策工具得到有效的利用

在西部大开发、振兴东北老工业基地等区域开发建设中，已探索出一套较为完善的区域政策工具，通过这些政策工具的组合所产生的激励机制，确保区域经济朝着既定方向发展。具体政策工具包括：一是直接援助政策更加健全。直接援助包括拨款、优惠贷款、税收减免，这些工具在西部大开发、振兴东北老工业基地以及滨海新区等都使用过，其作用是在西部落后地区进行大型基础设施建设投资，提升这类地区的投资环境；加快东北老工业基地的改造，增加国有大型企业的技改项目实施，提高下岗职工福利保障水平；此外，形成滨海新区开发的启动资金，通过政府资金配套投入，提高其对外开放开发水平。二是间接援助更加完善。主要包括发展基础设施和创建工业园区，这两种通用方式在国内区域开发过程中早已进入实践阶段，并且成为一套比较完整的实施体系。

在国家“十一五”规划纲要中，中央将继续完善区域协调发展机制，借助四个协调机制保障区域经济平稳运行。四种机制是：一是健全市场机制，打破行政区划的局限，促进生产要素在区域间自由流动，引导产业转移，形成东、中、西区域经济互动局面。二是健全合作机制,鼓励和支持各地区开展多种形式的区域经济协作和技术、人才合作,形成以东带西、东中西共同发展的格局。三是健全互助机制,发达地区要采取对口支援、社会捐助等方式帮扶欠发达地区。四是健全扶持机制,按照公共服务均等化原则,加大国家对欠发达地区的支持力度。国家继续在经济政策、资金投入和产业发展等方面,加大对中西部地区的支持。总之,四种区域协调机制的实施将为区域差异收敛提供有效途径。

二、我国区域协调发展中的问题

虽然我国区域协调发展的成效非常显著,但发展过程中也还存在一些影响较大的问题。这些问题不解决,区域协调发展就必然不会顺利推进。这些问题主要有:

(一) 地区经济发展差距仍在扩大

为了弄清我国地区发展差距,我们在此采用 GDP 基尼系数和人均 GDP 的变异系数衡量。

结果表明:1978～1992 年我国基尼系数总体上处于下降趋势,1992 年达到最低点,但是随着我国市场经济体制的确立,自 1992 年起,GDP 的基尼系数开始出现上升,21 世纪初期达到高峰后又开始下滑。2002～2009 年以来,人均 GDP 变异系数总体上比较平稳,但两者指标得出的结果比较相近。

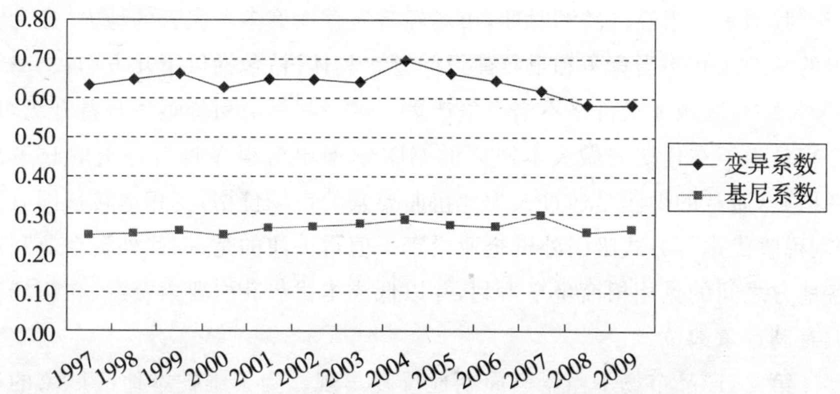

数据来源:国家统计局:《中国统计年鉴 2010》,中国统计出版社,2010。

图 4-5 1997～2009 年我国人均 GDP 基尼系数和变异系数

我们计算了1997～2009年的人均GDP基尼系数和变异系数，结果展示在图4-5中。从图4-5中反映出，尽管2002年以来我国区域差异波动不大，但总体上处于扩大态势，尤其令人担忧的是，区域人均福利水平差距仍在扩大。

首先，地区间的教育发展水平差距较大。2000年人口普查数据显示：我国各地区受教育程度存在明显差异，西部地区未入学率最低值与东部地区未入学率最高值相差41.91%，初中、高中和大学的极差值分别达到31.98%、35.31%和15.04%。如果从人均经费看，2004年我国人均教育经费为478元/人，但是还有18个省市自治区的人均教育经费支出低于全国平均水平，最高的是北京，高达2631元，最低的是贵州244元/人，前者是后者的10.8倍。在18个低于全国平均水平的省份中，东部是河北和山东，中部地区共有6个，西部地区有10个。

其次，我国地区间医疗卫生水平差距突出。据2009年统计，我国每千人口拥有床位为3.06张，其中北京最多，为6.80张；江西最少，为2.22张，后者仅是前者的32.58%。再以每千人技术人员数为指标，不论是每千人技术人员数、执业(助理)医师数还是注册护士数都是北京市最高，分别达到了每千人12.9人、5.04人和4.95人，而西部地区的云南、贵州和西藏在这三个指标方面最低，分别为3.02人、1.01人和0.69人。除了数量上的差别外，高等级的医院如三级甲等医院仍然是东部地区最高，根据2008年中国卫生统计，东部地区三级甲等医院的数量为349所，西部仅为156所。由此可见各地区的医疗卫生事业相差很大。

(二) 地区间不当竞争和重复建设问题比较突出

我国正处于经济转型时期，市场经济还存在许多不完善的地方，最为突出的是地区间不当竞争和重复建设问题。具体讲，包括以下几方面：

第一，区域要素价格不当竞争严重。区域间招商引资竞争日益升级，地方官员为了在任期内做大本地区的GDP，便出台很多吸引外资的政策或者措施，通常的做法是通过人为地扭曲要素的市场价格、变相地转移国有资产、税收优惠等方式吸引外资企业投资。值得关注的是，一些外资企业利用各地方之间的竞相招商坐享得利，并以低成本优势获取要素资源，在市场获取有利竞争地位。

第二，产品市场不当竞争周期性反复出现。为了维护本地区厂家的利益，地方政府开始从原来的显性人为设置障碍向隐性壁垒转变，比如通过"超严检查"、课税等手段对外地企业的产品进行严格限制，试图提高其进入本区市场的门槛。市场封锁增加了企业交易成本,从而保护一批缺乏竞争力的本地区企业,不当市场竞争阻碍了我国市场化的整体进程,对资源高效配置带来巨大的危害。

第三,重复引进项目现象突出。随着政企改革的快速推进,国有企业作为市场的微观主体地位已经得到确立,但是国有企业之间由于信息不对称或者竞争而盲目地重复引进项目,常见的是重复引进能源重化工成套设备。从全国而言,汽车、石化、机械等产业重复引进现象最为严重,其恶果是企业不仅很难获得规模报酬收益,还造成同行业过度竞争,形成产品"跳水"降价,造成大量资源不必要的浪费和企业的长期亏损。

第四,开发区重复建设问题变得更加严重。在21世纪初期,国家曾经放松对土地的严格管制,这为地方政府经营土地提供可乘之机,不少的地方政府主张以地生财和经营城市,借助各种手段进行大规模的征地,开发建设各类的开发区或者工业区,但是大量的工业区因招不到商而出现土地闲置,有的甚至低价转手给一些房地产开发商,造成大量资产流失,失地农民苦不堪言。

第五,区域主导产业选择出现不同程度的雷同。各地进行本地区发展战略规划的时候,更趋于选择市场利好、短期效益强的产业进行发展。比如在"十五"期间,全国多数省份规划要上钢铁、发电、水电、化工、汽车等项目,丁是产业趋同现象相当普遍。除此之外,外资进入对我国之后,对本地区的产业进行更深层次的重组,这也是导致区域产业结构趋同的一大原因。由于多数的外资是世界资本雄厚的跨国公司,一旦进入我国投资之后就会对各区域产业进行重组,最为典型的是汽车产业,这些产业普遍没有达到规模经济,但是由于中国市场庞大和要素成本低,还是能够获取丰厚的利润回报。

(三)落后地区和"问题区域"发展困难较多

落后地区普遍是区域经济发展的边缘地区,经济社会发展水平低,起步较晚,条件较差,通常具有下面几方面特征:

第一,自然生态环境脆弱,不宜居住和生产。我国西北地区和西南地区存在很大面积不适宜人类正常活动的区域,包括荒漠地区、黄土高原缺水区、青藏高原高寒区、西南喀斯特地形区等,这些地区生态普遍比较脆弱,一旦植被遭到破坏之后,就很难恢复,因此这类地区居住人口分布比较稀疏,工业基础相当薄弱,地方收入渠道多以资源开采、加工和国家扶贫为主。

第二，产业结构层次低，传统农业所占比重相当大。落后地区增长的恶性循环，低收入成为落后地区进入“起飞”阶段的一道难以逾越的坎。传统的小农经济很难将劳动力释放出来，另一方面非农产业发展滞后，难以吸纳农业转移过来的剩余劳动力。即便是工业发展起来，也是会因为结构效益差而形成区域发展的包袱。

第三，区位劣势突出，投资环境较差。我国落后地区都地处于偏远山区，远离交通干线和大中城市，交通闭塞、信息不畅等形成当地发展的制约因素，尽管区内可能有资源可以开发，但终因远离市场而不得不放弃。再加上当地居民的文化素质不高、市场意识淡薄，即便是一些在当地成长起来的企业也很难适应现代市场竞争。

第四，社会文化设施落后，人口素质较低。由于经济发展不上去，许多教育文化基础设施等公共产品供给压力很大，尤其一些山区学校的校舍仍然还是五六十年代的建筑，师资条件也很差，因此许多当地的青少年很难获得与发达地区同等的教育条件，致使很多人没有完成九年义务教育就失学外出打工，从上述分析，也反映了我国教育区域差异相当明显，落后地区人口素质低是造成落后地区经济发展的一大瓶颈。

“问题区域”是指原本工业发达地区由于错过了结构升级的机会而出现结构老化、技术更新缓慢、工人下岗等衰退现象，东北地区等老工业基地便是典型的“问题区域”，其特点就是：

第一，产业结构老化，技改资金压力大。产业结构老化是指老工业基地产业结构因受到传统体制束缚，没有及时升级换代而开始老化，失去传统生命力。由于东北地区等老工业基地国有企业比重高，技改所需要资金数额巨大，但是因为企业效益差和国家投入锐减，技改资金缺口大，致使部分国有企业没法进行设备改造而面临破产，于是大量职工纷纷下岗再谋就业。

第二，失业问题严重，社会环境恶化。由于国有企业亏损，减员增效、买断工龄等措施纷纷出台，大量职工流入社会，给社会环境带来巨大的压力。再加上社会保障体系不健全，很多地方根本没有职工失业保险或者社保基金的历史旧账很大，职工的养老、医疗等问题也没有得到保障，社会矛盾显得更加突出，一些地方甚至出现矛盾激化的趋势。职工聚众闹事等不良现象开始在社会蔓延，给社会稳定带来极大的威胁。

第三，生态环境遭到严重破坏，恢复困难。老工业基地多半是以资源的开发而兴起的资源型城市，城市因资源开发而兴，也由于资源枯竭而衰退，资源型城市转型遇到接续产业发展的障碍，环境治理问题就是历史遗留的产物，地下存在塌陷区，地上存在大量的粉尘和硫化物，空中弥散有毒气体，经济失去活力，大量人口外流，社会治安开始恶化。

（四）推动区域协调发展的政策体系还不够健全

尽管我国区域政策框架已经确立，但仍然面临着一系列的问题，具体包括：

第一，区域协调发展政策缺乏全国性的区域协调机构。为了加快问题区域的发展，尽管国家先后成立西部开发办公室、振兴东北办公室和促进中部崛起办公室，并在2008年新一轮机构改革中，将促进区域协调发展职能归于国家发展改革委地区经济司、西部开发司、东北振兴司承担，但是至今还没有成立统领我国区域发展的统一协调机构，因此区域政策职权分散到国家各部委，很难形成强有力的协调合力，动员资源要素在全国空间进行合理优化配置。再者，国家区域协调发展战略还因缺乏协调机构而导致中央、地方两级利益关系很难统一起来，如类似于中央财政转移支付的政策工具经常出现执行乏力现象。最后，区域协调机构还可以承担区域管理部分职能。对于区域外部性问题，比如跨区域的流域水权争端问题会因缺少区域管理协调机构而变得越演越烈之势，还比如，区域市场分割行为也是地方政府短见所造成的，都与区域管理有关。

第二，区域协调政策缺乏一套高效的执行程序。我国区域协调政策都是采取自上而下的方式进行贯彻落实，缺少必要的实施反馈程序，因此在付诸实践的过程中，经常出现政策失效或者政策空白等现象。更进一步地讲，就是区域协调政策从制定到实施过程中没有经过一套科学论证过程，也时常按部就班地下放给地方落实，但是一到地方，很容易产生政策取向歪曲、政策利益地方化以及政策分散化等，致使很多协调政策有名无实，没有取得实质性进展。当然，也会遇到区域协调政策与地方其他政策相互抵触，对于利益受损的区域而言，地方政府为了维护本地的利益，不愿意承担协调政策规定的任务，于是导致了区域利益矛盾升级，上升到国家便是全国性区域结构性问题突出。

第三，区域协调政策缺乏有效保障机制。我国区域协调政策现还处于指导性作用阶段，并没有形成一套完善机制加以保障实施，尽管在“十一五”规划纲要中，国家提出四种协调机制，其实当中的某种机制已经实施很多年，多半是地方政府官员的政治性任务，出于政绩考核需要，才被迫履行职责。这也暴露出一个很重要的问题，就是区域协调机制现在仍然以政府为主导的单一协调对象，并没有以政府、企业、非政府组织和个人为主体的多元协调对象来动员社会资源，促进区域实现真正的协调。

第四,区域协调发展政策缺乏有效的评价措施。自 1995 年我国提出区域协调发展战略以来,全国区域差距仍处于扩大趋势,不仅表现为区域总量差距扩大,还表现为区域人均收入差距显著。这说明我国多年来实施的区域协调政策效应并不明显。由于没有区域政策评价体系,难以对各级政府实施的区域协调政策效果进行评价,责任追究也缺乏依据,致使许多原本就存在问题的区域政策仍然在发挥作用。比如,我国针对西部地区的招商引资政策一出台,许多西部地市争相出台更优惠的吸引外资政策,地方之间的引资竞争不断地升级,结果给外资企业以可乘之机,变本加厉地压低土地价格和税收,从中牟取利益。

(五) 指导区域协调发展的总体规划尚未出台

目前,我国迫切需要一个全国性的总体区域规划,用全国性的规划来约束地方政府制定的地方性规划。现在存在的问题主要有:

第一,区域规划的法律定位不够明确。目前,我国区域规划还没有一套明确的法律体系加以保障实施,更不用说现成的规划法来约束地方政府领导的责任,为此,一些地方政府为了应付上级交付的任务就采取走形式的方式进行经济发展战略规划,真正落实到实践的却是非常少。再者,地方发展规划和区域规划还存在中央和地方利益相互博弈的过程,即地方发展规划服从地方利益,其发展的重点就是地方发展战略,很少顾及如何与上级的发展战略规划以及如何同其他地区发展规划进行必要的协调,为此,一旦地方指定的发展规划上报到国家或者省级部门,容易发现在同一个省份的多个地区的发展规划中在产业选择方面出现高度的雷同现象,即便是全国范围内 31 个省市区,也会在产业规划中选择相同的产业作为区域未来发展的战略。这不仅反映了地方对区域规划缺乏足够的重视,也反映出一个亟待于解决的问题:区域规划并没有获得立法的方式来树立规划的权威性和法律效力。最后,区域规划因缺乏法律保障而对市场微观主体调控或者指导作用并不明显。可以设想一下,如果没有规划法保证规划实施,那么即使国家制定出一部比较完善的区域规划,则有可能存在地方政府和企业合谋对抗区域规划或者寻找规划的空当谋求收益。

第二,区域规划发挥的协调作用还不突出。区域规划的一个核心指导思想就是促成良好的区域关系,加快区域一体化进程。具体表现在:一是区域规划对中央与地方的责权协调作用不够明显。长期以来,中央与地方之间的关系是"收—放—收"循环反复出现的过程,同样,区域规划是以宏观经济活动为作用导向的规划方案，其作用对象往往涉及多个省市区，因此省区间为了争取更多资源开始进行区域竞争，竞争手段莫过于设法向国家职能部门索取各种区域调配资源，其中包括中央财政转移支付、立项的项目、项目审批等，并且采取各种手段尽可能地规避区域规划所带来的区域利益受损现象。因此地方政府到国家各职能部门的寻租行为变得很普遍，这也造成了区域规划失效。二是区域规划对区域间利益关系协调力度不够。最为典型的就是区域外部性问题，如区域环境问题、水权问题等都需要在区域规划中得到体现，但是目前国家制定的区域规划中还没有涉及这几方面。即便是顾及这类现象，地方政府也很难就现实问题达成一致的协调实施方案，因此不少区域外部性问题由于没有得到及时的解决而趋于恶化，对区域协调发展造成重大威胁。三是区域规划较少涉及中央企业与地方政府的协调问题。由于历史和体制方面的原因，现在中央政府还掌控一百多家大型的国有企业的股权，并且多数的中央企业在全国范围内进行生产布局。由于企业都属于中央政府管辖范围，其经营活动更多是以自身利益最大化作为出发点，却对地方的经济发展不够重视，或者说与地方没有形成经济互动，辐射能力不足，从而形成两种不同循环体系。究其原因，就是双方之间缺少一套利益协调机制去构筑区域产业网络。此外，很多中央企业一般会在多个地方进行投资设厂，为了照顾企业集团的全局利益，它们不愿意花很多代价去为地方发展做贡献，这也是地企之间难以协调的关键点。

第三，还没有形成普遍认同的全国性的区域规划。我国区域规划起步比较迟，无论是规划人员素质还是规划手段与国外的确还有一定的差距。不可否认，受到传统体制长期的影响，国家制定出来的区域规划比较注重宏观方向，但是规划的操作性较差。时至今日，还没有一部功能区划得到学界、政界普遍认同，其原因可能包括如下：一是国内实施功能区划周期很短。国内制定的区域规划带有很强的政府领导意志，每一届新政府的领导班子一上台都会实施另一套规划方案，周期性规划变动对区域规划的实施带来很大的障碍，因此区域规划效应的评估很难建立起来。二是我国的区域问题相当复杂。复杂的区域问题很难用一部区域规划方案全面覆盖到，并且在区划的基本单元和规划手段中，常会出现多方面的争议，其中包括区域问题过于复杂而难以进行细化规划。三是区域功能划分标准一直是各界争议的焦点问题。由于专业背景不同和利益出发点不同，学者们纷纷提出各种不同的功能区划方案，但是每种方案各有优劣，制定的标准各不一样，并且普遍都存在区域划分的单元过大，无法真正地因地制宜地指导地方经济发展。

三、区域协调发展的评价

区域协调发展问题是大国发展中遇到的普遍性问题。促进区域协调发展不仅关系到我国经济的健康发展，同时也关系到国家长治久安和国家长期发展战略目标的实现。

（一）区域协调发展的评价体系的构建

上面我们分析了我国区域发展的现状和协调发展中的问题。那么，我们如何来判断我国区域协调发展的程度？是否可以有一个量化的结论？我们的办法是通过构建区域协调发展度给出一个具体的判断。

阐述区域协调发展的问题，除了明晰内涵，还要对区域协调发展进行评价。评价的基本取向是：区域分工合理；产业结构优化；比较优势发挥；公共服务均等；区际良性互动；区域差距缩小。

依据这些取向，我们拟构建区域协调发展的评价指标体系。

1.构建区域协调发展综合评价指标体系的原则

区域协调评价指标体系是指由若干个相互联系的评价指标组成的有机整体，它可以全面、系统、科学和准确地反映一定时期区域内多个侧面的变化特征和发展规律。

区域协调发展的评价指标体系作为一个系统，其结构和组成要素的科学组合会直接影响系统功能的发挥。区域协调发展评价指标体系的构建必须要对其结构和评价指标的组合进行科学研究，才能建立一套科学的区域协调发展的综合评价体系。

第一，科学性原则。指标的设计应该科学，指标的选取应该符合区域协调发展评价的需要。区域协调发展模式既是一个理论上探讨的问题，同时也是实践中的问题，涉及区域协调发展的相关指标的定义、计算方法等，不能离开区域协调发展相关概念的基本理论，每一个指标的名称、定义、解释、计算方法、分类等都要讲究科学性和规范性。

第二，全面性和系统性原则。全面性是指，指标的选择应尽可能从不同的角度反映分析对象的全貌。系统性是指，指标体系中的各指标间要具有一定的内在联系，而不是杂乱无章的罗列。影响区域协调发展的因素很多，这些因素构成了一个综合的系统。它是一个多层次的动态系统，对区域协调发展的认识和评价应遵循相应的全面性和系统性原则。

第三，简捷有效和敏感性原则。指标体系并不是包含的指标越多就越全面。在设计指标体系时，要根据实际情况力求精简，要尽可能地筛选并删除一些可有可无的指标。

在构建指标体系时要注意指标的敏感性。指标应能比较敏感地反映分析对象的变化，有些指标虽然在理论上讲是合理的，但由于客观环境或条件发生了变化，或受到某些因素的制约，往往不能显示出客观事物的实际状况。

第四，动态性、稳定性和可行性相结合原则。指标的选择要坚持动态性和稳定性相结合。既要有反映目前的指标，也要有反映变化的动态指标。对区域协调发展的认识和评价是一个动态过程，随着相关因素的变化和发展，各个评价因素所发挥的作用会增强或减弱。

由于人口、资源、环境与发展的大环境存在着不确定性，因此其评价体系应遵循动态原则。如发生重大的政策、技术、社会、经济等其他变化，区域协调发展的评价体系也应随时做出相应的调整。但是指标体系应该在一定的时间内保持一种相对稳定的状态，以便于对比分析区域协调发展的变动状况。

指标的选择要注意可行性。指标的设置要有利于资料的取得，即选取指标时应该兼顾全面性和数据的易得性两方面因素。尽可能利用现存的各种统计数据，选择主要的、基本的、有代表性的综合指标作为量化的计算指标。

第五，定性与定量相结合原则。定性评价是采取经验判断与观察的方法，其评价结果具有一定的模糊性、不确定性和主观性。定量评价是采用量化的方法，其评价结果往往带有局限性，评价不容易深入。将定性和定量评价相结合，可以弥补各自的不足，达到较好的评价效果，从而建立科学的区域协调发展评价体系。

2. 区域协调发展指标体系的建立

根据以上原则和区域发展的特点，本书建立了一个包含三个层次的指标体系，其总目标层为区域协调发展；第二层次为准则层，采用区域发展的社会系统、经济系统、资源系统和环境系统为准则层；第三层次为指标层，根据全面性和显著性原则选择了人均 GDP 等指标，如表 4-2 所示。

表 4-2 区域协调发展度指标体系

目标层 A	准则层 B	指标层 C
区域协调发展度 A	资源系统 B_1	森林覆盖率(%)C_{11}
		人均水资源量(立方米/人)C_{12}
		单位工业增加值能耗(吨标准煤/万元)C_{13}
		单位产值能耗(吨标准煤/万元)C_{14}
	环境系统 B_2	工业废水排放总量(万吨)C_{21}
		工业废气排放总量(亿标立方米)C_{22}
		工业固体废弃物排放总量 C_{23}
		污染治理年度完成投资额 C_{24}
	经济系统 B_3	人均 GDP(元) C_{31}
		第三产业就业人口比重(%)C_{32}
		农村居民家庭人均纯收入(元)C_{33}
		城镇居民平均每人可支配收入(元)C_{34}
		城乡消费水平对比 C_{35}
	社会系统 B_4	人均医疗机构床位数(张)C_{41}
		2000 年人均预期寿命 C_{42}
		每十万人口高等学校在校生数(人)C_{43}
		国内三种专利申请受理量(项)C_{44}
		地区教育经费投入(万元)C_{45}

(二) 区域协调发展度的评价方法

我们将评价的目标值称为“区域协调发展度”。

1. 数据收集与处理

第一,原始数据的收集。收集和测算 2009 年各地区的原始数据。

第二,指标值标准化。由于采用的不同指标量纲不同,所以尽管各指标都有具体的量化数据,但并不能进行直接运算,而必须首先进行标准化处理。

标准化处理原则是:针对 2009 年全国各省级行政区的分项指标,找出最大值 X_{max} 和最小值 X_{min},将某个指标值 X_{ij}(i 表示区域序号,j 表示指标序号)与其进行比较运算。

指标根据性质的不同分为正指标、逆指标和中性指标。正指标是值越大越好,对于正指标运用 $X'_{ij}=\frac{X_{ij}-X_{min}}{X_{max}-X_{min}}$ 进行标准化。逆指标值是越小越好,对于逆指标,运用公式:$X'_{ij}=\frac{X_{max}-X_{ij}}{X_{max}-X_{min}}$ 进行标准化。中性指标表示指标值的大小无法判断其好坏。

经过标准化处理的值即为对应区域、对应指标的标准化值,所有标准化值都处[0,1]区间内。

第三，指标权重的确定。采用突出局部差异的均方差方法①，取权重系数为：

$$w_j=\frac{S_j}{\sum_{k=1}^{l}S_k}(k=1,\ 2,\cdots,l)$$

l 为每个子系统中的指标项数，S_j 为第 j 项指标的标准差。依照此方法，在标准化处理后的数据基础上计算与各评价指标项相应的权重系数，计算结果如表 4－3 所示。

表 4－3　指标项权重对照表

	C_{i1}	C_{i2}	C_{i3}	C_{i4}	C_{i5}
B_1	0.32	0.20	0.23	0.25	
B_2	0.25	0.27	0.23	0.25	
B_3	0.19	0.16	0.22	0.25	0.18
B_4	0.22	0.20	0.18	0.19	0.21

第四，选择评价标准。评价标准的选择取决于评价目的。如果评价目的是要建立不同区域经济发展协调度的序列谱，那么可选择不同区域相同指标的平均值作为评价标准；如果评价目的是要了解某一区域经济发展协调程度的发展情况，从而为协调发展的规划、管理服务，则可选择某一年的指标数据作为评价标准。本书选择 2009 年 31 个省级行政单位的指标值来计算全国不同区域经济发展协调度的序列谱。

2. 子系统得分的计算

根据各指标的权重和标准化得分值，采用线形加权模型 $B_i=\sum_{j=1}^{m}w_jx_j$，其中($\sum_{j=1}^{m}w_j=1,j=1,2,\cdots,m$)，其中 m 表示 B_i 子系统中包含的指标项数，分别计算一个区域四个系统的综合得分，如经济系统综合得分、环境系统综合得分、资源系统综合得分、社会系统综合得分，见表 4－4。

3. 综合得分的计算

综合得分＝经济系统综合得分×0.25＋环境系统综合得分×0.25＋资源系统综合得分×0.25＋社会系统综合得分×0.25。

四个子系统的权重之所以均取 0.25，是源于经济社会平衡发展的思想，把经济发展、社会发展、资源状况和社会发展放在同等重要的位置。

综合得分反映了一个区域的经济、社会、资源和环境系统的综合发展水平，是一个整体发展水平指标。整体发展水平指标和协调发展水平指标并

① 参见曹洪峰：《山东省区域经济协调发展状况评价与分析》，《山东经济》2005 年第 3 期。

不相同，协调发展指标反映各区域子系统之间的协调程度，整体发展水平指标高并不代表区域内部子系统之间的协调程度高，两个指标可能相同，也可能差距较大。

全国31个区域的各子系统得分、总得分和排名见表4－4。

表4－4 2009年全国区域协调发展综合得分和排名

地区	资源系统 B_1	环境系统 B_2	经济系统 B_3	社会系统 B_4	综合得分	排名
北　京	0.55368	0.733974	0.92649	0.499988	0.678533	1
上　海	0.42251	0.688797	0.932267	0.398268	0.635321	2
浙　江	0.678398	0.542958	0.624391	0.289538	0.581383	3
天　津	0.409837	0.759741	0.628224	0.49771	0.549018	4
广　东	0.650349	0.530138	0.406857	0.608523	0.53673	5
江　苏	0.421264	0.484492	0.546082	0.479782	0.515091	6
福　建	0.703668	0.6127	0.439761	0.259522	0.503912	7
山　东	0.417094	0.635215	0.366673	0.41656	0.458886	8
辽　宁	0.464696	0.633276	0.367705	0.559578	0.451029	9
海　南	0.593803	0.736942	0.24426	0.205203	0.445052	10
吉　林	0.525549	0.713286	0.294819	0.243369	0.443583	11
黑龙江	0.554916	0.709708	0.272731	0.255707	0.443502	12
湖　北	0.456624	0.722662	0.290279	0.210706	0.44214	13
江　西	0.654946	0.637224	0.245298	0.312707	0.437044	14
湖　南	0.561197	0.633262	0.247046	0.298996	0.423158	15
陕　西	0.528259	0.71651	0.153912	0.251129	0.421265	16
西　藏	0.722735	0.74367	0.125243	0.33844	0.403071	17
四　川	0.471382	0.611779	0.226163	0.240676	0.391378	18
安　徽	0.452802	0.648962	0.204877	0.236653	0.390587	19
广　西	0.59199	0.559464	0.148699	0.193302	0.373364	20
河　南	0.387934	0.567095	0.194246	0.20918	0.365496	21
内蒙古	0.297186	0.661963	0.280952	0.256189	0.352112	22
云　南	0.514781	0.620362	0.11473	0.098463	0.340369	23
青　海	0.207096	0.735702	0.178763	0.111602	0.338712	24
重　庆	0.498231	0.422534	0.195333	0.168345	0.33132	25
河　北	0.354233	0.38921	0.236106	0.286378	0.317272	26
山　西	0.203116	0.555799	0.242543	0.172669	0.311207	27
甘　肃	0.256123	0.740959	0.068769	0.233288	0.30963	28
新　疆	0.23548	0.597058	0.162876	0.137753	0.27686	29
宁　夏	0.031536	0.718791	0.175649	0.112025	0.265932	30
贵　州	0.309777	0.593327	0.052896	0.020637	0.263616	31

数据来源：中经网、国研网和《中国统计年鉴2010》。

有些区域内部发展协调度很好，但是发展水平较低，这是一种低水平协调发展，对这种区域来说其发展的方向是在保持内部协调发展水平的基础上加快发展速度，提高发展水平。有些地区发展水平很高，但发展的协调度却不高，说明这些区域的发展是以牺牲某些方面为代价的，是不可持续的。经济社会发展的最终方向是实现发展水平和协调发展的高水平统一。

从以上的分析可知：在区域发展评价中，区域发展的综合得分值很高，但是并不代表该区域在今后就一定具有很强的可持续性。在评价过程中，如果一个区域的某一子系统得分很高，而另一子系统得分很低，依然可以得到一个高值，但在实际中其发展的协调度很差。因此，为了衡量一个区域的协调发展程度，还需要计算各区的区域协调发展系数。

（三）区域协调发展程度的计算和分析

1. 全国 31 个省市区协调度及排名[①]

由综合得分的计算可知，全国 31 个区域每个区域的四个子系统的得分是一组数据（$B_{1i}, B_{2i}, B_{3i}, B_{4i}$），其中（$i=1,2,\cdots,31$），$i$ 表示各个省区的序列号。对这 31 组数据来说，每组数据的变异系数 v 在统计学意义上表示该组数据的离散程度，离散程度越大，各个数据之间的差异越大。从经济学意义上讲，B_1, B_2, B_3, B_4 分别代表一个区域经济、社会、资源和环境四个子系统的得分，变异系数 v 越大，表示数据的离散程度越大，各个子系统之间的不平衡性越大，区域发展越不协调。区域发展的协调度用 1 和离散程度的差来表示，即 $1-V$。因此，可以根据 31 个区域子系统得分的变异系数来计算一个区域发展的协调度，公式为：

协调度：$B=1-V$　　①

变异系数 $V=\dfrac{S}{Y}$　　②

其中，Y 是四个子系统综合得分的平均值，S 为其标准差，V 表示变异系数。根据以上两个公式可以计算出全国 31 个省市区的协调发展程度，并可以对其进行排名。计算结果见表 4－5。

表 4－5　全国 31 个省市区协调度及排名

地区	资源系统 B_1	环境系统 B_2	经济系统 B_3	社会系统 B_4	协调度	综合得分排名	协调度排名	排名差
江　苏	0.42	0.48	0.55	0.48	0.9010	6	1	5

① 本书的研究数据均未包括港澳台地区。

续表

广 东	0.65	0.53	0.41	0.61	0.8006	5	2	3
河 北	0.35	0.39	0.24	0.29	0.7841	26	3	23
辽 宁	0.46	0.63	0.37	0.56	0.7443	9	4	5
山 东	0.42	0.64	0.37	0.42	0.7387	8	5	3
天 津	0.41	0.76	0.63	0.50	0.7214	4	6	—2
北 京	0.55	0.73	0.93	0.50	0.7152	1	7	—6
浙 江	0.68	0.54	0.62	0.29	0.7040	3	8	—5
福 建	0.70	0.61	0.44	0.26	0.6105	7	9	—2
上 海	0.42	0.69	0.93	0.40	0.6038	2	10	—8
湖 南	0.56	0.63	0.25	0.30	0.5494	15	11	4
四 川	0.47	0.61	0.23	0.24	0.5222	18	12	6
河 南	0.39	0.57	0.19	0.21	0.5203	21	13	8
江 西	0.65	0.64	0.25	0.31	0.5107	14	14	0
吉 林	0.53	0.71	0.29	0.24	0.5101	11	15	—4
重 庆	0.50	0.42	0.20	0.17	0.5046	25	16	9
黑龙江	0.55	0.71	0.27	0.26	0.4998	12	17	—5
湖 北	0.46	0.72	0.29	0.21	0.4883	13	18	—5
安 徽	0.45	0.65	0.20	0.24	0.4697	19	19	0
内蒙古	0.30	0.66	0.28	0.26	0.4528	22	20	2
山 西	0.20	0.56	0.24	0.17	0.4307	27	21	6
海 南	0.59	0.74	0.24	0.21	0.4124	10	22	—12
陕 西	0.53	0.72	0.15	0.25	0.3890	16	23	—7
广 西	0.59	0.56	0.15	0.19	0.3712	20	24	—4
西 藏	0.72	0.74	0.13	0.34	0.2498	17	25	—8
新 疆	0.24	0.60	0.16	0.14	0.2298	29	26	3
云 南	0.51	0.62	0.11	0.10	0.2076	23	27	—4
青 海	0.21	0.74	0.18	0.11	0.1505	24	28	—4
甘 肃	0.26	0.74	0.07	0.23	0.0643	28	29	—1
贵 州	0.31	0.59	0.05	0.02	—0.0102	31	30	1
宁 夏	0.03	0.72	0.18	0.11	—0.1726	30	31	—1

说明：(1)本表根据表 4-4 计算。

(2) 协调度计算结果有 6 位小数，为了方便观察和比较，采用了数量不同的小数位。

(3)贵州和宁夏的协调度得分为负值，这是由于这两个省的各子系统得分十分不均衡，标准差过大，从而导致其变异系数大于 1 造成的。为了使数据具有现实意义，可以把它们的协调度修正为最低值 0。

(4)“排名差”表示单个省区的区域发展协调度排名和综合得分排名之差的绝对值，它反映该区域两个指标的一致程度。

2. 全国和四大区域协调发展度的计算

全国区域协调发展度的计算思路如下：把全国看作一个区域，也有经济、资源、环境和社会四个子系统。每个子系统的得分采用全国 31 个省市区该子系统得分的平均值，这样分别得出四个子系统的得分值 G_1，G_2，G_3，G_4，公式如下：

$$G_i=\frac{1}{31}\sum_{j=1}^{31}B_{ij}，(其\ i=1,2,3,4;j=1,2,\cdots,31)$$

然后再采用公式①和②计算出全国的协调发展度。

根据上述思路和计算公式，2009 年底全国区域协调发展度为 0.6113693，约为 0.61。

我国当前划分为东部、西部、中部和东北四个区域，称为四大板块。那么可以依照全国区域协调发展度的计算方法，分别计算出各个区域内部的协调度。见表 4－6。

具体步骤为，先计算大区域各个子系统的得分，该得分用所辖省市区的子系统得分的均值来代表，再采用公式①和②计算出该区的协调发展度。

根据上述思路得出的计算结果如表 4－6 所示。

表 4－6　全国及四大区域发展协调度的计算

地区	资源系统	环境系统	经济系统	社会系统	子系统均值	子系统标准差	变异系数	协调度
全国	0.4558	0.6341	0.3095	0.2775	0.4192	0.1629	0.3886	0.6114
东部	0.5270	0.6067	0.5000	0.4007	0.5086	0.0850	0.1671	0.8329
东北	0.5151	0.6854	0.3118	0.2719	0.4460	0.1918	0.4301	0.5699
中部	0.4528	0.6275	0.2374	0.2621	0.3949	0.1825	0.4621	0.5379
西部	0.3702	0.6512	0.1578	0.1642	0.3358	0.2322	0.6914	0.3086

说明：(1)本表根据表 4－4 计算。

(2)东部包括：北京、上海、浙江、广东、天津、福建、海南、山东、江苏、广西、河北；东北包括：黑龙江、吉林、辽宁；中部六省包括：安徽、河南、山西、湖南、江西、湖北；西部包括：西藏、新疆、云南、青海、内蒙古、甘肃、宁夏、贵州、重庆、陕西、四川。

3. 对区域协调发展程度的判定

科学地评价区域经济社会发展系统是否协调，不能仅以“是”或“不是”做出结论。因为系统的协调状态总是处于“协调”与“不协调”之间。

如果把协调度的量度用[0,1]之间的数字来表示，那么协调度为 1 就代表完全协调，或者称为和谐；协调度为 0 代表完全不协调；如果协调度处于 0 和 1 之间，即处于(0,1)区间，则代表部分协调。在实际应用当中可以把区域协调发展度划分为几个阶段,进而规定每个阶段的协调度区间。我们规定协调度[0,0.3]称为极不协调,[0.31,0.50]称为较不协调,[0.51,0.80]称为基本协调,[0.81,0.89]比较协调,[0.9,1]非常协调。判定标准见表4-7。

表4-7 区域发展协调度的判定标准

协调度值域	0～0.3	0.31～0.50	0.51～0.80	0.81～0.89	0.9～1
协调度评价	极不协调(占23%)	较不协调(占29%)	基本协调(占45%)	比较协调(占0)	非常协调(占3%)
区域划分	云南、青海、西藏、甘肃、贵州、宁夏、新疆	重庆、黑龙江、湖北、安徽、内蒙古、山西、海南、陕西、广西	广东、河北、辽宁、山东、天津、北京、浙江、福建、上海、湖南、四川、河南、江西、吉林	无	江苏

4.我国区域协调发展的总体评价

第一,区域发展协调度的分布结构类似于纺锤形状。从我国省级区域发展协调度可以发现,我国区域发展极不协调和较不协调的区域数量共16个,占全部区域的52%,基本协调的区域数量为14个,约占总数的45%,非常协调的只有江苏一个省区。区域发展协调度的整体分布结构类似于纺锤形状。

第二,从排名差看到与理想的区域协调发展还有很大的距离。排名差表示单个省区的区域发展协调度排名和综合得分排名之差的绝对值,它反映该区域两个指标的一致程度。区域发展协调度排名反映一个区域的协调发展水平,综合得分排名反映一个区域的综合发展水平,两者的差额从一个侧面反映一个区域所处的发展状态和发展阶段。

从计算结果来看,排名差的值在0～21之间,如果把这个区间划分为四个阶段就可以判断一个区域所处的发展状态和发展阶段,并能够从中得到一些经济启发。阶段和区域划分见表4-8。

表4-8 排名差的阶段划分及区域划分

排名差	区域	经济含义和政策建议
0～3	广东,山东,天津,福建	综合发展水平和协调度几乎完全一致,区域处于高水平协调发展状态
	安徽,贵州,新疆,江西,内蒙古,宁夏,甘肃	综合发展水平和协调度几乎完全一致,处于低水平协调发展状态,区域发展的重点是提高综合发展水平

续表

4～6	北京，浙江，黑龙江，湖北，吉林，广西，云南，青海，湖南，江苏，辽宁，四川，山西	综合发展水平和协调度基本一致
7～13	上海，陕西，河南，重庆	综合发展水平和协调度不一致，区域处于综合发展水平相对高于协调发展水平的状态
	海南，西藏	综合发展水平和协调度不一致，区域处于综合发展水平相对低于协调发展水平的状态
14～21	河北	综合发展水平和协调度完全不一致，综合发展水平远远落后于协调发展水平，区域发展的重点是保持协调，提高综合发展水平

第三，我国区域协调发展的进度差异很大，全国整体协调发展的任务艰巨。从协调度看，区域发展协调度在0.70～0.91之间的区域有8个，而区域发展极不协调的7个区域得分值在0～0.3之间，其中贵州、宁夏的值为0（实际计算值甚至是负值），说明我国部分省区之间的区域发展协调度差异很大。而且我国52%的省区还处于区域发展基本协调之前的阶段，只有3%的区域进入了协调阶段，我国整体区域协调发展的任务任重道远。

第四，四大板块和全国整体区域发展协调度不相一致。全国整体区域协调发展度为0.61，整体处于基本协调发展阶段；东部协调发展度为0.83，整体处于比较协调发展阶段；东北地区协调发展度为0.57，整体处于基本协调发展阶段；西部地区协调发展度为0.31，整体处于较不协调发展阶段。

第五章　实现区域协调发展的战略思路

区域发展总体战略是我国在“十二五”期间和更远的时期内实现区域协调发展的基本战略，实施区域发展总体战略是实现区域协调发展的重要途径。

一、影响我国区域协调发展的主要因素

结合各国区域协调发展的经验，我国的区域协调发展，要在贯彻总体战略的指导下，克服各种制约因素，实现协调发展。所以，我们首先分析影响我国区域协调发展的主要因素。

（一）区域发展条件的影响

1. 自然条件及资源禀赋的差异

我国地形复杂，东中西呈现出低到高的走势，构成地域明显的阶梯状分布。地形类型包括平原、高原、盆地、山地、丘陵等，海拔在500米以上国土约占全国总面积的73%，其中约有36%的地区是在3000米以上的不宜人类进行生产活动的高原区。根据中国县（市）社会经济统计资料（2000年），从地域分布看，山区县分布于我国七大区，华南沿海地区、西南地区多属于此类；丘陵地区主要集中在东部沿海、内蒙古、四川等省份，光照、水资源条件都比较充足，适合农作物生长，是我国的粮食主产区。平原山区主要包括长江中下游平原、华北平原和东北平原。盆地主要是塔里木盆地和准噶尔盆地。

我国水资源区域分布不平衡。由于水资源受到降水、地表径流和地下水的影响，全国水资源分布总体是西南、华南、东北和长江流域比较多；而西北和华北地区是我国重要缺水区，水资源供需矛盾相当突出，严重影响了工农业发展。

我国生物资源总量相当丰富，但是地域差异性特别突出。受到气候的影响，我国森林资源集中在西南、东北及西藏地区，东南丘陵山区也是我国的经济林区。但是西北、华北地区是我国生态脆弱区，区内的森林覆盖率、水土流失率、荒漠化率均居全国前列。

我国耕地资源总量位居世界前列，但人均占有量很少，人地矛盾日趋突出。从全国耕地分布来看，出现东多西少、北多南少的特点，南方的耕地面积占全国总面积不足40％，北方高于60％；从东中西三大地带分析，东部大约占28％，中部约占43％，西部则占28％。从省份分析，黑龙江、河南、内蒙古和山东的耕地拥有量位居全国前四位。如果考虑到人口分布，东部沿海地区是我国人口密集的地区，人均耕地面积最少的上海市仅是内蒙古的1/11。就耕地的质量而言，西部地区的耕地质量都不容乐观，多数的耕地是低产田或者坡耕地，单产很低，水热搭配不合理。相反的是，人均耕地面积较少的东部地区单产较高，是我国粮食主产区。

我国能矿资源数量多、储量大，但区域分布不平衡。就能源而言，煤炭资源主要分布在华北地区，占全国煤炭储量七成以上，其次是西北地区，约占10％，华东、西南、东北和中南依次排列。从煤产区分布看，山西是我国煤炭富集省份，其次是内蒙古和山西，共同构成了我国“三西”能源化工基地。相比之下，油气资源地域分布比较合理，西北、西南、东北、华北、沿海均有油气田可开采。水能资源受到水资源空间分布的影响，多集中于大江大河的上游，西南地区是我国水电资源基地，经测算，区内可开发水能资源占全国资源总量的80％。由于我国地形复杂，地带分异明显，矿床广布于全国各地，矿种也比较齐全。从全国国土版图看，出现大分散、小集中的特点，铁矿资源主要集中在冀东、辽中南和川西，占全国总量的一半以上。铜矿主要集中在长江中下游、川滇、山西中条山、甘肃白银市等五大矿区，储量约占全国的3/4。铝土矿则集中在山西、河南、贵州和广西，其中山西约占全国总量的1/3。

2.区位条件的差异

区位条件差异是区域发展基础差异的重要组成部分，它对地区经济发展产生重要的影响，就我国而言，区位差异体现在以下方面：

一是滨海导向的区位优势明显。改革开放以来，以市场为导向的改革战略，使得沿海的优势区位应运而生，许多港口城市对外开放步伐加快，现已发展成为区域性的经济中心、物流中心、对外贸易中心。国家建设的几条自东部沿海向西走向的交通大干道，一方面进一步强化沿海港口的物流中心作用，形成紧密的港口与腹地关系网络；另一方面促进东、中、西要素流动和产业的转移，形成区域互动的新局面。

二是城市群导向的区位优势强烈。20世纪90年代以来，我国出现了十余个布局紧凑、城市密集、功能齐全的城市群，这些城市群成为当前我国宏观经济活动的重要载体，也是经济增长效率在空间的反映。如长江三角洲城市群、珠江三角洲城市群和京津冀都市圈现已被各界认为是我国经济发展的半壁江山。当然，城市群的出现会进一步弱化那些远离城市群的城市的作用，形成新的“中心—外围”关系。

三是政策导向的区位优势突出。20世纪80年代设立的四个经济特区都是基于政策导向型的区位，利用毗邻港澳台区位优势，通过特殊政策照顾而发展起来；20世纪90年代的上海浦东新区的开放开发和2005年获得国务院批准的天津滨海新区的开发都是利用政策先行先试的优势发展成为区域经济的支撑点和经济政治体制改革的试验田。

四是沿边导向的区位优势日益明显。随着我国同周边国家的外交关系日益改善，区域集团化趋势也逐渐出现，沿边地区已经成为我国国际贸易活动活跃的地区之一，新疆、黑龙江、云南和辽宁都是我国与邻国贸易交往的口岸。由于近年来，中亚地区、俄罗斯、越南等国经济开始出现快速增长，因此带动我国边境线的对外出口规模，形成新的国际贸易区。

3.区域历史文化的差异

我国历史悠久，地域广阔，自然环境差异较大，客观上造成了历史文化存在明显的地域差异特征。就全国而言，我国南北文化差异是文化区域差异的主旋律。[①] 具体表现在以下几方面的差异。

一是商业文化差异明显。我国历史不同时期曾经出现晋商、徽商、豫商、浙商、台商、港商等以地域命名的特殊商业群体，他们代表了地域特色的企业家力量在经济发展过程中所扮演的作用，形成一种具有浓厚地域色彩的商业文化。比如在近代，晋商通过经营商业票号而控制全国金融业，相比之下，徽商则亦贾亦儒，儒商成为徽商走向繁荣的标志，胡雪岩则是徽商步入高峰的代表人物。浙商则是改革开放以来涌现出的一批敢闯敢拼、开拓创新、积极进取的浙江民营企业家特殊群体。台商和港商是我国改革开放实施的“一国两制”特殊政策背景下出现的商业群体代称，他们有效地把中国传统商业文化和西方商业文明融合形成独特的企业管理理念，为大陆改革开放、吸引国外先进管理和技术做出了突出的贡献。

二是语言文化出现“南繁北齐”特征。尽管近年来普通话逐渐成为日常

---

① 参见胡兆量：《中国文化地理概述》，北京大学出版社，2001，第17页。

交际沟通的工具，但是目前我国仍然还存在7个方言区，即北方方言区、吴方言区、闽方言区、粤方言区、赣方言区、湘方言区和客家方言区，每一种方言区可细化为几个亚地区，形成我国多语区的重要特征。地方性方言成为我国区域文化重要组成部分，也成为地方观念形成的黏合剂。

三是边疆民族文化浓郁。我国拥有五十多个少数民族，且绝大部分分布在边境线上，由于历史原因，这些少数民族独立性较强，都形成自己文字、语言和文化习俗，比如藏文、满文、蒙古文、维吾尔文和朝文。民族文化差异体现在空间层面就是区域文化差异性，也是国家文化多样性的标志。民族文化是我国民族自治的重要组成部分，也是我国区域协调发展中文化融合的重要力量。

（二）区域管理体系的影响

1. 区域发展功能定位

区域规划是我国经济发展战略规划的重要组成部分，区域划分方案已经经历过多次修改。在“八五”、“九五”、“十五”以及“十一五”都出台了区域规划方案，“十一五”规划提出了未来我国区域发展的四大主体功能区划设想。以往对各区域发展的功能定位都不明确，没有从区域问题分析入手，仅就区域产业发展方向和政策做出指导，因此规划很难落实到地方，而且尺度难以把握。

由于区域发展功能定位不明确而出现了一系列的问题：一是区域重复建设、产业低层次趋同问题突出。许多地方政府不是基于本区域实情去寻求产业升级，而是盲目跟风，鼓励发展价高利大的短平快工业项目，造成区域产业结构高度趋同，能源原材料供应紧张。二是地方政府争相向国家要项目、要资金。由于没有区域功能规划，许多地方都可以上同一类项目，国家部委在项目审批时候也就很难按照区情来实施。三是区域环境退化现象严重。由于一些生态脆弱地区或者缺水地区因没有经过环保论证盲目上项目，致使周边地区环境、水资源等受到严重污染，一些沿海地区由于产业高度聚集而产生负面效果，如水源污染、空气质量恶化、普降酸雨等等，对当地居民生命安全造成威胁。

2. 区域协调管理体制

区域协调管理是区域政策的一项重要内容，但是我国的区域协调管理体制还是存在一些不尽如人意之处，主要表现在：

一是缺少全国性的区域协调机构，尽管为了加快地区发展或者实施跨区域的基础设施项目而成立了临时性的协调机构，但是这些机构的作用仍然不足以促进区域协调发展，如协调机构的法律地位、协调机构的权威性、协调机构的职能等还没有得到确立。

二是区域政策的制定没有形成体系。区域政策制定程序、保障实施的法律效力、区域政策工具、区域政策评价等没有形成完整的体系，难以形成良好的政策效应。

三是中央和地方的关系难以协调。鉴于我国的国情，中央和地方的关系一直处于收权—放权反复出现的过程，两者之间博弈关系相当复杂，这也对区域关系的协调管理带来很大的困难，经常会出现地方实施的发展政策与国家制定的区域规划不一致。

四是区域之间是多维、多主体的复杂关系。区域之间关系相当复杂，当前的区域协调管理体制并没有充分地揭示出这些关系的内在逻辑，比如地方政府关系、政企关系、不同区域内的企业之间关系等，由于协调体制自身存在痼疾，处理这些关系相当麻烦，而且信息披露的成本和执行成本也相当高昂。

3. 基层政府管理区域能力

基层政府管理区域能力是影响区域政策效果的重要因素之一，当前区域的政府管理能力相差较大是比较普遍的问题，主要体现在如下三个方面：

一是区域之间官员素质差异较大。目前，我国东部沿海地区官员素质相对较高，不仅表现在官员的文化素质，还表现在官员的执政能力、国际化视野等素质。相比之下，广大中西部地区政府官员由于培训机会少和人才流失，行政管理综合水平相对薄弱一些。

二是地方政府对区域规划把握不准。很多地方政府对区域规划的理解只是停留在国家的宏观层面，花更多的精力去考虑本地区发展问题，对区域问题甚至漠不关心。为此，地方政府在产业发展、基础设施建设、招商引资等方面都很少顾及区域经济的整体，可以说区域规划失效或者执行不利也是区域管理能力不足的体现。

三是基层政府对“经济区域”认识比较淡薄。一般来说，基层政府局限于从行政区域入手进行经济发展，缺少经济区的意识，因此在产业定位以及发展路径选择时候往往为了求全，对区域合作却视而不见或者采取行政干预进行地方封锁，从而形成典型的“诸侯经济”。

(三) 区域政策的影响

1. 区域政策的战略导向

从改革开放至今，我国区域政策导向已发生了多次变动。在 80 年代初期，国家的区域政策就是基于支持沿海的非均衡发展政策，之后采取渐进式地从沿海向内陆推进改革开放政策过程。到了90年代中后期以来，国家先后进行了西部大开发、振兴东北地区等老工业基地以及中部崛起政策，但是区域政策导向变动平均间隔也就是两年，政策导向频繁变动可能给资本流动发出混乱的信号，从而形成资金、劳动力等要素资源无序流动。为此，生产要素会因规避投资风险而继续在发达地区聚集，便于获得较为稳定的投资收益回报，而不像政府设想那样，资本会顺着区域政策风向转，因此难以在较短时间内实现要素资源在全国广袤的空间上的优化配置。再者，国家区域政策导向变动过快也会挫伤政策受益地区的积极性。

2. 区域政策的空间指向

我国国土面积广大，区域政策作用对象范围涉及31个省(市、自治区)，但是缺乏对国土发展空间的进一步细分，也就是没有对作用区域进行一次全面、科学、合理的区域划分，因此指向宽泛的区划体系致使要素资源由于政府层级过多、各级分配比例含糊、作用区域不明确而逐级消耗损失。其次，国家制定的区域政策往往涉及多个省市，地域范围相当广泛，然而，因为各省市都具有相对独立的行政权力，省市之间往往通过不具有法律效力的协议来引导区域政策对区域关系的协调，但是这种力量会伴随着领导的意志而逐渐地弱化。最后，区域政策作用对象过于宽泛还会出现政策作用对象无法对均质区域和异质区域进行区分，原本需要区别对待的地区却因为政策空间指向宽泛而变得模糊不清。比如，我国西北地区和西南地区是原本属于不同的地理特征的地域类型，但是在西部大开发政策中并没有对这两地区进行更加细致的划分，因此在区域政策真正落实到各省区的时候，就出现政策误导等情况。

(四) 市场体系的影响

1. 各地市场化程度

我国各地区的市场化程度差异较大。根据中国经济改革研究基金会国民经济研究所的研究成果，该课题组从政府与市场的关系、非国有经济的发展、产品市场的培育、市场中介组织发育和法律制度环境五方面分别考察了我国东部地区、东北地区、中部地区和西部地区四大板块，见表5-1。从研究成果看，两极分化的特征特别突出，表现为东部广东、福建、江苏、上海、浙江、山东的五个指标多处于上游；东北地区的辽宁省处于中上游，吉林和黑龙江两省则处于中下游；中部六省区多数指标处于中游；西北五省区和西南的贵州五项指标多处于下游，但是四川和重庆市场化进程相对较高，其中重庆有三项指标进入前十名，四川有一项进入前十位。

表 5－1 我国四大区域市场化进程排名分布情况

排名	地区划分	政府与市场关系	非国有经济发展	产品市场发育程度	要素市场发育程度	市场中介组织发育、法律制度环境
第 1～10 名	东部	8	8	6	8	8
	东北	0	1	2	1	1
	中部	0	0	1	0	1
	西部	2	1	1	1	0
第 11～20 名	东部	2	1	2	2	2
	东北	1	2	1	0	2
	中部	4	4	3	6	3
	西部	3	3	4	2	3
第 21～31 名	东部	0	0	2	0	0
	东北	2	1	0	2	0
	中部	2	2	2	0	2
	西部	7	8	7	9	9

资料来源：王小鲁、樊纲：《中国市场化指数：各地区市场化相对进程年度报告》，经济科学出版社，2004；并根据需要加以整理。

2. 全国统一大市场

由于地方政府过多的干预以及一些行业的大型垄断企业存在，因此目前全国性统一、开放、竞争、平等的市场环境并没有真正地形成，有些地区还出现了区域市场分割行为或者地方市场保护现象，具体表现在：一是市场主体地位还不明确。这主要集中反映在国有或者集体企业以及国有资源的产权归属不清晰，从而引起产权的委托代理关系混乱，产权模糊使产权在市场上进行交易出现极大的困难，不仅使交易成本相当高昂，还出现地方国有资源流失、地方政府干预产权交易等争议。二是全国统一市场的保障体制机制没有确立。目前关于地方保护主义的整治，只有国务院曾经出台的专项整治指导意见，并没有一部正式的法律保证市场体系正常、顺利运行，因此对地方保护主义的惩治力度也就仅限于限期整改或者对官员进行政治处分，别无他策。三是电信、电力、能源等国民经济重点行业领域尚属于国有大型企业垄断。这些垄断企业的存在一方面可以通过控制要素或者产品从而干扰市场价格形成机制，另一方面可以借助行政力量干预新企业的进入，人为地提高市场准入门槛，维护自身的市场垄断地位。

3.行政区割据与地方保护

这个问题就其本质而言，就是以各地区政府为主体，追求区域利益为目的，在要素和产品流通中保护本地产品或者限制外地产品流入为中心内容，采取行政、法律、经济等手段，实行政策和行为袒护性非均衡发展，限制和干扰要素或者产品在市场信号引导下流动的现象。[①] 由于中央放权以及地区官员为政绩考核需要，地方政府力图采取多种手段保护本地区的企业发展，其中利用政府渠道采购本地企业生产的产品是最为常见的手段之一，例如一些城市为了促进本地汽车产业发展而出台相关配套政策，包括要求本地的公交或者出租运输企业向本地汽车企业购进特定车型，否则不给予上牌照或者税收优惠。更令人担忧的是，地方保护主义最近由原来的显性措施变为隐性手段，并披上合法化的外衣。如某些地方政府通过税收或者审批等保护本地企业，也有的地方政府采取歧视态度对非本地区企业的同类产品执行更加严厉的检验检疫手段，试图压制该企业在本地区的市场份额。总之，新一轮的地方保护主义又有所抬头，往往随着国家宏观经济形势而出现周期性的表象。

（五）区域开放水平的影响

我国区域整体开放水平差异显著，既有历史原因，也有区位因素影响，具体表现如下：

1.资本开放度

受到区位和区域发展战略导向的影响，我国区域对外开放水平呈现明显的时空差异。以外商投资企业年末投资总额为例，我国区域对外开放总体出现东高西低、南高北低的特点，从图5-1中可以看出，东部外商投资企业年末投资总额的比重非常高，且该比重长期稳定在85%左右，而中部地区基本位于10%左右，西部地区外商投资企业年末投资总额的比重最低，尚不足5%。外资对地区经济发展的贡献除了表现为经济增长之外，还表现为外资投资所产生的溢出效应。研究成果表明，东部沿海地区经济增长主要是由外资拉动。

① 参见陈甬军：《中国地区间市场封锁问题研究》，福建人民出版社，1994，第26页。

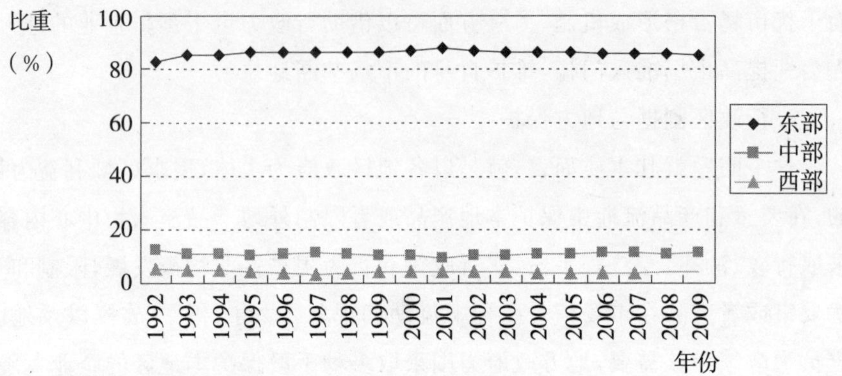

数据来源:国家统计局:《中国统计年鉴》(1993～2010年),中国统计出版社,1993～2010。

图5-1 1992～2009年我国东、中、西三大地带外商企业年末投资总额占全国的比重

2.各地区外贸进出口

各地区外贸进出口差距较大。东部沿海地区的广东、江苏、上海、北京、浙江、山东、福建和天津等省市是我国进出口贸易额最大的省份,2009年,广东省进出口贸易总额为6110.94亿美元,是中部的安徽、湖南、湖北、河南、江西和山西六省全年进出口贸易额的总和的7.84倍;广东省是青海省全年进出口贸易总额(5.87亿美元)的1041.43倍,差距相当惊人。

3.区域国际化程度

国际化是体现区域经济发展水平的重要标志之一,而一年内接待国际旅客量是衡量一个地区国际化水平的重要指标。2009年广东省、上海市、江苏省、浙江省和北京市接待外国游客次数最多,分别达到617.94万人次、439.05万人次、396.07万人次、377.6万人次和342.92万人次。五省市国际旅游创汇收入分别为100.28亿美元、47.44亿美元、40.16亿美元、32.24亿美元和43.57亿美元。中西部地区除了四川、云南、陕西等少数旅游大省之外,入境的游客相当少。

总之,上述因素和条件使各区域的发展能力与发展水平产生较大的差异,从而造成区域发展的不协调的现状。下面,我们回顾一下我国区域协调发展走过的历程,来看我国区域协调发展的现实情况。

二、实施区域发展总体战略的目标取向

未来我国区域发展是否能够更加协调,在很大程度上要取决于区域发展总体战略实施的情况。构筑区域经济优势互补、主体功能定位清晰、国土

空间高效利用、人与自然和谐相处的区域发展格局，是区域经济协调发展的战略目标取向。

(一) 实现区域协调发展的战略背景

我国为什么要提出区域协调发展？区域发展总体战略提出的背景是什么？

1. 我国区域差距扩大的现实

进入21世纪，我国区域经济发展差距问题越来越突出，政府对统筹区域发展、缩小区域差距给予了很大的关注。在如何促进区域协调发展的问题上，我们要在思想上有一个明确的理论指导，思想是行动的先导，把坚持解放思想和转变观念放在首位，因为解放思想和转变观念都是抓住机遇加快发展的重要前提。要对有关的理论进行不断的继承、完善、创新和发展，更新发展观念，创新发展思路，自觉地把思想认识从那些不合时宜的观念、做法和体制的束缚中解放出来，从主观形式和形而上学的桎梏中解放出来。以邓小平理论和"三个代表"重要思想为指导，进一步贯彻落实党的十六大精神，树立全面、协调、可持续的科学发展观，把科学发展观落实到东部率先发展、中部崛起、西部大开发和东北地区等老工业基地振兴的实践中。

2. 国际经验的启示

国际经验表明，当一个国家人均GDP进入3000～5000美元的时期，既是黄金发展期，也是矛盾凸显期，处理得好，则能够顺利发展，经济能够很快上一个新台阶；处理不好，经济将停滞不前或倒退，有跌落"中等收入陷阱"的危险。目前我国已进入这个阶段，为了避免可能出现的经济社会问题，巩固改革发展的成果，推动经济可持续发展，应积极维护社会稳定，促进社会和谐，重构社会结构，完善社会组织，调整社会关系，最大限度地激发社会各阶层、各群体、各组织的创造活力。而区域发展差距的逐步加大将对国民经济的健康发展构成极大威胁，正确处理区域间经济发展是构建和谐社会的关键之一，只有区域协调发展，东中西良性互动，才能保证我国社会主义事业不断推向前进。

3. 落实科学发展观的必然要求

推进区域协调发展、实施区域发展总体战略是落实科学发展的必然要求。坚持以人为本，始终着眼于促进社会经济的全面进步和人的全面发展上。按照"五个统筹"的要求，统筹兼顾，实事求是，统一规划，分类指导，充分发挥各地区的比较优势，要将鼓励先进率先发展和帮助落后地区迅速提高相结合，综合运用行政、法律和市场手段进行调控，在财政税收、金融、计划、投资和外贸等方面给落后地区优惠，逐步建立适合我国国情的区域政策框架体系和区域协调发展机制，化解各类矛盾和问题，构建社会主义和谐社会，使全社会形成合力，有效抑制我国区域差距扩大的趋势，保障国民经济全面、健康、稳定和快速发展，努力实现我国经济与社会的协调发展。

在这样的背景下，实施区域发展总体战略的内涵是：坚持实施推进西部大开发，振兴东北地区等老工业基地，促进中部地区崛起，鼓励东部地区率先发展，健全区域协调互动机制，形成合理的区域发展格局。胡锦涛总书记强调，实施区域发展总体战略的关键是要根据资源环境承载能力、发展基础和潜力，按照发挥比较优势、加强薄弱环节、享受均等化基本公共服务的要求，进一步明确区域发展的战略布局、功能定位、发展重点、政策导向等重大问题，抓好各项工作部署和政策措施的落实，逐步形成主体功能定位清晰、东中西良性互动、基本公共服务和人民生活水平差距趋向缩小的区域协调发展格局。

对于区域发展总体战略实现的途径，胡锦涛总书记强调：当前和今后一个时期，要重点抓好以下四项工作：一是，坚持统筹城乡区域发展。要从新世纪新阶段中国发展的新形势、新任务出发，统筹制定城乡发展规划、区域发展规划，并扎扎实实加以落实。要根据西部地区、中部地区、东北地区、东部地区的不同情况，加强统筹规划、细化政策，通过深化改革、扩大开放，形成更加科学合理的体制机制，加快产业结构调整和增长方式转变，加强基础设施建设和生态环境保护，加快科技、教育、卫生事业发展和人才开发，增强国际竞争力和可持续发展能力。二是，加快形成主体功能区。要统筹考虑未来中国人口分布、经济布局、国土利用、城镇化格局，明确不同区域的功能定位，优化生产力空间布局，规范空间开发秩序，逐步形成合理的空间开发结构。三是，健全区域协调互动机制。要加快健全有利于促进区域协调发展的市场机制、合作机制、互助机制、扶持机制。要加大国家对欠发达地区支持力度，加快革命老区、民族地区、边疆地区、贫困地区经济社会发展，引导发达地区通过对口支援、社会捐助等方式帮扶欠发达地区。东部地区发展是支持区域协调发展的重要基础，要在率先发展中带动和帮助中西部地区发展。四是，完善分类管理的区域政策。要完善财政政策、投资政策、产业政策、土地政策、人口管理政策，提高区域政策的有效性和针对性，推动形成主体功能区，促进区域协调发展。

（二）区域发展总体战略的目标取向

1. 区域协调发展的目标取向：实现公共服务水平的均等化

“十一五”规划纲要明确了区域协调发展的目标指向，提出了缩小区域差距，促进协调发展，要缩小的是“城乡、区域间公共服务、人均收入和生活水平的差距，而不是经济发展水平和人均GDP的差距”，从而廓清了协调发展的目标指向，进一步体现了“以人为本”的发展理念。

“十二五”规划进一步强调，“推进基本公共服务均等化。把基本公共服务制度作为公共产品向全民提供，完善公共财政制度，提高政府保障能力，建立健全符合国情、比较完整、覆盖城乡、可持续的基本公共服务体系，逐步缩小城乡区域间人民生活水平和公共服务差距”。

长期以来，从共同发展的愿望出发，政府和学术界总希望以人均地区生产总值和地区居民收入等指标标志的地区发展水平尽可能接近为好，并在实际政策的实施中以此为目标。[①] 但是在实践中发现受各地区要素禀赋差异等的影响，地区发展水平的差距是难以完全消除的。特别是在受自然条件影响，生存成本和发展成本很高的地区，或在维护国家生态环境安全上负有重要使命的地区（如大江大河源头区等），难以通过扩大经济总量缩小发展差距。地区居民收入水平是城乡居民感受更直接的指标，它除受本地区经济发展水平、就业机会等影响外，还受地区劳动力异地就业务工的影响。对于土地承载力处于超负荷状态、发展条件难以尽快改观、当地就业岗位近期难以大幅度增加的地区，地区居民收入水平的持续提高是有很大难度的。

我们知道，即使在欧美等西方发达国家，国内也存在地区差距，但这种差距主要表现在经济发展水平上，而在公共服务水平上几乎没有差异，人均收入差距也不大，这是因为提供公共产品服务是政府的基本职能，政府通过转移支付、社会保障等公共财政工具，可以实现地区之间的均等化。地区公共产品享用水平和居民生活水平，除取决于收入水平外，主要与所在地区各种公共产品，特别是最基本的公共产品，如能履行卫生保健职能的医疗卫生服务体系、疾病预防控制和医疗救治体系；能提供洁净饮用水的供水系统；能对居住区生产生活废弃物进行无害化处理的设施；能承担九年义务教育与成人教育的文教组织与设施等的提供能力有关。上述各种公共产品的服务能力与水平，既反映了公民生存权与发展权的实现程度，又从源头上决定了地区可持续发展的能力，是不发达地区缩小与发达地区多方面差距中需优先着力缩小的根源性差距。在坚持自力更生的前提下，结合政府的财政转移支付和发达地区的援助，缩小不发达地区与发达地区在公共产品供给

---

① 孙海鸣、赵晓雷：《2003中国区域经济发展报告——国内及国际区域合作》，上海财经大学出版社，2003。

水平上的差距,最契合"以人为本"和协调发展的理念。

所以,解决我国地区间、城乡间的发展差距,应当将公共服务水平的均等化放在首位,要加大国家对中西部地区及广大乡村的财政转移支付,尽快使那里的教育文化、医疗卫生、道路交通、公共设施等向东部看齐,让居住在国家不同地区的人民都能享受到大致相同的公共服务,分享国家快速发展带来的成果和实惠,这也是构建和谐社会的基本要求。

2. 区域发展总体战略的长期目标

中国作为一个发展中的大国,经济发展必然经历不同阶段,在这么广阔的土地上要实现区域协调发展,也必然要按阶段循序渐进,在每一个阶段实现符合实际的发展目标,为下一个阶段的平稳较快发展奠定基础,最终实现区域协调发展的总目标。区域协调发展的总目标之下包含效益目标和均衡目标:

(1)效益目标

我国"十一五"规划提出了经济社会发展的主要目标(见表 5-2)。其中有两个方面的重要目标:一是经济增长等预期性指标,五年国内生产总值年均增长 7.5%,维持一个合理的较高增长速度是实现现代化的必要条件;二是节能降耗、减少污染的约束性指标,提出了"十一五"期间单位国内生产总值能源消耗降低 20%左右、主要污染物排放总量减少 10%等目标。这是针对资源环境压力日益加大的突出问题提出来的,具有明确的政策导向。

表 5-2 我国"十一五"规划的部分发展指标

指　　标	"十一五"时期的目标
1. 国内生产总值	年均增长 7.5%
2. 主要污染物排放总量	五年累计减少 10%
3. 研究与试验发展经费支出占国内生产总值比重	从 2005 年的 1.3%增加到 2010 年的 2%
4. 工业固体废物综合利用率	从 2005 年的 55.8%增加到 2010 年的 60%
5. 耕地保有量	2005 年为 1.22 亿公顷,2010 年不得少于 1.2 亿公顷
6. 森林覆盖率	从 2005 年的 18.2%增加到 2010 年的 20%,五年累计增加 1.8%
7. 城镇基本医疗保险覆盖人数	从 2005 年的 1.74 亿人增加到 2010 年的 2.23 亿人,年均增长 5.1%
8. 新型农村合作医疗覆盖率	2005 年为 23.5%,2010 年覆盖率不得少于 80%
9. 五年城镇新增就业,五年转移农业劳动力	五年城镇新增就业 4500 万人,五年转移农业劳动力 4500 万人
10. 城镇登记失业率	2005 年为 4.2%,2010 年预期控制在 5%以内

资料来源:《中国国民经济和社会发展"十一五"规划纲要》,新华社 2006 年 3 月 16 日电。

(2)均衡目标

进入“十二五”时期,国家更加注重均衡发展。在“十二五”规划当中提出的发展目标,城乡区域发展的协调性进一步增强。其中,国内生产总值年均增长7%,服务业增加值占国内生产总值比重提高4个百分点,城镇化率提高4个百分点。

三、区域发展总体战略的实施原则与实施构想

区域发展总体战略要解决的重大问题,首先是地区差距会不会自动缩小的问题。如果这一差距会自动缩小,则靠市场引导就可以了,政府的干预将是不必要的。

(一)区域发展总体战略的实施原则

实施区域发展总体战略要遵循的主要原则包括:

1.市场引导和政府调控相结合原则

新古典学派认为市场是解决这一问题的最佳机制,因为新古典学派假设每个人都是理性的,都会追逐自身利益最大化,在自由交换的市场条件下,人们追求自身利益最大化的行为会自动达到满意的均衡状态。将这一理论运用在区域经济分析上,新古典学派认为市场也具有同样的功能,只要允许生产要素自由流动,厂商会比较各地区成本收益的结构,会选择劳动力充裕、工资低廉的地区进行投资。而劳动力会根据就业机会和工资水平流向那些低失业率、高收入的地区。同样在新古典的贸易理论中也会由于绝对优势、比较优势或要素禀赋优势在区域间流动,地区间的经济发展差距会在自由贸易中逐渐缩小以致消失。[①] 而根据缪尔达尔的循环累积因果论,在地区差距问题上,市场中各种作用的结果不仅不会缩小地区差距,而且还有加大的趋势,因为根据市场力量的作用,各种经济要素会加快向发展比较好的地区集中,形成聚集效应。以资本的流动为例,经济快速增长的地区对资本的强烈需求会吸引大量的投资,落后地区由于经济缺乏活力,对资本的需求一般比较弱,同时这类地区的储蓄率本来就低于发展快的地区,再加上缺乏投资意愿,这些地区的资本还有可能会流向发达地区。在地区贸易上也会有利于发达地区,因为发达地区的产业规模比较大,技术较先进,单位

① 参见陈秀山、张可云:《区域经济理论》,商务印书馆,2004。

成本低，边际利润高，与落后地区的产业竞争会具有很大的优势。另外缪尔达尔把经济增长中心区的扩张力向外延伸，引发落后地区跟进的正面影响称为扩散效应，把对落后地区的负面影响称为回流效应，在经济发展的初期回流效应会远远大于扩散效应，地区差距将呈现扩大趋向。①

在现实生活中，无论是要素流动方式还是区域间的贸易方式，很少是按照新古典理论所假设的条件进行的，其完全竞争、完全信息以及要素自由流动的这些假设的经济条件是完全不存在的，因此也有人称新古典为“没有空间的理论模型”。缩小地区差距不能完全依靠自发的市场力量，而要依靠必要的政府干预。事实上，世界各国在解决地区差距问题上不是依据新古典经济理论倡导的“放任主义”，而是强化政府干预，援助欠发达地区，同时建立有利于缩小地区差距的市场体系和促进生产要素从发达地区向欠发达地区流动。

我国是一个幅员辽阔，各地自然、社会和人文差异都很大的国家，地区间发展不平衡的现象客观存在，甚至一段时期内还有差距拉大的趋势。总结西方国家的发展经验，结合我国目前的实际，在社会主义市场经济条件下，要促进地区的协调可持续发展，主要办法就是通过国家的干预，通过区域政策的制定和实施，来促进地区间的协调发展，从而促进全社会的共同进步。

对于当前地区发展差距的现实来说，要通过发挥区域比较优势来实现区域协调发展，不仅应该对原有的区域经济政策以及宏观调控手段进行反思，以使其适应区域经济协调发展的需要，而且要通过制度安排和制度创新，弱化原有体制及现行体制中妨碍市场经济运行的不合理制度安排，使得两种机制相互补充，相得益彰。②

目前，我国社会主义市场经济体制的建立和发展，客观上要求我们在经济社会生活的各个领域、各个方面坚持市场配置资源的基础性作用，要最大限度地发挥有限资源的效益，以最小的投入，获得最大的产出。但是市场的作用并不是万能的，国内外的理论和实践都证明，在市场条件下，市场力的作用倾向于扩大而不是缩小地区间的差距。一旦地区间发展水平与发展条件出现了差距，条件好而且发展快的地区，就会在发展过程中不断为自己积累有利的因素，从而进一步影响落后地区的经济发展，使得落后地区不利于发展的因素越积累越多。

---

① 参见张敦富：《区域经济学原理》，中国轻工业出版社，1998。

② 参见胡鞍钢、王绍光：《政府与市场》，中国计划出版社，2000。

市场经济条件下，政府提供公共产品，企业以利益最大化为目的从事经济活动。政府通过提供公共服务为企业创造适合其经营活动需求的社会环境，监督企业经济行为的合法性。企业作为经济活动的主体，通过其经济活动，吸纳劳动力就业，为政府提供税收，从而增强政府提供公共服务的能力和水平。在这种政府不直接干预企业经济行为的条件下，各地区企业按照比较优势配置资源，从而使全国形成合理的地域分工体系。但是由于市场失灵的存在，必须强化中央的宏观调控能力，既不放任自流，又不简单地依靠行政命令，必须建立起规范化的制度体系，并在科学划分各级政府的事权和财权的基础上以法律化的形式将其制度化，确保中央政策的严肃性和实施的有效性。同时由于地区之间经济发展水平上的差异，致使各地区的税收能力相差很大，要协调区域经济的发展，中央政府负有使各地区提供相对均等化的地方公共产品的责任。

2.统筹规划和发挥自身优势相结合原则

在区域协调发展中我们既要统筹规划，做到全国一盘棋，统一安排、集中处理，又要充分调动各地区的积极性，发挥各自优势。正确处理好繁荣地区、萧条地区、落后地区、膨胀地区的关系，建立起各区域良性互动的机制。

目前，人们已经普遍接受和承认国际政治、文化生活存在多样性，美国的政治制度与生活方式能够适应美国高度发展的经济和文化环境，但是全盘照搬到中国可能就不合适。我们也不会认为中国的传统文化就比美国文化落后。但是我们对经济生活多样性没有给予足够的理解和认识，在区域经济发展方面片面强调发展速度、GDP 水平，等等。其实我们并不能够要求西藏、贵州走上海的经济发展道路和发展模式。我们要承认区域发展差距是客观存在的，在制定区域政策时，我们要重视因地制宜，发挥特色。只要是符合当地特点、最大限度发挥地区比较优势的发展方式，就是最优化的地区发展之路。

第一，统筹规划，促进产业转移。在区域经济发展过程中，由于自然资源禀赋、科学技术水平、经济发展的制度和体制等一系列原因，客观上存在着处在不同经济发展水平上的地区，也就存在经济发展的梯度差，在整个经济不断向前推进的过程中，经济发展水平高的地区也即高梯度的地区会发生技术、资金、人才等经济因素向落后地区转移，从而带动落后地区的经济增长。但是现实中这一过程将是非常缓慢甚至可能由于聚集因素的存在而发生经济因素流向的逆转。为了弥补梯度推移战略的不完善性，必须实施区域经济优势发展战略和流域发展战略。国家必须在宏观上加以把握，进行积极的规划和引导。产业和技术的梯度转移与传播是区际关系协调与区域经济布局优化的需要，产业的适时转移是高梯度发达地区产业结构调整的需要，落后地区接受产业转移与传统技术对其自身的发展来说也是利多弊少，一些传统产业转移到落后地区会大大降低生产成本，同时增加落后地区的就业机会，提高人民的生活水平，并以此为契机积累经济起飞的条件。

第二，发挥优势，促进各地区特色产业的发展。经过多年的发展，各大区域的比较优势正在逐步凸显出来，根据各自的比较优势安排好区域分工是区域协调发展的前提。①

西部地区。发挥西部地区有色金属、水利电力等资源优势，大力发展特色产业和优势产业，促进西部开发。西部的有色金属产业、水利电力以及部分农产品的生产在全国占有明显的优势，要大力发展与此相关的产业，拉长产业链，立足于发挥自身优势，调整和优化产业结构，建立具有发展前景的特色经济和优势产业。

东北地区。东北地区是我国重要的农产品生产基地，石油、钢铁、汽车、机械制造以及资源开采工业在整个国民经济体系中占有重要的地位。要激发东北工业基地活力，发挥粮食生产和畜牧业的比较优势，在装备制造业方面等重工业上发挥优势，在大中型国有企业建立起完善的现代企业制度，健全公司法人治理结构，转变政府职能，更大程度地发展市场配置资源的基础性作用。加快发展现代农业，以农民增长为核心，大力推进农业产业化经营，实施龙头企业带动战略，加快农业结构调整，把东北建设成为全国最大的现代农业基地。

中部地区。中部六省是全国重要的交通枢纽，其金属采掘和加工业、煤炭工业、食品工业和机械制造业等在全国占有较大产值比重和市场份额，要利用交通优势发展各类专业市场。

东部地区。东部地区经济实力雄厚，基础设施比较完善，对外开放程度高，科技教育发达，人才资源丰富，具有继续率先发展的优势和条件。要进一步提高自主创新能力，依靠科技进步提升和促进产业结构的优化升级以及增长方式的转变，提升企业的竞争力。目前东部地区正面临着工资水平迅速上升，人力资本不断提高，市场占有率不断下降的趋势，要实施优势互补发展战略，就必须改变单纯向东倾斜的做法，而应该按照国家的产业政策实施倾斜，结合不同地区的资源状况、资金以及市场状况进行分析比较，找准各地区的优势产业进行扶持培育，按照统筹规划、合理分工、优势互补、协调发展的地区布局原则，把全国经济的统一性和地区经济的特色性有机结

① 参见周瑞超:《发挥比较优势 促进区域协调发展》,《经济与社会发展》2006年第9期。

合起来，使产业倾斜建立在地区资源优势和市场优势上，使中西部地区的资源优势潜力得到加快发展，实际上也就支持了东部地区经济的持续快速发展。

3.当前发展和长远发展相结合原则

要坚持科学发展观，着力改变传统的区域发展方式，大力发展循环经济，把可持续发展的思想贯穿在区域政策制定的始终，促进经济、社会、人口和资源环境的协调发展。

当前的区域协调发展要实现三个目标：

一是发挥区域优势。各地区的比较优势和特殊功能都能得到科学有效的发挥，形成体现因地制宜、分工合理、优势互补、共同发展的特色区域经济。

二是建设统一市场。各地区之间人流、物流、资金流、信息流能够实现畅通和便利化，形成建立在公正、公开、公平和竞争秩序基础上的全国统一市场。

三是普及公共服务。各地区城乡居民可支配购买力及享受基本公共产品和服务的人均差异能够限定在合理范围之内。

在前面的基础上，长远的区域协调发展还要实现两个目标：

第一，区域关系的协调。各地区之间基本市场经济导向的经济技术合作能够实现全方位、宽领域和新水平的目标，形成各区域、各民族之间全面团结和互助合作的新型区域经济关系。

第二，构建和谐的区域体系。各地区国土资源的开发利用整治和保护能够实现统筹规划和互助协调，各区域经济增长与人口资源环境之间实现和谐的发展模式。

(二) 区域发展总体战略实施内容

在上述原则的指导和约束下，区域发展总体战略实施主要包括以下具体内容：

我国未来的区域发展总体战略实施的构想是：新时期我国区域发展战略的重点在于缩小区域差距，转变区域发展方式，完善区域协调机制。区域发展总体战略的基本思路既有体现以人为本的区域基本公共服务均衡化，将区域差距维持在合理可接受的范围之内；建设四类主体功能区，又充分考虑区域资源环境的承受能力，促进区域可持续发展。

1.缩小区域发展差距，实现基本公共服务均等化

基本公共服务均等化是当前我国区域协调发展战略的重要举措，也是

对解决区域差距问题的新认识。学者认为，基本公共服务应该包括四个方面[①]："主要涉及就业、基本社保等'基本民生公共服务'；义务教育、医疗卫生、公共文化等'公共事业服务'；还包括公共交通、环境保护、公共通信等'公益基础服务'；此外，涉及生产、消费、生活、国防等'公共安全服务'"。只有区域基本公共服务实现均衡化，区域协调发展机制才能够发挥缩小地区差距的作用。事实也证明，落后地区生态环境脆弱的根源在于当地居民的收入偏低，享受不到基本公共服务保障，为了获取财富而掠夺资源，并破坏了当地生态环境，这种事件常有发生。因此，实现区域基本公共服务均等化既是体现中央坚持以人为本的方针，也是贯彻、落实科学发展观，促进区域协调发展和可持续发展的基本途径。

2. 继续实施区域开发战略

坚持推进西部大开发，振兴东北地区等老工业基地，促进中部地区崛起，鼓励东部地区率先发展，形成合理的区域发展格局。西部大开发侧重重大基础设施建设和生态环境建设，改善西部地区投资环境，培育发展有优势资源（能源、矿产资源、旅游资源和人文资源）支撑的特色产业，加大人力资本投资力度。振兴东北老工业基地侧重结构调整和国有企业改组改造，扩大对外开放，特别是加强与毗邻国家的经济技术合作，建设具有比较优势的装备制造、原材料、农产品深加工基地，推进资源型城市经济转型。促进中部地区崛起侧重依托现有基础，提升产业竞争力，构建综合交通运输体系，发展物流和商贸业，完善市场体系。鼓励东部地区率先发展侧重提高自主创新能力，加快形成一批自主知识产权、核心技术和知名品牌，促进加工贸易升级，提高外向型经济水平，增强国际竞争力。

3. 推进主体功能区形成，调整经济布局

我国"十一五"规划纲要首次明确提出，根据资源环境承载能力、现有开发密度和发展潜力，统筹考虑未来我国人口分布、经济布局、国土利用和城镇化格局，将国土空间划分为优化开发、重点开发、限制开发和禁止开发四类主体功能区，并要求按照主体功能定位调整和完善区域政策及绩效评价，规范空间开发秩序，形成合理的空间开发结构。主体功能区的划分是我国区域发展战略方面的新安排，是解决区域协调发展和区域可持续发展的重要途径，将成为我国今后空间布局和区域发展的指导方针。

主体功能区划分的作用：一是有利于增强我国的资源环境承载能力，有

---

① 常修泽：《逐步实现公共服务均等化》，《人民日报》2007年1月31日。

利于实现区域经济发展和区域资源环境的协调。二是促进产业政策与区域政策相结合,促进资源整合,实现区域分工的协调。主体功能区划的一个重要目的就是要引导人口等生产要素有序流动,引导产业有序转移,这不仅有利于资源整合,而且有利于产业结构在国土范围内的优化升级,最终形成协调的区域分工格局。

4.突破行政区划界限,形成联系紧密的经济圈和经济带

健全区域协调互动机制,突破行政区划界限,着力培育若干竞争力强的大都市经济圈、城市群,形成特色经济区和重要经济带。发挥中心城市的带动和辐射作用,按照经济联系和经济规律优化配置资源,建立以经济核心区、城市群和重要经济带为主体的网络型经济体系,促进资源有效利用和地区优势充分发挥,形成各有特色、分工合理和联系紧密的区域经济。要着力构建长三角、珠三角及京津冀等大都市经济圈的区域经济协作机制,促进大都市经济圈加快发展,率先实现现代化。加快发展联结东、中、西部地区,沟通华东、华中、西南经济区的长江经济带,纵贯南北的京广经济带、京九经济带以及连接东西的陇海兰新经济带、南贵昆经济带。

发挥长江经济带在推进西部大开发、促进中部崛起中的重要纽带作用。长江经济带横贯东、中、西部地区,在促进中国技术创新、体制创新,推进全国工业化、城市化和现代化进程中具有举足轻重的重要作用。要加强长江经济带上"三圈一区"的综合开发建设,形成以上海为中心的长三角经济圈、以武汉为中心的长江中游经济圈、以重庆和成都为中心的长江上游经济圈和三峡库区生态经济区。

5.统筹城乡,促进大中小城市和小城镇协调发展

统筹城乡发展,推进社会主义新农村建设。解决好农业、农村、农民问题,事关全面建设小康社会大局,必须始终作为全党工作的重中之重。要加强农业基础地位,走中国特色农业现代化道路,建立以工促农、以城带乡的长效机制,形成城乡经济社会发展一体化新格局。

坚持大中小城市和小城镇协调发展,提高城镇综合承载能力,按照循序渐进、节约土地、集约发展、合理布局的原则,积极稳妥地推进城镇化,逐步改变城乡二元结构。分类引导人口城镇化,鼓励农村人口进入中小城市和小城镇定居,特大城市要从调整产业结构的源头入手,形成用经济办法等控制人口过快增长的机制。已形成城市群发展格局的京津冀、长江三角洲和珠江三角洲等区域,要继续发挥带动和辐射作用,加强城市群内各城市的分工协作和优势互补,增强城市群的整体竞争力。具备城市群发展条件的区域,要加强统筹规划,以特大城市和大城市为龙头,发挥中心城市作用，形成若干用地少、就业多、要素集聚能力强、人口分布合理的新城市群。人口分散、资源条件较差、不具备城市群发展条件的区域，要重点发展现有城市、县城及有条件的建制镇，成为本地区集聚经济、人口和提供公共服务的中心。

第六章　区域协调与四大板块区域发展

我国区域格局的四大板块已经形成，四大板块的区域协调发展，是实现区域协调发展的基本内容。我们采用区域经济学的分析方法，具体分析四大板块区域发展及其发展差距趋同问题。

一、四大板块发展能力和发展质量测算

区域协调的地区发展能力是我们追求的目标。我们同样关心的问题是区域协调的地区发展能力质量。对于区域协调的地区发展能力质量，我们用区域全要素生产率对增长的贡献度和产业结构的变动进行测量。

（一）区域全要素生产率的增长及贡献度的计算

我们根据新古典理论中经典的索洛模型，对全国及各地区要素投入和全要素生产率的增长率以及相应的贡献度做出测算，结果见表6-1。

表6-1　全国及各地区要素投入和全要素生产率贡献度　（单位：%）

地区	α的估计值	地区生产总值平均增速	资本投入平均增速	劳动力投入平均增速	全要素生产率平均增速	资本投入贡献度	劳动力投入贡献度	全要素生产率贡献度
全　国	0.47	10.71	14.61	0.05	3.81	64.14	0.25	35.61
北　京	0.89	13.20	10.99	1.06	3.30	74.12	0.88	24.99
天　津	0.71	12.10	13.05	2.59	2.09	76.53	6.21	17.26
河　北	0.44	11.70	17.39	−0.64	4.41	65.40	−3.06	37.66
山　西	0.51	10.62	14.11	1.07	2.90	67.74	4.94	27.32
内蒙古	0.54	12.30	16.89	0.83	2.80	74.15	3.11	22.74
辽　宁	0.29	8.61	21.71	0.79	1.75	73.12	6.55	20.33
吉　林	0.48	9.63	15.59	0.28	2.01	77.65	1.51	20.83

续表

黑龙江	0.39	8.91	12.69	−0.41	4.21	55.57	−2.81	47.24
上　海	0.64	12.24	13.19	0.83	3.51	68.93	2.44	28.63
江　苏	0.51	12.73	18.34	0.55	3.10	73.49	2.14	24.38
浙　江	0.47	13.84	20.86	0.55	3.74	70.86	2.12	27.02
安　徽	0.29	9.33	20.11	1.52	2.42	62.48	11.56	25.96
福　建	0.39	12.51	21.51	1.45	3.24	67.05	7.07	25.88
江　西	0.41	10.57	17.80	2.20	1.97	69.06	12.27	18.67
山　东	0.47	12.33	17.06	1.00	3.78	65.03	4.28	30.69
河　南	0.45	11.74	15.44	1.57	3.93	59.18	7.37	33.44
湖　北	0.29	9.10	21.36	2.20	1.34	68.09	17.16	14.75
湖　南	0.42	9.83	14.94	0.51	3.26	63.80	3.02	33.18
广　东	0.47	13.95	20.28	0.98	3.90	68.33	3.73	27.94
广　西	0.29	10.10	18.08	2.78	2.89	51.89	19.51	28.60
海　南	0.33	9.82	17.06	1.67	3.07	57.34	11.39	31.27
重庆＋四川	0.44	9.89	13.62	1.44	3.09	60.61	8.18	31.21
贵　州	0.28	8.82	13.96	2.60	3.04	44.33	21.22	34.45
云　南	0.16	8.89	33.81	1.98	1.82	60.83	18.68	20.49
西　藏	0.53	10.99	14.28	1.66	2.64	68.87	7.10	24.03
陕　西	0.55	10.31	11.71	1.77	3.07	62.51	7.74	29.76
甘　肃	0.59	9.15	9.51	1.19	3.05	61.31	5.35	33.34
青　海	0.30	8.97	15.42	0.28	4.15	51.57	2.18	46.25
宁　夏	0.39	10.32	15.65	1.75	3.15	59.13	10.34	30.53
新　疆	0.40	10.44	15.58	2.36	2.80	59.67	13.56	26.77

资料来源：国家统计局：《中国统计年鉴》(1991、2006 年)，中国统计出版社，1991、2006。

由表 6－1 得知，我国各地全要素生产率的增长普遍较高，对经济增长的贡献度也较高。全国及各省区市全要素生产率的增长对经济增长的贡献度，大多在 20％以上，只有天津、江西、湖北三省市低于这一比例。

全要素生产率的增长速度排在前十名的地区有：河北(4.41)、黑龙江(4.21)、青海(4.15)、河南(3.93)、广东(3.90)、山东(3.78)、浙江(3.74)、上海(3.51)、北京(3.30)和湖南(3.26)。而全要素生产率的增长速度在 3.00～3.25 的则有 9 个地区，在 2.00～3.00 的有 8 个地区，只有云南、湖北、江西和辽宁在 2.00 以下。

但是，全要素生产率的变动对经济增长贡献度的排列与其增长速度排列却相差很大。全国平均水平为 35.61％，全要素生产率的变动对经济增长贡献度排在前十位的省区市依次为：黑龙江(47.24％)、青海(46.25％)、河北(37.66％)、贵州(34.45％)、河南(33.44％)、甘肃(33.34％)、湖南(33.18％)、海南(31.27％)、重庆和四川(31.21％)和山东(30.69％)。这十个区域全要素生产率增长的贡献度均高于三成。

全要素生产率的增长对经济增长贡献度排在后10位的省区市依次为:湖北(14.75%)、天津(17.26%)、江西(18.67%)、辽宁(20.33%)、云南(20.49%)、吉林(20.83%)、内蒙古(22.74%)、西藏(24.03%)、江苏(24.38%)和北京(24.99%)。从结果来看,1990～2005年间,我国全要素生产率的增长对经济增长的贡献还是比较大的,总体占到三成以上。我国经济的快速增长基本上属于资本与技术双推动型。除了个别省份,劳动投入对经济增长的贡献都是很小甚至可以忽略不计的。

从结果中我们看到,全要素生产率的增长对我国经济增长起着重要作用,反映出20世纪90年代以后,我国各区域发生的技术进步为区域经济的发展提供了强大的推动力。但在各区域之间,全要素生产率增长的贡献还是存在显著差异的。

(二) 全要素生产率地带性差异比较

1.全要素生产率的地区排名

按照东、中、西、东北的划分看,在贡献度排名前10位的区域当中,西部占4个席位(青海、贵州、甘肃、重庆和四川),东部3个(河北、海南、山东),中部2个(河南、湖南),东北1个(黑龙江)。而在贡献度排名的后10名,则是东部、中部和西部各占3个(东部为天津、江苏、北京,中部为湖北、江西、吉林,西部为内蒙古、云南、西藏),东北有1个(辽宁)。出人意料的,在这一指标的衡量中,西部的表现明显好于经济相对发达的东部和东北。

经济增速最快,同时也是在人们眼中技术最为发达的东部,广义的技术进步对经济增长的贡献度反而最低。相对的经济增速最慢,而较为落后的西部地区,广义技术进步对经济增长的贡献度是最高的。

2.地区全要素生产率分析

这个结果似乎与我们的日常认识相左,但如果换一个角度考查,就能得到更清楚的认识。我们计算四大板块各自全要素生产率增速的算术平均值和资本投入增速的算术平均值,设定西部的数值为1的话,实际上,东部地区全要素生产率平均增速的绝对值仍然要高于西部,只是因为东部地区资本投入平均增速相对于西部的值更大,且资本产出弹性更高(如果西部的值为1,则东部为1.22,中部为1.04),使东部地区资本投入对经济增长的贡献度相对西部更高,而令东部地区全要素生产率的贡献度看起来更低一些。

第一,东部全要素生产率分析。从发生广义技术进步的绝对速度来说,最高的仍是东部,符合我们的日常认识,西部第二,而中部和东北地区最低。

总体来看,东部地区仍然是我国全要素生产率增长最快的地区,技术进步发生最为密集,是各区域当中技术进步的"领头羊"。在我国存在的地区发展的梯度中,东部地区位于最高的一个台阶上,因此,东部地区需要责无旁贷地承担起技术进步的领导重任。北京、上海、天津等东部城市,高校云集,拥有全国最为优质的教育资源。同时,东部地区是外资进入中国的"桥头堡",一大批世界上最优秀、技术最为先进的跨国企业都落户东部地区。当这些企业的先进制造工艺和管理手段向外扩散时,东部地区自然拥有近水楼台的优势。除了优质的高等教育资源和外资所带来的成熟技术,东部地区还建立了许多高技术产业基地,最有代表性如北京的中关村产业园区等,这些一同为东部地区的技术进步提供了强大的支持。

第二,西部全要素生产率分析。从计算结果中,我们也欣喜地看到,全要素生产率的增长在西部的经济增长中扮演着至关重要的角色。我国西部各省区经济发展水平较低,发展经济的需要最为迫切。西部地区拥有矿产资源、能源丰富等优势,但劣势也很明显。一是地广人稀,地理条件复杂,为数众多的边远地区和少数民族聚居区交通不便。二是水资源分布极不均衡。西北地区气候干燥,严重缺乏发展农业和工业所需的水资源。三是生态条件脆弱,可承载力低。一旦生态环境遭到破坏,恢复的难度很大。这些劣势的存在,使人们对西部的发展心存忧虑,担心西部地区落入所谓的"资源陷阱":经济发展单纯依靠矿产资源、能源的开采和出售,缺乏可持续性。一旦这些矿产资源、能源枯竭,则经济陷入后继乏力的境地。如果再加上生态环境遭到破坏,则宜居性更急剧下降,区域将出现经济萧条、人口外迁的可悲局面。

要避免上述局面的出现,西部就必须在积极探索地区发展能力上做文章,最重要的就是通过技术进步,提高要素投入的产出效率,摒弃粗放型的发展道路。从本书的计算结果来看,西部地区已经取得了初步的成效。这说明西部地区在广义技术进步上体现出了较为明显的追赶效应,能够有效地利用先进技术和管理经验提升自己。

第三,中部全要素生产率分析。相比较而言,中部的情况不容乐观。尽管中部地区要素投入的增速也比较高,但是全要素生产率增速最低,且与其他区域差距在加大。中部地区各省的发展基础要比西部好得多,多为农业大省或老工业基地,基础设施较为完备。地理上,中部距离东部更近,在承接东部地区的产业转移和技术扩散上,原本应该具有更大的优势。可中部地区的这些优势显然没能充分发挥,在我国技术发展的格局中,在中部形成了塌陷。无论是在地理位置上,还是在经济梯度中,中部都处于中间的一级，应该起到承东启西的关键作用。

第四，东北地区的全要素生产率分析。东北地区是我国的老工业基地，工业生产的基础好，技术人员多，产品的配套能力强。自国家启动东北振兴的战略以来，东北地区的技术进步比较突出，全要素生产率的提升也比较明显。但是，从全国来看，辽宁和吉林的全要素生产率增速要远远低于全国平均水平，资本投入和劳动投入的增速远远高于全国平均水平。如果东北地区仅仅是更多地依靠要素投入而非技术进步来发展的话，势必会危及地区发展能力的能力，并对我国区域经济协调发展的格局造成负面影响。

（三）区域产业结构的变动及与全要素生产率的关系

一个区域技术进步的速度，常常与区域的产业结构状况有很大关系。分析区域的产业结构，一般采用的指标有三次产业结构，霍夫曼系数以及主导产业、辅助产业、基础产业之间的结构状况等。

本书主要衡量各个区域的三次产业结构，如表 6－2 所示。

表 6－2　各地区 2000 年、2009 年三次产业结构　（单位：%）

地区	2000			2009		
	第一产业	第二产业	第三产业	第一产业	第二产业	第三产业
北　京	2.42	32.69	64.89	0.97	23.50	75.53
天　津	4.33	50.76	44.91	1.71	53.02	45.27
河　北	16.35	49.86	33.79	12.81	51.98	35.21
山　西	9.74	46.51	43.75	6.49	54.28	39.23
内蒙古	22.79	37.85	39.36	9.54	52.50	37.95
辽　宁	10.78	50.21	39.01	9.30	51.97	38.73
吉　林	20.43	39.40	40.17	13.47	48.66	37.87
黑龙江	12.16	54.95	32.89	13.44	47.29	39.27
上　海	1.61	46.27	52.12	0.76	39.89	59.36
江　苏	12.26	51.86	35.88	6.56	53.88	39.55
浙　江	10.27	53.31	36.41	5.06	51.80	43.14
安　徽	25.56	36.41	38.03	14.86	48.75	36.39
福　建	17.02	43.26	39.73	9.67	49.08	41.26
江　西	24.22	34.98	40.80	14.35	51.20	34.45
山　东	15.22	49.95	34.84	9.52	55.76	34.72
河　南	22.99	45.40	31.61	14.21	56.52	29.26
湖　北	18.68	40.54	40.78	13.86	46.59	39.56
湖　南	22.10	36.41	41.49	15.08	43.55	41.37
广　东	9.18	46.54	44.27	5.09	49.19	45.72
广　西	25.90	35.23	38.87	18.80	43.58	37.62

续表

海　南	36.45	19.74	43.82	27.94	26.81	45.25
重庆十四川	22.24	37.19	40.57	13.77	49.13	37.10
贵　州	26.33	37.98	35.68	14.06	37.74	48.20
云　南	21.47	41.43	37.10	17.30	41.86	40.84
西　藏	30.89	22.96	46.15	14.47	30.96	54.57
陕　西	14.31	43.38	42.31	9.67	51.85	38.48
甘　肃	18.44	40.05	41.52	14.67	45.08	40.24
青　海	15.22	41.27	43.51	9.93	53.21	36.86
宁　夏	15.60	41.16	43.24	9.40	48.94	41.66
新　疆	21.13	39.42	39.44	17.76	45.11	37.12

数据来源：国家统计局：《中国统计年鉴 2010》，中国统计出版社，2010。

各地区三次产业结构用 2009 年值减去 2000 年值得到其变动情况，如表 6－3 所示。

表 6－3　各地区三次产业结构变动情况（2000 年与 2009 年对比）　（单位：%）

地区	变动情况		
	第一产业	第二产业	第三产业
北　京	－1.45	－9.19	10.64
天　津	－2.62	2.26	0.36
河　北	－3.54	2.12	1.42
山　西	－3.25	7.77	－4.52
内蒙古	－13.25	14.65	－1.41
辽　宁	－1.48	1.76	－0.28
吉　林	－6.96	9.26	－2.3
黑龙江	1.28	－7.66	6.38
上　海	－0.85	－6.38	7.24
江　苏	－5.7	2.02	3.67
浙　江	－5.21	－1.51	6.73
安　徽	－10.7	12.34	－1.64
福　建	－7.35	5.82	1.53
江　西	－9.87	16.22	－6.35
山　东	－5.7	5.81	－0.12
河　南	－8.78	11.12	－2.35
湖　北	－4.82	6.05	－1.22
湖　南	－7.02	7.14	－0.12
广　东	－4.09	2.65	1.45
广　西	－7.1	8.35	－1.25
海　南	－8.51	7.07	1.43
重庆十四川	－8.47	11.94	－3.47
贵　州	－12.27	－0.24	12.52

续表

云　南	－4.17	0.43	3.74
西　藏	－16.42	8	8.42
陕　西	－4.64	8.47	－3.83
甘　肃	－3.77	5.03	－1.28
青　海	－5.29	11.94	－6.65
宁　夏	－6.2	7.78	－1.58
新　疆	－3.37	5.69	－2.32

数据来源：同表 6－2。

为了方便对比，现将 1991 年至 2009 年间全要素增长最快与最慢的 5 个省区市的三次产业结构变动状况用表列出，可以看出一些特点和规律。见表 6－4、表 6－5。

表 6－4　全要素生产率增速排名前 5 位的地区三次产业结构变动状况　（单位：%）

地区	全要素生产率年均增速	2009 年三次产业结构值			三次产业结构变动情况		
		第一产业	第二产业	第三产业	第一产业	第二产业	第三产业
河　北	4.41	12.81	51.98	35.21	－3.54	2.12	1.42
黑龙江	4.21	13.44	47.29	39.27	1.28	－7.66	6.38
青　海	4.15	9.93	53.21	36.86	－5.29	11.94	－6.65
河　南	3.93	14.21	56.52	29.26	－8.78	11.12	－2.35
广　东	3.90	5.09	49.19	45.72	－4.09	2.65	1.45
均　值	4.12	11.096	51.638	37.264	－4.084	4.034	0.05

表 6－5　全要素生产率增速排名后 5 位的地区三次产业结构变动状况　（单位：%）

地区	全要素生产率年均增速	2009 年三次产业结构值			三次产业结构变动情况		
		第一产业	第二产业	第三产业	第一产业	第二产业	第三产业
吉　林	2.01	13.47	48.66	37.87	－6.96	9.26	－2.3
江　西	1.97	14.35	51.20	34.45	－9.87	16.22	－6.35
云　南	1.82	17.30	41.86	40.84	－4.17	0.43	3.74
辽　宁	1.75	9.30	51.97	38.73	－1.48	1.76	－0.28
湖　北	1.34	13.86	46.59	39.56	－4.82	6.05	－1.22
均　值	1.78	13.656	48.056	38.29	－5.46	6.744	－1.282

通过表 6－4 和表 6－5 的对比，我们可以看出，相对于全要素生产率增长较慢的省份，表中的地区普遍具备两个特点：第一，第二产业的平均比重较高；第二，第二产业比重上升的势头比较迅猛。从前一个指标，即四个主

要年份第二产业所占比重的算术平均值来说，全要素生产率增长较快的省份比较慢的省份高出5个百分点，是其1.12倍。从后一个指标，即第二产业比重上升比例的平均水平来看，全要素生产率增长较快的省份比较慢的省份高出4.5个百分点，是其1.85倍。可见，这两个指标与全要素生产率的增速关系密切，尤以第二个指标更为重要。如辽宁省，尽管其主要年份第二产业比重的均值高达50%，但由于这一比重这些年处于下降趋势，故其全要素生产率的增速依然属于较低之列。

从中可以得出结论：全要素生产率的快速增长，确与产业结构的变动，尤其是第二产业比重的上升有关。我国各地区的发展状况极不均衡，虽然当前有些地区已经进入到工业化中期向后期转变的阶段，但绝大多数地区依然处于工业化的中期或向中期迈进的阶段当中。在这个阶段中，要素由效率较低的第一产业向效率较高的第二产业的转移，是促进区域生产力发展的重要推力。因此，随着第二产业比重的提高，这些区域的全要素生产率都会获得一个快速的提升。

（四）地区发展能力综合分析

全要素生产率衡量的是广义的技术进步。虽然这种结构转变，能够促进区域整体生产效率的提高，即表现为全要素生产率的增长，但在产业内部，并不一定产生了真正的技术进步。产业结构带来的生产率的提高，可以视作是特定发展阶段的红利。当我国各区域超越了工业化的发展阶段，是否能保持全要素生产率持续增长，仍然是一个需要关注的问题。

通过测算，我们发现一个很大的问题：各地区的地区发展能力与全要素生产率的提高和产业结构的变动不一致。

我们有必要对三个指标的作用做一个总体比较，见表6-6，从表中的指标排列可以看到：北京、上海、广东和浙江在三项指标中都是榜上有名的，反映出其协调与可持续性是较好的；其次是山东的地区发展能力和全要素生产率增长较好；其他各地区则只有一项上榜。

表6-6 三项指标都处于前十位的地区

项目	地区发展能力	全要素生产率增长	产业结构变动
地区	北京、上海、天津、浙江、广东、江苏、山东、福建、辽宁、吉林	河北、青海、河南、广东、山东、浙江、上海、北京、湖南、黑龙江	西藏、北京、上海、广东、江西、浙江、安徽、湖北、贵州、内蒙古

我们认为，我国总体上区域协调的地区发展能力还是很不够的。因此建

议，制定“十二五”规划时，要更多地强调区域协调和区域地区发展能力的结合。

二、四大板块区域经济发展分析

区域经济差异是世界各国经济发展过程中的一个普遍问题，也一直是区域经济学研究的核心问题之一。改革开放以后，中国经历了前所未有的高速增长，经济发展提高了人们生活水平和社会福利，同时，东、中、西差距扩大化的趋势也越来越显著。地区经济差异问题引起了社会各界的广泛关注，国内外学术界也从不同统计方法和统计指标来考察中国地区差异的现有格局及其动态演变，并开始运用一些新的研究方法对地区差异的构成和来源进行分解，以揭示引起地区差异变动的主要因素。

本书将采用锡尔系数、变异系数等广义熵(general entropy)差异衡量指标，并应用差异分解方法，分析地区发展差异对全国经济发展差异的影响程度。

(一) 指标选取

区域发展差异研究存在着一个尺度问题，即样本的地区划分。应该说，不同地区划分是为不同研究目的服务的，因而有着不同的应用价值。区域差距的分析一般总是针对同一个特定的大区域而展开的。我国在区域划分上很长时期使用两分法(沿海与内地)，到“七五计划”采用了三分法，即东、中、西三大经济地带。“十一五”规划则进一步细化，实行了四大板块的划分法，在完善“十五”时期相继实施的地区发展战略的基础上，提出了“坚持实施推进西部大开发，振兴东北地区等老工业基地，促进中部地区崛起，鼓励东部地区率先发展”的区域发展总体战略。相较三大地带的划分，四大板块战略更强调和突出了东北的重要位置，覆盖了960万平方公里的国土面积和13亿人口，致力于实现各地区的共同发展和繁荣，是全面完整的区域发展战略。

本书研究的具体对象，就是基于省级及以上的行政单元，分析四大板块之间的大尺度、省级之间的中尺度区域差异，着重于对区域差异的现有格局及其动态演变进行分析。西部板块包括十二个省市区：重庆、四川、贵州、云南、西藏、陕西、甘肃、宁夏、青海、新疆、内蒙古和广西；东北板块即东北三省：辽宁、吉林、黑龙江；中部板块包括山西、河南、湖北、湖南、江西、安徽六省；东部板块包括北京、上海、天津、福建、江苏、浙江、广东、海南、河北、山东等十个省、直辖市。

研究区域经济差异的定量化指标很多，有总量指标，也有复合指标。采用较多的如人均 GDP、极差、标准差、变异系数、加权变差系数、基尼系数(离散情形)、修正的基尼系数和锡尔系数等,主要表现为描述和分析区域经济的绝对差异和相对差异。一般认为,从相对意义上测度区域间经济差距的方法多使用极值比率、变异系数和加权变异系数等,从绝对意义上可以使用极差、标准差和锡尔指数等。

其中锡尔指数的突出优点是可以分解为组内差异和组间差异,从而便于考察和揭示组间差异和组内差异各自的变动方向和变动幅度,以及各自在总差异中的重要性及其影响;通过变异系数,可以测度出区域内相对差异的程度,且可进行两个以上区域比较,因此,它比极差即绝对差和相对差只是两个区域比较更能反映区域间的差距特征。综合本章的研究目的和这些指标的特点,本研究选取 GDP、人均 GDP、极差、极值比率、标准差、变异系数和锡尔指数等指标来考察四大板块间的区域差距。

样本选取的时间区间为 1995～2009 年,选择这一时间区间主要基于以下三个考虑:一是面对"八五"中后期中西部与东部沿海之间经济差距进一步扩大的现实,从"九五"开始,国家开始实施有利于缩小地区差距的政策,将缩小地区发展差距作为区域发展的主导思想。二是从 2000 年开始实施西部大开发战略之后,相继实施了振兴东北等老工业基地、促进中部崛起、东部地区率先发展等区域发展战略,区域发展的四大板块格局逐步形成。三是从"十一五"开始,我国实施区域发展总体战略,四大板块的区域发展问题受到关注。

本章分析全部数据来源于《中国统计年鉴》(1996～2010 年)、《中国人口年鉴》(1996～2010 年)以及相应年份的各省统计年鉴和经济年鉴。

(二) 四大板块区域差异分析

1. 四大板块人均 GDP 的总体分析

国内生产总值(GDP)是衡量一个地区经济发展实力或竞争力大小最基本的总量指标。20 世纪 90 年代以来,在中国经济快速增长的宏观背景下,东、中、西、东北四大板块的人口和 GDP 总量占全国的份额呈现出明显的不平衡性,如表 6－7 和图 6－1 所示。

1995～2009 年,东部地区 GDP 占全国的比重一直占据着全国的半壁江山,2006 年达到最高为 55.49%,1997～2006 年总体保持逐年上升的趋势,2007～2009 年呈现逐年下降的趋势。主要是因为西部大开发和中部崛起战略效应的发挥导致中西部地区 GDP 份额占全国的比重上升以及国际金融危机对东部地区的影响。东北地区 GDP 占全国的比重总体呈下降的趋势，2009年比1995年下降了1.78个百分点；中部和西部地区GDP所占比重总体呈现先下降后上升的趋势，但变化幅度不大，2009年中部地区GDP所占比重比1995年还低0.3个百分点，西部地区则略微上升0.11个百分点。从四大板块GDP的份额变化可以看出，东部地区是我国GDP总量增加的主要力量。

表6-7 1995～2009年四大板块GDP和人口占全国的比重 （单位：%）

年份	东部地区		东北地区		中部地区		西部地区	
	人口	GDP	人口	GDP	人口	GDP	人口	GDP
1995	34.06	51.87	8.64	10.29	28.62	19.62	28.68	18.22
1996	34.01	51.81	8.62	10.15	28.62	19.88	28.75	18.17
1997	34.02	52.00	8.60	10.11	28.61	19.88	28.77	18.02
1998	33.99	52.34	8.58	9.97	28.61	19.77	28.82	17.91
1999	33.99	52.89	8.55	9.87	28.60	19.49	28.86	17.74
2000	34.51	53.54	8.47	9.92	28.31	19.19	28.71	17.35
2001	34.49	53.97	8.44	9.71	28.33	19.07	28.75	17.25
2002	34.53	54.51	8.40	9.49	28.30	18.82	28.77	17.18
2003	34.60	55.27	8.36	9.14	28.28	18.58	28.76	17.01
2004	34.80	55.38	8.30	8.68	28.21	18.87	28.69	17.07
2005	36.15	55.48	8.38	8.62	27.43	18.78	28.04	17.11
2006	36.32	55.49	8.38	8.50	27.30	18.68	28.00	17.33
2007	36.54	55.06	8.35	8.42	27.17	18.94	27.94	17.58
2008	36.66	54.13	8.31	8.52	27.11	19.21	27.92	18.14
2009	36.79	53.84	8.27	8.51	27.04	19.32	27.90	18.33

数据来源：国家统计局：《中国统计年鉴》(1996～2010年)，中国统计出版社，1996～2010。

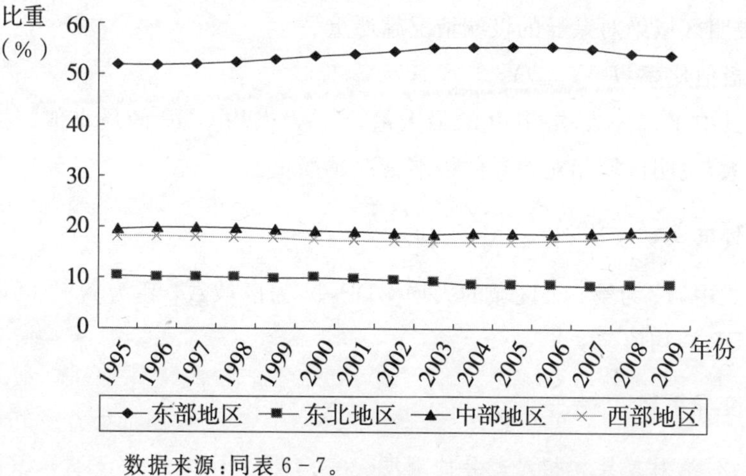

数据来源：同表6-7。

图6-1 1995～2009年四大板块GDP占全国GDP比重变化

2. 四大板块绝对差异和相对差异的测度

从人均GDP的角度看，四大板块之间经济发展水平的差距是十分明显的。人均GDP最高的东部地区一直是最低的西部地区的2倍以上，2003年达到最高为2.7倍。中部和西部地区人均GDP差距相对较小，东北地区人均GDP水平虽然低于东部，但处在比中部、西部高出较多的位置上。究其原因，一是与各地区的经济发展基础和自我发展能力以及国家的区域发展战略有关。东部地区依靠自身的区位优势和巨大的自我增长能力，一直保持较快的增长速度，在四大板块中一直处在领跑位置。东北地区的经济基础较好，虽然由于资源的衰竭和产业结构调整滞后有衰落迹象，但国家实施的振兴东北等老工业基地战略收到了良好效果。西部和中部随着国家西部大开发和中部地区崛起战略的实施，发展有所加快，但是由于自身发展能力有限，与东部地区和东北地区还有较大的差距。二是与各地区的人口增长有关。中、西部地区的人口自然增长率一直明显高于东部地区，这也是四大板块人均GDP差距的重要原因。1995年，全国人口自然增长率为10.55‰，高于这一水平的省份共有11个，西部地区就占9个，中部和东部地区各有1个。

2009年，全国人口自然增长率下降到5.05‰，整个西部地区除了陕西、四川、重庆和内蒙古之外，其余省份都高于这一水平，其中西藏和新疆仍保持在10‰以上；东部地区除了山东、广东、福建和海南之外，其余省份的人口自然增长率都低于全国平均水平。

(1)绝对差异和相对差异的计算方法

极差：$R=Y_{max}-Y_{min}$

其中Y_{max}为人均GDP的最大值，Y_{min}为人均GDP的最小值。极差越大，说明区域绝对差异的极端情况越严重。

极值比率：$I=Y_{max}/Y_{min}$

其中Y_{max}为人均GDP的最大值，Y_{min}为人均GDP的最小值。极值比率越大，说明区域相对差异的极端情况越严重。

标准差：$S_t=\left[\sum_{i=1}^{N}\frac{(Y_{it}-Y_t)^2}{N}\right]^{\frac{1}{2}}$

式中，Y_{it}为第i个区域的人均GDP，N为区域数，Y_t为N个区域的人均GDP的均值。

变异系数：$V_t=\frac{S_t}{Y_t}$

(2)绝对差异和相对差异的测度

为了定量测度四大板块区域经济差异的总体水平，以人均GDP作为测度区域经济差异的总体指标，分别计算极差、标准差、极值比率和变异系数，以代表绝对差异和相对差异。

计算结果见表 6－8。

表 6－8　1995～2009 年四大板块的绝对差异和相对差异　（单位：元/人）

年份	东部	东北	中部	西部	极差	标准差	极值比率	变异系数
1995	7339	5722	3294	3057	4282	1774	2.40	0.37
1996	8540	6598	3897	3550	4990	2045	2.41	0.36
1997	9579	7357	4354	3763	5815	2350	2.55	0.38
1998	10348	7807	4645	4183	6165	2504	2.47	0.37
1999	11092	8220	4857	4386	6706	2719	2.53	0.38
2000	12305	9178	5308	4744	7561	3071	2.59	0.39
2001	13431	9868	5781	5157	8274	3344	2.60	0.39
2002	14978	10690	6304	5664	9313	3752	2.64	0.40
2003	17405	11865	7147	6437	10968	4391	2.70	0.41
2004	20749	13548	8683	7725	13024	5157	2.69	0.41
2005	24180	15983	10434	9325	14854	5880	2.59	0.39
2006	27697	18347	12343	11186	16510	6540	2.48	0.38
2007	32640	21739	15018	13576	19064	7528	2.40	0.36
2008	37807	26152	18101	16602	21205	8412	2.28	0.34
2009	40801	28566	19862	18286	22515	8941	2.23	0.33

数据来源：国家统计局：《中国统计年鉴》（1996～2010 年），中国统计出版社，1996～2010。

1995 年以来，四大板块的绝对差距在逐渐扩大，而相对差距呈现先扩大后缩小的趋势。从绝对差距看，人均 GDP 最高的东部地区与最低的西部地区之间的差距从 1995 年的 4282 元增加到 2009 年的 22515 元，呈现逐年增加的趋势；从相对差距看，东部地区与西部地区的比值呈现先扩大后缩小的趋势，2003 年达到最高为 2.7，之后逐年下降，2009 年为 2.23。

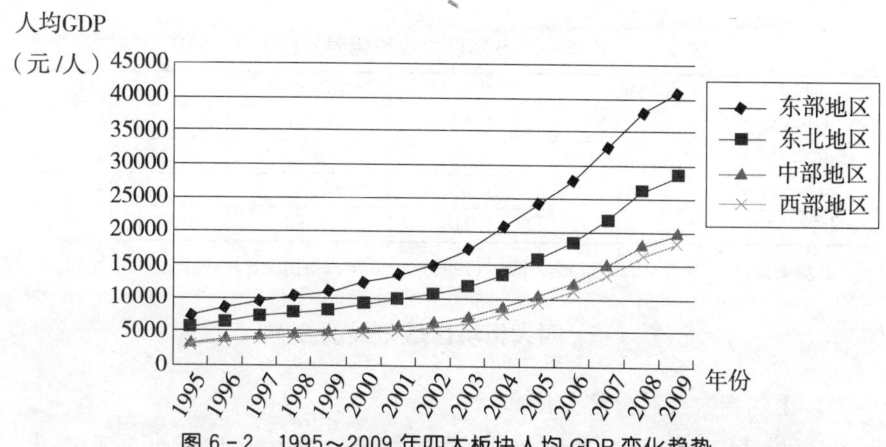

图 6－2　1995～2009 年四大板块人均 GDP 变化趋势

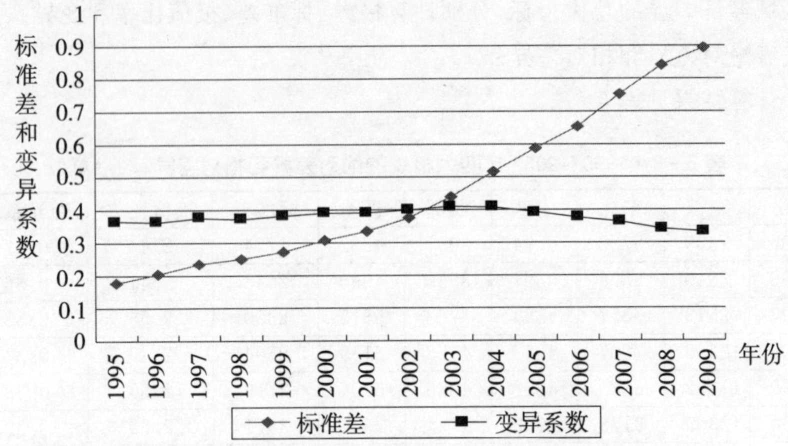

图 6-3　1995～2009 年四大板块的绝对差异和相对差异变化趋势

(3)相对发展率

为了测度各板块在某一时期内人均 GDP 变化与同一时期内全国人均 GDP 的变化的关系，现引入相对发展率($Nich$)，计算公式为：

$$Nich=\frac{Y_{2i}-Y_{1i}}{Y_2-Y_1}$$

上式中 Y_{2i}，Y_{1i} 分别代表第 i 板块在时间 2 和时间 1 的人均 GDP，Y_2，Y_1 分别代表全国在时间 2 和时间 1 的人均 GDP。由 1995～2009 年各板块人均 GDP 的相对发展率的值可以看出，各板块人均 GDP 与全国的相对发展率差别很大，而且不同的时期差别也有较大的区别。东部和东北地区人均 GDP 的增长速度都超过了全国平均速度，其中东部地区是全国的 1.6 倍左右，而中西部的发展速度远远落后于全国平均速度，中部与西部的差别不是很大。2000 年以来中部和西部地区的相对发展率逐渐上升，说明中部和西部与全国发展速度的差距明显缩小，说明西部大开发战略和中部崛起战略取得了较明显的效果。

表 6-9　1995～2009 年四大板块相对发展率($Nich$)

时期	东部地区	东北地区	中部地区	西部地区
1995～2009	1.63	1.11	0.81	0.74
1995～2000	1.77	1.23	0.72	0.60
2000～2009	1.61	1.09	0.82	0.76
2005～2009	1.46	1.10	0.83	0.79

数据来源：国家统计局：《中国统计年鉴》(1996～2010 年)，中国统计出版社，1996～2010。

(三) 四大板块区域差异的分解

1. 锡尔指数及其分解方法

锡尔($Theil$)指数又称锡尔熵，最早由锡尔等人于 1967 年首先提出。

包括两个锡尔指数分解指标（T 和 L），两者的不同在于锡尔 T 指标以 GDP 比重加权，锡尔 L 指标以人口比重加权，一般研究中大多采用锡尔 T 指标，我们在下面的分解中采用锡尔 T 指标，其计算公式为：

$$T=\sum_{i=1}^{N}Y_i\log\frac{Y_i}{P_i}$$

式中，N 为地区数，Y_i为 i 地区 GDP 占全国的份额，P_i为 i 地区人口占全国的份额。锡尔 T 指标越大，就表示各地区间经济发展水平差异越大；反之，锡尔 T 指标越小，就表示各地区之间经济发展水平差异越小。

对锡尔指数进行分解，就可以将全国总体差异分解为四大板块间的差异和四大板块内各省之间的差异，其计算公式为：

$$T=T_{BR}+T_{WR}=\sum_{i=1}^{4}Y_i\log(Y_i/P_i)+\sum_{i=1}^{4}Y_i\left[\sum_{j}Y_{ij}\log(Y_{ij}/P_{ij})\right]$$

其中，Y_{ij} 为第 i 板块第 j 省的 GDP 占该板块所有省区的比重，P_{ij} 为第 i 板块第 j 省的人口占该板块所有省区总人口的比重。T_{BR} 为四大板块间锡尔指数值，代表板块间经济差异，T_{WR} 为四大板块内部各省区之间的锡尔指数值，代表板块内部差异。

2. 锡尔指数及分解结果

从计算结果看，2005 年以来，中国区域差异总体呈现先扩大后缩小的趋势，2003 年区域总体差异最大。从锡尔指数的分解数据看，板块间差异的贡献率一直在 63%以上，说明全国区域整体差异的扩大主要是源于四大板块之间的不均衡发展，板块内部各省区之间发展水平的差异对全国区域整体差异的影响相对较小，但从 2005 年开始对全国区域总体差异影响的贡献率在逐渐上升。从 2005～2009 年的变化趋势来看，四大板块之间的差异和板块内省区之间的差异总体上都呈先扩大后缩小的趋势，说明我国四大板块区域协调发展的趋势日益明显，各个板块内部省区之间的差距也逐渐缩小。

1995～2009 年全国及四大板块的锡尔指数如表 6－10 所示。

表 6－10　1995～2009 年四大板块间差异和板块内部差异及其对全国差异的贡献率

年份	全国锡尔指数（T）	板块间锡尔指数（T_{BR}）	板块内部锡尔指数（T_{WR}）	板块间差异的贡献率（%）	板块内各省间差异的贡献率（%）
1995	0.046929	0.030436	0.016493	64.86	35.14
1996	0.046075	0.030194	0.015881	65.53	34.47
1997	0.050473	0.034813	0.015661	68.97	31.03
1998	0.052663	0.035936	0.016727	68.24	31.76
1999	0.055621	0.037799	0.017823	67.96	32.04

续表

2000	0.055854	0.038602	0.017253	69.11	30.89
2001	0.058069	0.039834	0.018236	68.60	31.40
2002	0.060120	0.041295	0.018825	68.69	31.31
2003	0.062386	0.043293	0.019093	69.40	30.60
2004	0.060254	0.041992	0.018262	69.69	30.31
2005	0.054079	0.036708	0.017371	67.88	32.12
2006	0.052777	0.035777	0.017000	67.79	32.21
2007	0.050219	0.033289	0.016930	66.29	33.71
2008	0.046266	0.029816	0.016450	64.44	35.56
2009	0.044779	0.028428	0.016351	63.48	36.52

数据来源:国家统计局:《中国统计年鉴》(1996～2010年),中国统计出版社,1996～2010。

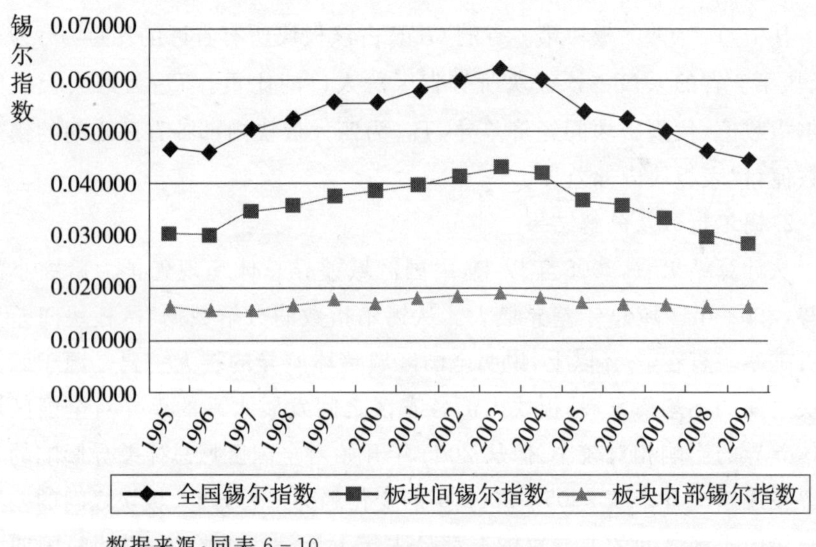

数据来源:同表6-10。

图6-4 1995～2009年全国和四大板块间和板块内部锡尔指数

从四大板块的比较来看,东部各省区间经济发展水平的差异较大,对板块内部差异的贡献率在62%以上,1997～2004年期间贡献率达82%以上,说明东部地区的差异对四大板块内部省区差异的影响最大。中部和东北地区省区之间的差异较小,对板块内部差异的贡献较低。西部地区锡尔指数高于中部和东北地区,说明西部省区间的差异比东北和中部地区大。从2005～2009年的变化趋势来看,东部省市区内部的差异呈先扩大后缩小的趋势,东北地区呈扩大、缩小、再扩大的趋势,中部地区整体呈缩小、扩大、再缩小的趋势,西部地区呈现明显的先缩小、后扩大的趋势,尤其是2000年以来扩大的趋势十分明显。

四大板块锡尔指数见表 6-11。

表 6-11 1995～2009 年四大板块的锡尔指数

	板块内部锡尔指数	东部地区		东北地区		中部地区		西部地区	
		锡尔指数	贡献率(%)	锡尔指数	贡献率(%)	锡尔指数	贡献率(%)	锡尔指数	贡献率(%)
1995	0.016493	0.012706	77.04	0.000670	4.06	0.000238	1.44	0.002878	17.45
1996	0.015881	0.012433	78.29	0.000513	3.23	0.000273	1.72	0.002663	16.77
1997	0.015661	0.013006	83.05	0.000618	3.95	0.000301	1.92	0.001736	11.09
1998	0.016727	0.014011	83.77	0.000665	3.97	0.000334	2.00	0.001717	10.26
1999	0.017823	0.015188	85.22	0.000743	4.17	0.000254	1.42	0.001638	9.19
2000	0.017253	0.014495	84.01	0.000696	4.04	0.000291	1.68	0.001771	10.27
2001	0.018236	0.015461	84.79	0.000669	3.67	0.000268	1.47	0.001837	10.08
2002	0.018825	0.016012	85.05	0.000630	3.34	0.000277	1.47	0.001907	10.13
2003	0.019093	0.015940	83.49	0.000530	2.78	0.000410	2.15	0.002213	11.59
2004	0.018262	0.015049	82.41	0.000355	1.94	0.000440	2.41	0.002417	13.24
2005	0.017371	0.013547	77.98	0.000460	2.65	0.000525	3.02	0.002840	16.35
2006	0.017000	0.012831	75.48	0.000433	2.55	0.000524	3.08	0.003212	18.89
2007	0.016930	0.012304	72.68	0.000460	2.72	0.000601	3.55	0.003564	21.05
2008	0.016450	0.010827	65.82	0.000554	3.37	0.000628	3.82	0.004441	27.00
2009	0.016351	0.010259	62.74	0.000716	4.38	0.000497	3.04	0.004879	29.84

数据来源：国家统计局：《中国统计年鉴》(1996～2010 年)，中国统计出版社，1996～2010。

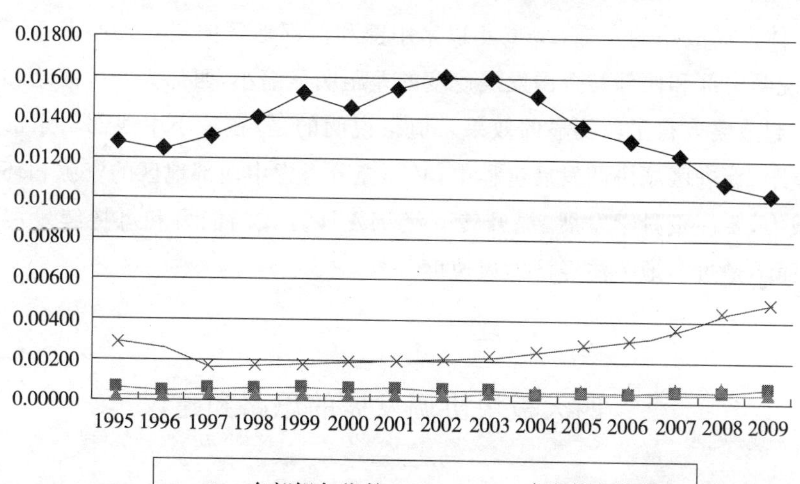

数据来源：同表 6-11。

图 6-5 1995～2009 年四大板块的锡尔指数

(四) 四大板块区域差异的综合判断

第一,四大板块区域差距总体逐渐缩小

我国东部、东北、中部和西部四大板块人均GDP差距总体上呈现逐渐缩小的趋势,2004年以来逐年缩小的趋势十分明显。四大板块差距的缩小,得益于西部大开发、中部崛起、振兴东北等老工业基地等战略的实施,尤其是“十一五”以来实施的区域发展总体战略。通过以上战略的实施,显著增强了中西部地区的自我发展能力,推进了东北地区产业结构调整,增强了经济活力,促进了区域的协调发展。

第二,四大板块内差异的贡献率上升

四大板块间区域差异对全国差距的贡献虽然一直居高不下,但是从发展变化情况看呈现逐渐下降的趋势,由2004年的69.69%下降到2009年的63.48%,而四大板块内的差异对全国区域差异的贡献率虽然相对较低,但是呈现上升的变化趋势,由2005年的32.12%上升为2009年的36.52%。因此,在制定区域政策和发展战略时不仅要注重四大板块之间的差异问题,也要关注区域内部省市区之间的经济发展差异问题。

第三,四大板块的相对发展率差别较大

“四大板块”人均GDP的相对发展率差别仍然较大,东部人均GDP的增长速度大大超过了全国平均速度,但2005年以来速度略有放缓。随着区域总体发展战略的实施,2000年以来中部和西部地区的相对发展率逐渐上升,说明中部和西部与全国发展速度的差距明显缩小,西部大开发战略和中部崛起战略取得了较明显的效果。值得说明的是,在缩小中西部与东部地区差距、促进区域协调发展过程中,必须充分考虑中西部地区的资源和环境承载力,要注重科学发展,提升转变经济发展方式的能力和可持续发展能力,而不是过多地关注经济发展速度。

三、四大板块协调发展的思路和建议

根据上述对四大板块区域发展差距和发展差距成因的分析,我们看到,区域差距已经有了逐步缩小的迹象,区域协调发展同时具备了一定的条件。

我们根据“十二五”规划的基本精神,提出未来时期四大板块发展的思路和几点建议。

（一）进一步推进西部大开发的思路和建议

第一，进一步推进西部大开发，要加强西部生态环境建设和保护，发挥生态安全屏障作用。西部是生态脆弱区，在国家生态屏障地区中居于重要地位，其地处地理第一阶梯，且为长江、黄河等流域的上游地带。西部居于我国上风上水的关键区位，在全国范围内发挥着土壤保持、水源涵养、环境净化、气候调节和生物多样性保育等重要生态功能，维系着整个国家和民族的生存与发展，在全国生态安全与可持续发展格局中具有关键的战略地位，发挥着基础性保障作用。

继续实施天然林保护、风沙源和沙漠化治理等生态工程，巩固和发展退耕还林、退牧还草成果，抓紧研究制定后续相关政策，重在搞好退耕还林、退牧还草、天然林保护、风沙源和沙漠化治理等生态工程。在生态工程方面，部分适宜地区以生态林业经济为抓手，进一步推进防沙治沙工作，退耕还林，提高森林覆盖率。提高林业的生态、经济和社会效益，实施分类指导，科学治理，加快了生态治理的步伐。生态工程不仅仅包括前期的种植，还包括后期的维护与管理。其中第一要依法治林、依法治草、依法保护野生动植物；其次是加大对森林防火工作的投入，加强森林防火基础设施和防控体系建设；第三是认真抓好林业、牧草等植被的有害生物防治工作；最后要探索生态改善、农民增收和地区经济发展统一共赢的制度设计与长效机制，以利于全国经济的协调发展。

第二，发挥资源优势，支持特色优势产业发展。西部地区具有相对丰富的清洁能源、优势矿产资源、旅游资源及特色的人文资源，从比较优势出发，发挥西部地区的这些优势资源，培育、构建有竞争力的西部特色产业群，着力支持重点地带、重点城市和重点产业加快发展。加快出境、跨区通道建设，加快资源优势转化为产业优势，引导资源富集地区、重点边境口岸、少数民族地区加快发展。增强西部经济实力，扩大社会就业，提高民众福利。能源的发展不仅有利于西部地区经济的发展，也有利于支持全国经济的协调发展。在地区开发上，要强调人口重点开发地区的集中，要选择优势资源（如天然气、盐湖资源、有色金属开采等）开发，并采取保护式的开发方式与模式。

第三，加强基础设施建设，构建良好的生活环境和生产投资环境。为促进西部内及与东部和中部之间更好地进行区域经济联动发展，应该加快重大交通基础设施的建设，建设区域间铁路、机场、高速公路网、高等级公路等项目又快又好地投入运转，继续改善西部的经济基础设施状况，加快建设西南和西北的交通枢纽、物流中心，以推动实施重大能源基础设施项目。同时，加快包括能源、供排水、管道煤气、电信、防护林、防洪和灌溉等公用事业基础设施的建设，提供更好的生活环境。在重点抓好关系全局的重大项目的同时，重视改善农牧民生产生活条件的小型公共工程建设。及时维修和保养基础设施，减少道路破坏、河道淤积、灌溉渠泄漏、电线不通等不良现象的发生，降低基础设施使用损耗。

在社会基础设施建设方面，以义务教育、公共卫生和基层文化建设为重点，加强对西部地区的教育、科技人才开发方面的工作，加大人力资本投资力度，加强西部地区特别是西部农村和少数民族聚居区的科技、教育、卫生、文化等社会事业的发展。建立健全西部地区县、乡、村三级卫生服务网络，完善城乡疾病预防控制体系和医疗救治体系，以减少因病致贫、返贫。

如此巨大的基础设施工程建设和维护，在依靠政府加大政策扶持和财政转移支付力度的同时，应拓宽融资渠道，比如利用 BOT 形式吸引外资，通过股份制进行市场融资，争取世界银行和国际银团贷款等，逐步建立长期稳定的西部开发资金渠道，以改善西部地区发展的环境和条件。

第四，加大中央财政向西部转移支付的力度，给以特殊政策支持。制定区域政策，把鼓励先进地区率先实现现代化和帮助落后地区发展有机结合起来。通过国家的宏观调控，着力帮助落后地区提高人民生活水平和公共服务能力。这就需要着力解决区域发展中的突出矛盾，而西部开发的集中矛盾，是如何使东部和海外资金进入西部的问题。中央财政加大对西部地区的扶持和帮助力度，是西部资金的一个重要来源。我国财政体制改革以来，中央财力不断增长，而地方财政收入特别是落后地区的财力并没有随着经济的快速发展而迅速增强，财政增收的大部分归属到中央财政。因此，加大中央财政向西部转移支付的力度，缓解该区域的资本短缺，同时制定优惠的税收政策，利用私人融资手段，鼓励私人资本流向中西部地区，建立政策性担保机构，改善中小企业融资环境等，是今后西部开发需要认真对待的工作。

（二）加快东北地区等老工业基地全面振兴的思路与建议

第一，加快发展先导产业和产业集群，侧重产业结构调整，促进产业结构优化升级。东北老工业基地全面振兴的首要任务就是发展具有先进技术含量、带动能力强的先导产业，形成独具特色的产业集群。东北地区在钢铁、石化、煤炭、机床、造船、汽车、发电设备等方面具有良好的产业基础和人力资源储备，这些领域既是东北老工业基地改造的重点领域，也是我国工业化过程中需要通过自主创新突破的关键领域。国家把东北地区的主导产业定位在装备制造业上，其目的就是要利用东北地区的这一基础优势。装备制造业通过企业改造、市场发育，形成新的专业化分工体系，延伸现有支柱产业和优势产业的竞争优势，加大创新力度，提升传统支柱产业和优势产业层次，培育产业优势。在培育和发展接续产业时，应积极鼓励企业，特别是民间资本创办和发展高新技术企业，建立以企业为主体的技术创新体系，实现由传统产业向具有高新技术和地方知识技能相结合的产业集群转变。

东北地区可以在发展传统装备制造业的基础上，加快新型装备制造业发展步伐，并不断延伸和完善产业链，从而实现产业结构适度轻型化和高技术化，以优化产业结构。要扩大对外开放，加强区域合作，特别是加强与毗邻国家的经济技术合作，把其接壤俄罗斯以及处于东北亚中心的独特区位优势挖掘出来，有针对性地发挥引进俄罗斯远东资源的功能，更好地释放其发展潜力。建设具有比较优势的先进装备制造、原材料、精品钢材、石化、汽车和船舶产品深加工基地。

第二，促进工业与农业、服务业协调发展，完善产业体系建设。工业结构中，轻重工业比重基本维持在 3∶7 的水平。目前东北地区的钢铁、机械、能源化工等资源型重化工业仍占有举足轻重的地位，但是支撑原材料工业的资源日益短缺，产业与资源的融合性显著恶化。所以应促进各产业的协调发展，形成完善的产业体系。重点加强大型粮食基地建设，巩固提升东北作为国家重要商品粮基地的地位，建设绿色、无公害农产品优势产业带，向专业化、标准化、特色化、规格化方向发展。大力发展畜牧业、养殖业和农畜禽产品深加工产业，延长产业链。建设成为全国性的专业化农产品生产基地、农副产品深加工基地。以剥离企业办社会职能为契机，推进服务业的社会化、市场化、产业化。在发展、提升传统服务业，推进连锁经营、物流配送、电子商务等现代流通方式和业态的同时，加快金融、信息和各种中介和旅游业等现代服务业的发展，此乃振兴东北的主要任务。

第三，以产业与科技基础较强优势，促进东北地区资源枯竭城市的经济转型。矿竭城衰的城市要以更大的力度支持其发展接续产业。建立资源开发补偿机制和衰退产业援助机制。资源枯竭型城市的各级政府要转变观念，把解决下岗、失业职工再就业当作头等大事来抓，实行就业优先政策。通过发展接续产业就业、组织劳务输出就业等各种渠道实现劳动力就业和再就业，形成资源枯竭型城市新的经济增长点。通过深化改革、扩大开放，在改革开放中实现东北的振兴。要体现国家目标，突出区域特色，按照“创新支撑、集群发展、轴心辐射、区域联动”的发展思路，把东北老工业基地建设成为我国新型产业基地和新的重要经济增长区域。加大科技投入,不断加强区域创新体系建设,提高企业自主创新能力,推动东北地区成为我国重要的装备制造、能源、原材料和农产品及加工业基地和全国重要的创新区域。

(三)大力促进中部地区崛起的思路与建议

第一,改善投资环境,积极承接产业转移。中部地区在承接产业转移中还面临很多挑战,如产业链条不完整,配套能力不强,市场体系不健全;人才资源不足,技能性人才、管理人才和外经人才较缺乏;承接机制不健全,承接转移的领导机制、责任考核机制、部门协调机制、奖惩机制等还需健全等。中部地区应该改善投资环境,积极承接东部沿海地区产业梯度转移和国家产业转移,通过在承接中创新,在原有基础上提升,实现产业结构优化升级,进而实现跨越式发展。

第二,强化中部交通枢纽地位,构建现代流通体系和现代市场体系。要发挥中部承东启西的区位优势,强化中部交通枢纽地位,构建综合交通运输体系,重点建设干线铁路和公路、内河港口、区域性机场。加强物流中心等基础设施建设,完善市场体系。

要深化流通体制改革,通过建设现代流通体系和市场体系,形成一批在全国和国际上拥有重要地位的商品集散地、出口商品基地、商品交易中心和物流枢纽基地以及完善的、网络化的区域内部物流分工协作体系。依托中部地区发达的交通网络,构建中部商贸流通大市场,建设以中部城市市场为中心的多层次、开放性、网络化、布局合理的商品市场空间体系。整合现有物流资源,优化物流网络布局,以沿江和沿铁路、公路线的节点城市和省会城市为基础,形成若干个现代物流中心,加快建立适应中部大发展与促进区域经济协调所需要的现代物流体系。①

加快构建现代市场体系,一是要发展和完善各类生产要素市场。促进中部信息市场的培育和发展,夯实信息市场发展的基础;建设和完善区域金融市场,大力发展中部地区的资本市场;加快发展土地、产权、技术、劳动力等要素市场;积极发展和壮大农村专业市场;建立健全中部地区的社会信用体系。二是强化区域市场与全国市场的统一性。三是完善反映市场供求关系、资源稀缺程度、环境损害成本的生产要素和资源价格形成机制。②

---

① 参见宫银峰:《中部商贸流通体系建设战略问题》,《学习与实践》2009 年第 3 期。

② 参见李本和:《中部崛起与区域经济协调发展中的现代市场体系建设》,《理论建设》2006 年第 1 期。

第三，壮大优势产业，积极承接产业转移，发展现代产业体系。中部具有丰富的能源和原材料，基于资源优势，发展壮大优势产业。提高煤炭和各种矿藏的回采率，提高煤炭洗选率、发展煤炭液化、气化，推广煤电联营，建设新型矿区。适应重化工业阶段的社会需求，推进钢铁、有色金属、化工、建材等原材料工业进一步发展壮大，形成精品原材料基地。按照循环经济原理，建设资源利用效率高、环境污染少的新型工业区。在现代农业发展方面，大力发展建立在农产品基础上的深加工工业，发展畜牧业和农畜产品的精深加工，延长产业链，提高农业的市场化、产业化程度和比较收益，逐步向现代农业迈进。在工业发展方面，充分利用现有基础，引进先进技术和设备，培养自主开发能力，提升中部地区的汽车及零部件、机车、拖拉机和其他农业机械、输变电设备和重型机械等装备制造业。充分利用武汉、长沙、合肥等核心城市科技人才荟萃的有利条件，有选择、有侧重地发展有竞争力的软件、光电子、新材料、生物工程等高新技术产业。如武汉的光电子信息产业、长株潭的电子信息和生物制药等。同时，大力发展生产性服务业，与工业联动发展，从而发展现代产业体系。

（四）积极支持东部地区率先发展的思路和建议

第一，提高创新能力，在自主创新上走在全国前列。加快形成一批自主知识产权、核心技术和知名品牌，提高产业素质和竞争力。大力推进产品创新、技术创新、产业创新，多渠道增加科技投入，支持企业成为技术创新和科技投入的主体，提高原始创新能力、集成创新能力和引进消化吸收再创新能力。同时要建立和完善以市场为依托、政府为引导、企业为主体，中介服务、资金支持和政策环境为支撑的开放型技术创新体系，尽快形成科研、开发、生产和市场紧密结合的开发机制，以加速自主创新和科研成果的转化。此外还要大力实施名牌战略，加强知识产权保护，加快培育更多的世界级企业和世界级品牌。

第二，率先实现产业结构优化升级和经济发展方式转变。优先发展以电子信息、生物医药、新材料等为代表的高技术产业，具有比较优势的先进制造业和现代服务业，着力发展精深加工及高端服务和产品。全面提升外向型经济水平，促进加工贸易升级，积极承接高技术产业和现代服务业国际转移，增强国际竞争力。以中心城市为重点，以高新技术园区和经济技术开发区等为载体，形成一批对经济发展有重大带动作用的高技术产业群。同时，主动引导劳动密集型和一般低附加值产业向中西部地区转移。

率先在发展循环经济和节能降耗、节地节水上取得实质性进展。坚持节约优先，按照减量化、再利用、资源化的原则，在生产消耗、废物产生、消费等环节，尽快建立起全社会的资源循环利用体系。通过降低高耗能产业比重和开发推广节能技术，实现结构节能和技术节能；通过加强能源生产、运输、消费各环节的制度建设和监管，实现管理节能。推行产品生态设计，推广节约材料的技术工艺，鼓励采用小型、轻型和再生材料。加快现有燃煤电厂的脱硫设施建设，推进钢铁、有色、化工、建材等行业的二氧化硫综合治理。在实行最严格的土地管理制度方面做出表率，严格执行法定权限审批土地和占用耕地补偿制度，禁止非法压低地价招商。统筹生活、生产、生态用水，重点推进火电、冶金等高耗水行业节水技术改造。加大污染治理和生态环境建设的投入，改善生态和人居环境，促进人与自然和谐发展。

第三，在更高层次参与国际区域经济合作，支撑全国经济发展。东部地区一直是我国经济体制改革的"排头兵"，今后还要以更大的决心、下更大的力气坚定不移地推进改革，尤其要在推进综合配套改革上取得新突破，形成更具活力、更加开放的体制机制。在继续扩大利用外资规模的同时，把注意力真正转移到提高利用外资质量和优化结构上来。大力提高"走出去"的竞争力，密切关注国际经济形势的发展变化，善于利用可以为我所用的各种机遇，积极应对可能给我国发展带来风险的挑战，努力做到趋利避害。积极参与国际区域经济合作，充分利用国内外两种资源、两个市场，在更大空间、更广领域优化配置资源，进一步拓宽经济发展和布局空间，支撑全国经济发展。

第四，在率先发展和改革中带动帮助中西部地区发展，促进普遍繁荣和共同富裕。东部地区在逐步缩小城乡之间和地区之间差距、促进城乡区域协调发展等方面发挥着重要作用。在今后的发展中还要增强服务全国的大局意识，继续发挥经济特区、上海浦东新区等的作用，推进天津滨海新区开发开放，支持海峡西岸和其他台商投资相对集中地区的经济发展。与此同时，发挥政府和市场两种力量，采取多种途径和方式，更好地、更加有力地带动和扶持中西部地区发展，促进全国区域协调发展，实现全国的共同繁荣和共同富裕。[①]

---

① 参见陈耀：《东部地区率先发展的科学内涵：全面协调可持续》，《文汇报》2006 年 6 月 16 日。

第七章　区域协调与可持续发展

进入"十二五"时期，我国区域协调发展进入新的阶段。我国区域发展总体战略已经完善，国家主体功能区规划也已经出台，我们认为，下一步的核心任务，应当是制定区域发展的具体的、具有实施细则的战略规划。在具体的实施当中，需要处理好区域协调发展与区域可持续发展的关系。

一、区域协调与可持续发展的关系

我国目前处于工业化向现代化转轨的阶段，是区域发展不平衡趋势最明显、区域发展矛盾最突出的时期。在经济全球化浪潮制约区域发展和市场经济体制改革总体进程加快的要求下，区域发展战略的模式选择更为复杂。通过对现有模式的反思、不断的理论探索与实践形成的区域发展总体战略，使我国的区域发展逐步从关注工业合理布局和区域经济非均衡发展转换为区域协调的可持续发展战略。

（一）区域协调与可持续发展的战略背景

近年来，在我国区域发展中出现了一些不可持续性的发展倾向。这些倾向主要表现在以下几个方面：一是产业和人口向沿海若干狭小地域空间过度集聚，破坏区域资源环境系统，造成区域发展的不协调日趋严重；二是区域功能缺乏正确定位，区域资源合理配置效率降低，区域发展过程中的土地资源、水资源和环境的约束日趋强烈，有些区域甚至已经达到资源环境承载力的极限；三是区域经济关系发生紊乱，区域发展差距与城乡发展失衡互相交织，使区域协调发展问题日趋复杂。

为缓解上述问题，实现区域的协调发展和区域发展的可持续性，就需要创新区域发展战略模式。长期以来，在区域发展战略方面存在的最大问题是，把促进区域经济增长作为区域发展的唯一目标，忽略了区域发展的质量衡量、区域可持续发展能力建设和区域协调互动共同发展的实现。

由于衡量区域发展状况和考核区域发展业绩的关键指标依然是GDP、GDP的增长速度以及其他有关经济发展水平的指标，这样就必然导致一些区域忽视自身的资源环境承载能力、已开发密度和发展潜力，盲目进行区域开发建设，上马一些与资源环境承载能力不相适应的产业项目，使得区域的可持续发展能力持续降低。其结果是：一方面经济增长缺乏竞争能力，效益低下，只能达到短期内改变财政状况的效果，但可持续性差，无法实现长期改善社会生活质量、提高人民生活水平和公共服务水平的目的；另一方面，这些区域为此付出了昂贵的资源环境代价，不仅危害了当代、当地人的人居环境，破坏了相关区域发展的生态屏障和环境基础，也危及后代子孙的生存和发展基础，危及区域可持续发展的根基。此外，各区域之间由于功能定位不清晰，低水平重复建设，发展呈现无序竞争状态，导致资源配置效率低下，总体利益损失严重，区域协调发展目标难以实现。

针对这些情况，我们认为制定区域发展的具体实施的战略规划，需要针对区域发展中不断积淀的矛盾，使区域经济出现可持续性的发展态势，这种可持续性的发展途径将成为落实区域发展总体战略和主体功能区规划的具体的途径，这就是区域协调的可持续发展战略。

区域协调的可持续发展战略是在区域发展总体战略和主体功能区的框架下提出的区域发展战略模式，其内涵归纳为：形成经济文明发展、城乡节约型社会、资源环境协调的发展模式。

（二）区域可持续发展的理论概述

研究区域协调的可持续发展战略，首先要对可持续发展和区域可持续发展有详细的了解。近年来可持续发展的定义得到了不断发展和完善，形成了从生态、经济、社会、伦理等角度对可持续发展的定义。

1. 可持续发展的概念

在可持续发展的概念提出之初，研究者主要是从经济发展上来理解其定义。美国学者巴贝尔在其1985年的著作《经济、自然资源、不足与发展》中把可持续发展定义为“在保持自然资源的质量和所提供的服务的前提下，使经济的最大利益增加到最大限度”。英国环境经济学家马肯华和皮尔斯，在1998年出版的《自然环境与社会折现率》中谈到，永续发展是“当发展能够保证当代人的福利增长时，也不应使后代人的福利减少”的经济观点。位于美国华盛顿的世界资源研究所则将可持续发展定义为：“不降低环境质量和不破坏世界自然资源基础的经济发展。”

到20世纪90年代,人们开始将可持续发展定义为一种经济发展模式,认为这种模式并不削弱资源再生系统和废弃物吸收系统的功能,同时非再生资源的利用应由可再生或可再造的等量物的增加而得到补偿。同时,也有人提出从技术角度对可持续发展的进行定义。司伯斯1989年的文章认为:“可持续发展就是转向更清洁、更有效的技术——尽可能接近零排放或密闭式工艺方法——尽可能减少能源和其他资源的消耗。”世界资源研究所则认为:“可持续发展就是建立极少产生废物和污染物的工艺和技术系统。”

而从社会角度对可持续发展的定义,将可持续发展推进到一个新的高度。人们把人均实际收入的增加、健康和营养状况的改善、教育成就、资源获得、收入的公平分配和人口趋于平稳、经济稳定、政治安定、社会秩序井然等,都列入可持续发展的范畴。当人们从生态角度对可持续发展进行定义时,可持续发展的理论就开始完善了。1991年,世界自然与自然保护联盟将可持续发展定义为:“改进人类的生活质量,同时不要超过支持发展的生态系统的负荷能力”,认为可持续发展是寻求一种最佳的生态系统以支持生态系统的完整性和人类愿望的实现,使人类的生存环境得以可持续。①

2. 可持续发展的原则

实现可持续发展需要遵循的原则包括:

(1)可持续性原则(sustainability)

可持续性原则的核心思想是要求人类的经济建设和社会发展不能超越自然资源与生态环境的承载能力,还需要顾及人与自然之间的协调发展。资源和环境是人类生存与发展的基础和条件。可持续发展主张建立在保护地球自然系统基础上的发展,因此发展必须有一定的限制因素。人类发展对自然资源的耗竭速率应充分估计资源的临界性,应以不损害支撑地球生命的自然资源为前提。

(2)公平性原则(fairness)

从经济学上讲,公平是指机会选择的平等,公平性原则包含两层意思:一是同代人之间的公平(横向公平)。可持续发展要求满足全体人民的基本需求和给他们平等的机会以满足不断提高生活质量的愿望。特别是在寻求社会就业机会的过程中,给每一个人提供施展才华的自由空间,同时对社会中的弱势群体给以人道关怀,把消除贫困和缩小贫富差距作为首要目标,使社会中的每一个人享有充分的分配权和发展权。二是代际公平(纵向公平)。从人类赖以生存的自然资源的赋存状况来看,大多数自然资源相对人

---

① 参见李海青:《中国可持续发展能力的量化分析》,天津财经大学硕士学位论文,2006。

类的生存的历史来说是有限的、不可再生的，上一代人不能因为满足自己的发展和欲望而不考虑下一代的发展和需要，肆意破坏人类生存的基本条件——自然资源与环境。人类世世代代都有公平利用自然资源与环境的权利。

(3)共同性原则(common)

可持续发展要求整个人类社会积极行动共同参与，而不是少数几个国家、地区的事，是全人类一项共同的奋斗目标。但是由于世界各国各地区的历史、文化、发展水平等不同，在可持续发展中承担的任务和所起的作用也有差别。共同原则要求人类在追求自己最大福利的同时，切实行动起来，保护我们共同的家园，把可持续发展作为一项长期的发展战略，做到人与自然的和谐。①

3. 区域可持续发展的理论内涵

那么，我们如何定义区域可持续发展呢？显然，我们并不是简单地在"可持续发展"前面加上"区域"两个字。我们认为，其理论内涵包括：

第一，区域可持续发展是区域现实发展与长期发展的统一。区域可持续发展必须兼顾区域发展的近期目标与长远目标、近期利益与长远利益，经济、社区、人口、资源、环境的全面协调发展。

第二，区域可持续发展是区域方方面面的全面发展。走可持续发展之路，意味着区域社会的整体变革，包括区域化道路的选择、提高区域人口质量、减少区域贫困、保护区域环境、发展区域经济等等，其中消除区域贫困是区域可持续发展的重要目标，是实现区域可持续发展的要务之一。

第三，区域可持续发展要兼顾区域经济的发展和社会的进步。区域经济发展是区域发展的动力，兼顾区域经济发展和社会进步，要求区域的人口和资源能够达成一种和谐和平衡，要加大居民对区域发展的参与度，要把区域的经济资源更多地向社区倾斜，要紧紧依靠科技进步和人的素质的不断提高来发展区域社会。

第四，区域可持续发展要注重区域生态环境的保护。自然生态环境是人类生存与发展的基础，区域的水、空气和土地是区域生存与发展的基础，对这些资源环境的污染而使其恶化，对区域将是灭顶之灾。区域生态环境的保护，要强化全体居民的环境保护的意识，要保持人口对环境的压力不能过大，资本对土地的压力不能过大，要尽最大可能保护区域自然环

① 参见吴优：《大连市可持续发展能力的综合评价及对策研究》，东北财经大学硕士学位论文，2006。

境的原生态。

第五，区域可持续发展要保证区域居民的平等发展权利。区域可持续发展包括满足居民的基本需求和发展需要。这种不同人群之间的公平，是不能以损害对方发展为代价的。这就要求必须解决好区域资源在各地域、各部门和每个居民之间的合理分配，避免资源闲置与浪费。

（三）区域协调发展与区域可持续发展的质的规定性

依据区域可持续发展的理论建立区域协调的可持续发展战略，首先要厘清区域协调发展与区域可持续发展的内在联系。

1. 区域协调发展的质的规定性

区域协调发展更加强调空间维度，即各区域经济、社会发展水平的协调以及各区域内部经济、社会、资源、环境等子系统的协调。区域协调发展，其具体内涵一方面是指各区域经济发展水平的协调发展，本区域的发展不以其他区域的损失为代价，而且各区域要在发展中互相促进，保证“双赢”或“多赢”局面，以促进区域的普遍发展和全面繁荣；另一方面指区域系统内经济、社会、资源、环境等子系统在结构、功能上相互协调，以实现区域发展的稳定、健康和持续。

2. 区域可持续发展的质的规定性

区域可持续发展是在研究区域人与自然环境关系的过程中提出来的，侧重于从资源、环境的角度研究人类的生存、发展与区域发展问题，体现的是对人与自然和谐发展的目标及实现这种目标的能力的追求，其更加强调时间维度，也就是说区域发展并不是一个短期行为，而要求在时间上具有较强的持续性，即区域当前的发展不能够以牺牲区域未来发展为代价实现。

3. 两种质的规定性的联系

区域协调发展与区域可持续发展是强调不同维度的区域发展，区域协调发展是区域可持续发展的依据，只有区域当前的协调发展，才会有区域未来的可持续发展。或者说，只有区域的协调发展在时间维度上不断累积，才会达到区域可持续发展的理想状态。若区域为一时的经济利益而不顾自然资源环境的保护与社会的全面发展，区域当前难以协调，就更谈不上未来的可持续发展。反之，倘若区域为了未来的可持续发展而过分限制当前的经济发展，甚至牺牲当代人的利益，社会全面发展受到影响，当前不可能协调发展，那么未来的持续发展亦将难以实现。因此，区域协调发展是区域可持续发展的依据，而区域可持续发展战略是区域协调发展的重要途径，只有通过可持续发展战略才能够保障区域协调发展的实现。

(四) 区域协调与可持续发展的内在联系

1. 区域协调发展是实现区域可持续发展的依据

区域协调发展与区域可持续发展两者之间存在着密切的联系。区域协调发展是实现区域可持续发展的依据,而区域可持续发展战略是区域协调发展的途径,此外,区域协调发展战略和区域可持续发展战略共同形成未来区域发展的宏观格局。

衡量区域是否协调发展的重要标准,一是区域之间在经济、社会利益上是否保持一致,是否同向增长,二是区域发展差距扩大的趋势是否有所缓解,三是区域经济、社会、资源、环境等子系统结构、功能是否协调。而这恰恰符合区域可持续发展的基本要求。

区域可持续发展有两个显著的特征:一是发展的可持续性,强调在满足当代人需要的同时不以损失下一代人的利益为代价,当代人进一步的发展应是有利于下一代人的利益,实现发展的时间维度持续;二是发展的协调性,主张经济社会发展必须在资源环境的承载能力之内,追求经济、社会与资源、环境的协调发展。发展的可持续性和协调性二者紧密相连,不可分割,只有做到发展在空间上各个方面的协调性,才能使发展在时间上的可持续性成为可能。由此,区域协调发展是区域可持续发展的依据和前提条件,区域协调发展是保证人类可持续发展战略目标实现的基本要求。

2. 区域可持续发展是实现区域协调发展的途径

区域可持续发展思想的提出源于人们在追求物质文明过程中,对资源损耗和环境破坏的反思。人们逐渐意识到要彻底解决传统发展模式所带来的环境污染、资源耗竭、生态破坏以及贫困人口增多等一系列经济、社会、资源、环境问题,必须突破原有发展模式,寻求新的发展模式来指导人类各项事业的发展,区域可持续发展理论就是在这一背景下形成、演化的。1987年世界环境与发展委员会发表了《我们共同的未来》,正式提出可持续发展概念,此后国际社会积极响应并不断将可持续发展付诸实践。1992年"联合国环境与发展大会"《21世纪议程》,确定了走可持续发展的发展道路。1994年我国发表了《中国21世纪议程》,此后为保证国民经济和社会发展第三步战略目标的顺利实现,我国又于2003年制定了《中国21世纪初可持续发展行动纲要》,从而全面推动了区域可持续发展战略的实施。区域可持续发展战略是在以人的全面发展为中心的"经济—社会—资源—环境"四维复合系统动态平衡、协调发展的全新发展观指导下,实现以下三个方面的可持续发展:一是经济可持续发展。经济可持续发展不仅强调经济的增长,更加注重经济发展质量，因此经济可持续发展要求增长模式由“高投入、高消耗、高污染”的粗放式经济增长模式转变为“低投入、低排放、高效益”的集约式经济增长。经济可持续发展为区域可持续发展提供基本物质支持。二是资源—环境可持续发展。要求经济、社会发展与有限的自然资源、环境承载能力相协调，实现真正意义上的资源可持续利用与环境友好，这是区域可持续发展的重要条件。三是社会可持续发展。强调社会公平，改善人民生活质量，基本公共服务均等化，创造一个高度民主和法制、保障充分发展权的社会环境。社会可持续发展是区域可持续发展的最终目标。区域可持续发展战略与传统经济发展战略有着显著的差异。区域可持续发展战略更强调人类与自然资源环境的协调，注重考虑经济社会系统和资源、环境系统之间的协调性，以及当前和未来之间的协调性。此外，区域可持续发展战略还关注各区域的经济、社会、资源环境等各方面的合作，实现共同的持续发展目标和协调发展，这恰恰也是区域协调发展的基本内容。由此，区域可持续发展战略本身所强调的协调性使其成为实现区域协调发展的重要途径。

（五）区域协调对可持续发展的要求

区域协调发展要求区域具有较强的可持续发展能力，这主要表现在以下几个方面。

1. 区域协调发展要求适度的区域发展速度

区域的发展速度对区域协调发展的实现产生重要影响。就目前来说，我国的区域经济、社会发展速度较快，诚然，这是我国综合国力不断增强的表现，但过快的发展速度势必会导致各方面失调的加剧，如过快的区域发展速度大量消耗资源和占用耕地，导致环境损耗和污染加剧，一些区域资源环境承载能力快速下降；又如过快的区域发展速度导致区域发展质量不佳，区域内部各种矛盾积淀，存在矛盾激发隐患，因而应从整体上对经济社会过快的发展速度进行控制；此外，区域发展速度还需要同原材料、能源供应、基础设施建设、市场需求、技术管理水平、制度建设等各方面发展协调，以免出现区域短期快速发展、但是长期后劲不足甚至衰退的不良态势。

当然，要实现区域的协调发展，既要有适度的经济增长速度和质量，保障实现又好又快的发展，更要注重区域社会、文化的发展，不断提高区域的可持续发展能力。这就要求在确保经济适度发展的同时，努力推进社会、文化等各项事业的发展，扩大对教育、卫生、文化等公共品的供给。

2. 区域协调发展要求适度的区域产业规模

产业发展规律表明，不同的经济发展水平要求，产业的经济规模存在较大差距。区域协调发展要求适度的区域产业规模。一些区域产业规模发展不适应区域发展水平的要求，带来了众多的负面影响。一方面倘若区域产业规模偏小，导致产业的平均成本偏高，在激烈的竞争中无法取胜，获利微薄，使得区域资本的积累难以为继，再而产业弱质，投资缺乏，技术更新困难，成本劣势愈加明显，产业发展陷入“低水平循环”中，影响产业的健康发展和区域的发展。另一方面，倘若过度投资，区域产业规模偏大，超出了市场的需求规模或者资源供给不足，将会带来生产能力闲置和产能过剩，而且偏大的区域产业规模可能会导致更多的能源和原材料损耗，减弱资源环境承载能力，使得生态环境恶化。因此，一味地强调产业规模带来经济成本节约，而忽视资源与环境成本，并不能够提高区域的可持续发展能力；只有与区域发展速度相适应，与区域协调发展相适应的产业规模才能够实现持续、健康的发展。

以我国的钢铁产业为例，目前就出现了产业规模结构不合理现象，一般钢铁生产产能过剩，而特殊钢铁供应不足，因此国务院对钢铁产业发展做出原则规定，提出要防止钢铁产业规模过度扩张，注意钢铁产业经济增长方式转变，强调向纵深加工方向延伸，把钢铁产业列为高耗材、高耗能、高污染产业，明确钢铁生产要以满足国内需求为主等。

3.区域协调发展要求适度的区域城市化水平

适度的区域城市化水平、合理的城镇体系与城镇空间分布格局，对促进区域协调发展具有极为重要的意义。区域城市化是在区域城市文明扩散过程中自然出现的城市边界的扩张和内涵的深化以及城乡差别缩小、城乡一体化的过程。这个过程中农村人口有序向城市流动，人口素质不断提高，资源配置合理化，环境改善，经济、社会实现快速、持续发展。然而，区域若忽视城市化的发展规律，忽略了区域自身发展条件的约束和发展规模，超越经济发展阶段和资源环境承受能力，盲目地追求区域城市化水平的提高，势必会造成区域城市化形式上非农人口比重不断提高，实质上与城市化水平相适应的城市区域发展滞后，影响区域协调发展。虽然农村居民从身份上变成了城市人口，土地从形式上划成了城市用地，但新增城市人口并没有实现在就业上有保障地转换，并没有真正享受到城市生活的质量和城市发展的效益，这样的城市化并不利于区域的协调发展。

此外，合理的城镇体系与城镇空间分布格局，同样是区域协调发展的重要要求。改革开放初期，我国确定了“控制大城市规模，合理发展中等城市，积极发展小城市”的城镇体系建设总方针。十六届五中全会通过的《中共中央关于制定国民经济和社会发展“十一五”规划的建议》和“十一五”规划调整了我国以往控制大城市规模的城镇化战略，提出了坚持大中小城市与小城镇协调发展的新思路。十七大报告又进一步提出“按照统筹城乡、布局合理、节约土地、功能完善、以大带小的原则，促进大中小城市和小城镇协调发展。以增强综合承载能力为重点，以特大城市为依托，形成辐射作用大的城市群，培育新的经济增长极”。只有城镇体系和城镇空间分布格局不断优化和更趋合理，才能保障区域协调发展目标的实现，合理的城镇体系与城镇空间分布格局不仅是区域协调发展的具体表现和重要内容，还是实现区域协调发展的基本要求。

4.区域协调发展要求适度的资源开发利用和积极的生态恢复

区域协调发展不仅要形成各区域协调互动的发展格局，而且也要求各个区域的社会经济发展必须与自然资源环境和谐一致。因此，根据各区域的自身条件和特点，适度的资源开发利用和积极的生态恢复，是实现区域协调发展的重要要求之一。目前来说，我国的经济发展对资源环境造成了较大的影响，为实现区域协调发展，必须加快建设资源节约型、环境友好型社会，推进适度的资源开发利用和积极的生态恢复，积极开发和推广资源节约、替代和利用循环技术，对消耗高、污染重产业进行强制性淘汰，实行有利于资源节约的价格和财税政策，并不断完善生态利益补偿机制，促进经济发展与社会、资源、环境相协调，实现区域可持续发展和协调发展目标的实现。

5.区域协调发展要求各区域较为清晰的功能定位

区域协调发展要求各区域有较为清晰的功能定位。我国传统的经济发展模式强调经济的增长，这导致很多的区域采取高投入、高耗能、高污染的粗放式发展模式，导致我国区域经济粗放式发展遍地开花，低水平重复建设严重，形成无序竞争局面，此外粗放式的发展模式使区域发展付出了重大的资源环境代价，弱化了区域的可持续发展能力。目前国务院提出的主体功能区规划和建设的核心目标，就是扭转长期以来我国区域功能定位缺失、开发秩序混乱、区域生态环境问题日趋严峻的现象。党的十七大报告明确提出要“加强国土规划，按照形成主体功能区的要求，完善区域政策，调整经济布局”。这一区域发展战略思路是对我国区域发展模式的重大调整，也将逐步促成我国东、中、西部、东北四大板块合作机制的完善。只有各区域根据资源环境承载能力、已有开发密度和发展潜力，按照优化开发、重点开发、限制开发和禁止开发的不同要求，明确不同区域的功能定位，并建立评价指标体系和制定相应的政策，才能逐步形成各具特色的区域发展格局，才能促进东、中、西部、东北地区良性互动机制和合作机制的形成以及区域协调发展的实现。

二、我国区域可持续发展的突出问题

可持续发展强调的是经济发展的质，而不只是经济增长的量。发展的目标是追求社会均等和公正、生态持续以及人民的福利不断地提高。随着我国经济发展水平的快速提高，衡量区域发展的成败不再仅仅以经济增长，而是进行综合评判，其中包括区域生态协调性、区域环境稳定性、资源利用永续性、人口发展持续性、区域发展均衡性和社会福利提高度等。

这些问题主要表现在以下几个方面：

（一）区域发展不协调的问题

区域经济发展往往受到来自多方面的因素的影响，包括自然资源和地理环境、人口、资金和技术等，然后进一步通过国内政策、文化因素和历史传统、该区域与其他区域的互动关系等的作用，形成特定地区、特定社会背景下的具有特色的经济社会发展模式。由于区域经济发展的不协调，使各区域发展的差距逐渐拉大。

1. 地带性的发展差距问题

目前，我国的东、中、西部、东北四大板块区域的发展水平呈现较为显著的差异，且各板块内部也不同程度地出现了一些问题，如西部地区的落后问题，东部地区的膨胀拥挤、资源不足、环境破坏等问题，影响我国区域协调发展目标的实现。为此，在承认和重视各区域经济发展初始条件不同的前提下，我国先后启动西部大开发、振兴东北老工业基地和促进中部地区崛起的区域发展战略，中央政府加大了向这三个区域重点领域的投资倾斜，大大改善了当地的基础设施条件和投资环境，提高了当地的公共服务水平，并在一定程度上增强了这些区域经济增长的动力。同时，东部沿海地区依托自身的经济基础，积极参与国际分工，不断提升综合竞争力，继续保持领先发展势头，四大板块在区域协调发展的总体思路和指导下，均得到不同程度的发展，区域发展已初具协调态势。区域协调发展战略和区域可持续发展战略的实施和推行，使得我国区域发展的宏观格局逐渐清晰。

东部地区由于经济过度集中导致资源、环境问题压力日益增大，可持续发展受到前所未有的挑战；西部地区因为经济发展落后导致资源开发和利用方式粗放，生态环境恶化，不仅威胁西部地区的可持续发展，而且威胁到中西部乃至全国的可持续发展；中部地区一方面经济发展相对比较落后，另一方面人口众多，导致人口、资源、环境的矛盾日益突出，经济、社会、生态环境的可持续发展受到严重威胁。

2005年至2009年之间，地区差距仍然比较大，但是相对差距有缩小的趋势。东部、东北、中部、西部的人均GDP绝对差距在扩大，但东部与西部的差距扩大得更快些。东部人均GDP一直是西部地区的2.2倍以上，2005年相对差距达到2.59，而2009年相对差距降至2.23。可见，从人均GDP的角度看，四大板块之间经济发展水平的差距是明显的。

在当前中国劳动力过剩的前提下，中、西部人口增长过快既降低了本区域人均经济总量水平，直接拉大了地区发展差距，也通过其他多种途径间接地拉大了地区发展差距。

2. 省域行政区发展差距扩大的问题

如果以省区市为单元来看区域经济发展，由于各省区市之间没有形成有效的协调和合作机制，各地为了争夺经济利益各自为政，少数省市的带动作用，被数目众多的落后地区所拖累，难以拉动整体国民经济的发展。

表7-1　各省市按人均GDP分组　（单位：元/人）

分组	地　区
高	上海、北京、天津
中上	江苏、浙江、广东、内蒙古
中下	山东、辽宁、福建、吉林、河北、重庆、湖北、黑龙江
低	宁夏、陕西、山西、河南、湖南、新疆、青海、海南、四川、江西、安徽、广西、西藏、云南、甘肃、贵州

资料来源：国家统计局：《中国统计年鉴2010》，中国统计出版社。

GDP增长与人均收入不对称，增长的成果并没有体现在民众的福利上面，都从不同层次上反映了区域经济发展不平衡的问题。北京、上海、天津、浙江、广东、江苏、福建等少数地区的一枝独秀是难以支撑国土如此广袤的国家的全面发展的。落后省市分布如此广泛，已经不能简单地归结为自然条件差异与历史的原因，我们必须反省所有对于这些地区的落后负有责任的政策性人为因素。

3. 城乡发展差距加大的问题

城乡发展差距在我国各个大的地域都存在。即使在较为发达的东部省区的内部，仍然存在较大的区域发展差距，甚至在地级市内部也是如此。例如北京、天津的城区与郊区之间和与周边河北省的市县之间，广东的珠江三角洲与粤北山区之间，山东的胶东与鲁西南之间，都存在巨大的发展差距。

中心城市快速扩张，强化了现代化城镇与传统乡村的二元格局，城乡发展不协调日趋严重。城乡居民收入差距加大，城乡教育卫生和社会保障等方面的差距没有明显缩小。我们从城镇居民人均可支配收入与农民人均纯收入之比来看，1997 年为 2.47∶1，1998 年、1999 年分别进一步扩大到 2.51∶1和 2.65∶1，到 2003 年已经扩大到 3.23∶1，2004 年稍有回落，为 3.21∶1。2005 年城乡居民收入比为 3.22∶1，2006 年扩大到 3.28∶1，而绝对额的收入差距达到 8172.5 元的历史新高，2010 年又达到了 3.33∶1 的新高。

在地级市内部，城乡发展差距依然很大。以浙江温州为例，有学者对温州区域差距进行过测算，结果表明：在温州全市，仅有温州市区真正算得上发达地区，乐清、瑞安属较发达地区；平阳为较发达县(市)，而洞头、苍南、永嘉、文成、泰顺 5 个县则一直属于浙江省内欠发达地区。

(二) 区域经济增长方式的问题

我国目前的区域经济增长方式，在大多数区域表现为过度消耗土地、能源和矿产资源，而且相当一部分地区多年来一直秉承这种发展模式。这种发展模式对资源的粗放式开采利用，使每万元 GDP 单位能耗远高于美国、日本等发达国家，导致我国的能源矿产储量大幅降低，能源矿产进口依赖性不断加大，制约区域经济发展，也影响区域经济安全这一区域协调发展必要前提的实现。

1."资源透支型"经济增长方式

从乡镇企业到外向型经济，粗放型经济增长方式根深蒂固，快速的粗放式增长消耗了大量的资源和能源。在许多地区的三次产业结构中，第二产业比重一直保持在 60%以上，制造业比重最大。其中，重化工业率在 70%左右，而第三产业和拥有核心技术的现代制造业比重很低。大量高能耗、高物耗、高污染、低附加值的资源型和劳动密集型加工制造业，给生态环境和土地资源造成了严重破坏。

例如，苏南多数地区人均耕地面积已经低于国际通行的 0.8 亩的粮食安全警戒线，昔日江南鱼米之乡的美景，正在成为一种记忆。工业化、城市化的继续发展，使"世界工厂"已经面临着无地可批的窘境。

这种模式的特点就是开发区形态平面化，强调外延的扩张，对土地、基础设施等基础性资源的依赖较大，利用低土地成本吸引外资。规模型扩张的发展方式除了直接消耗大量宝贵的土地资源及开发效益相对滞后外，还带来了其他更为深远的经济和社会问题。在短期内大量占用优质的社会资源，不利于全局的发展和开发区的产业升级和调整，更会影响整个区域的可持续发展。人为地降低土地投资成本的做法，不仅扭曲和打乱了市场价格体系，而且还造成国家土地收益的大量流失。大量的前期开发投入，会加重开发区及当地政府的财政负担，影响其他经济和社会事业的发展。在征地过程中，由于地价与开发成本的倒挂而使拆迁补偿和人员安置费用无法全部到位，直接损害了农民的利益，进而影响了社会的稳定。

对土地资源的无序开发，经济发展中大量占有耕地等导致区域生态屏障缺失和后续发展空间不足。随着区域资源、环境情况的不断恶化，区域可持续发展的能力不断下降，对经济发展构成严重制约。

2.“环境透支型”经济增长方式

改革开放后，一些地区涌现出了大量的乡镇企业和家庭作坊，这些粗放式经营的企业生产工艺简单，对各生产所需的能源和原材料的利用率较低，企业的发展是以越来越快的速度把地球上的物质和能源开采出来，在生产加工和消费过程中又把污染和废物大量排放到环境中去，对资源的利用都是粗放的和一次性的，通过把资源持续不断地变成废物来实现经济的数量型增长，造成了环境的破坏。

在长三角和珠三角等地区，环境污染已成为制约区域可持续发展的最大问题。2006 年 5 月末的一场无锡水危机演变成为整个苏南地区的一场全方位危机，目前，水面占到总面积 42.5%的苏州，由于工业污水随意排放，近 600 万城乡居民已面临水质型缺水的难题。而苏州城区、昆山、吴江等地，虽然不把冶金、化工、造纸等产业作为重点产业，但重点发展的电子通信制造业，对外排放的废水中含有重金属、放射性元素，对环境的污染更大。这种外向型和粗放型发展模式带来了经济发展速度和总量上的飞跃，但成果也受到外界的质疑。

工业化过程中所排放的固、液态废弃物对水环境造成污染，严重影响生态环境；工业生产排放的废渣、粉尘及生活垃圾大量堆积，严重污染了土地和水源；汽车尾气排放，以及化工等大气污染产业严重降低了人居空气质量。以牺牲生态环境为代价的情况在河流流域的上、中、下游之间和左右岸之间尤为突出，水污染和水资源的不可持续利用使区域可持续发展受到严重威胁，如长江流域、黄河流域、淮河流域、海河流域、太湖流域等，这些流域所涉及的多个区域之间由于缺乏有效的协调和合作，导致生态环境问题长期难以得到有效的解决，威胁到整个流域的可持续发展。由于自然资源的价格扭曲，经济增长方式粗放，环境污染严重，难以实现可持续发展。

(三)区域发展规制的问题

区域经济发展受到制度和政策等影响很大,我们在此通称为"规制"。中央政府的规制,对不同地区产生的影响是不一样的,而各地区制定的规制,又常常引起宏观层面的区域冲突。

第一,区域发展中的指标体系问题。现行衡量区域发展的指标体系重量不重质。在现行评价考核体制下,政府采用的是GDP、经济产出以及发展速度、增长幅度等指标,这些指标都具有平面和单向的特性,并不足以全面真实地勾勒出发展的完整情况,尤其是无法反映实际的质量和效益。为引导各地区走上内涵型增长之路,必须调整考核指标体系,增加反映发展质量和效益的指标。

虽然中央政府已经在很多方面改变了对区域经济发展的衡量办法,但地方政府的意识薄弱,不理解或不愿意改变以往的衡量办法。我国20年的经济发展创造了很多的"第一":外汇储备第一、能源消费第一、二氧化硫排放第一、全国化学需氧量(评价水质优劣的标准)和排放量第一。而地方政府仍然没有认识到问题的严重性。

第二,区域发展中的规划问题。很多地方区域规划缺乏科学性。一些经济发展比较快的地区,也是能源使用增长最快和资源开发超前的地区。这就要求区域建设要有长远规划和整体布局,但很多区域没有长远意识,存在急功近利的思想和短期行为,像乱建开发区、占用耕地、破坏生态、超前消费、超前享受等不合理现象。这种发展观忽视现代化建设对可持续发展的要求,经济发展对综合的环境质量的要求,包括对区域生产的合理布局、对自然景观和人文景观的保护、对能源和资源的有序合理的开发,等等。

从区域规划的体系方面来看,规划的法规体系、行政体系和运作体系等方面的协同还存在问题,国民经济规划与地区的空间规划紧密结合,形成不同层次紧密衔接的规划体系,还没有在实践中落实。如何根据国外、国内社会经济发展条件的变化对现有规划作适应性调整,以及如何应对突发事件等,都还需要提高规划的水平。

第三,区域发展中的地方政策问题。随着区域经济的发展,区域政策成为地方政府调节区域经济发展的有力手段,使区域规制的作用发挥出很大的作用。但是,一些先发展起来的地区开始出现一定的区域孤立意识,不注重区域协调发展,使处理好区域间的关系、防止经济学上讲的"经济外部不经济"的问题变得十分重要。一个地区不能以牺牲国家的整体利益或损害其他区域的利益来换取自身区域的发展，特别要避免产生负面的“马太效应”，即富的地区更富，穷的地区更穷。这种两极分化只会引起社会结构的动荡与倾斜，是一种畸形的区域分化。区域的发展应该不仅是可持续的，而且是可辐射的，必须从谋求区域间的共同繁荣、共同富裕中取得。

第四，区域发展中的传统观念影响问题。所谓现代生活方式和价值取向，是建立在现代的基础设施基础上的现代思维方式、生活行为方式、价值观念，它为人类经济社会发展提供价值导向和发展动力，而传统的封闭的居民生活方式和价值观念会带来负面影响。在我国中西部的农村地区，传统的生育方式造成农村人口增长过快，传统生活方式则导致对生活质量的忽视，传统的价值观念的制约使得在农村城市化过程中出现农村居民盲目流动。

（四）区域发展中资源环境的问题

可持续发展总是针对一定的时间和空间而言，区域是可持续发展的落脚点和归宿，而区域可持续发展所要解决的关键问题就是协调PRED问题，即人口（population）、资源（resource）、环境（environment）和发展（development）的问题。我国目前人口、资源与环境的协调问题比较突出。

第一，区域发展中的环境污染问题。生态环境中的重要污染或灾害性事件深刻影响区域经济发展，有些恶性事件则直接对区域发展造成破坏。如洪涝灾害对基础设施的破坏，“三废”污染降低土地质量等。一些重要污染或灾害性事件对某个区域的影响可能是致命的，使区域的形象受到很大损害，使投资者望而却步。例如，2005年发生的吉林化工厂对松花江的污染事故，使沿江城市都受到很大损害，一直影响到俄罗斯的远东地区。

第二，区域发展中的土地资源问题。我国土地资源有限，随着城市经济的发展，城市规模扩大，城市的产业发展，房地产以及市政、交通设施的增加，都使城市用地规模不断增大，城市对土地的需求迅速膨胀。城市用地规模的增长在一定程度上促进了城市规模的发展，但是，用地规模的扩大到一定程度，反而不利于城市经济的发展。我国城市用地规模总体上偏大，而且表现为城市越小，用地规模越大，城市效益越差。总的来说我国城市土地利用中，工业用地和商业用地比例过大，公共事业用地比例相对不足。

当前的城镇土地制度仍然存在严重的问题，突出地表现为城镇土地制度提高了城市化的门槛。昂贵的房地产价格不仅降低了房地产市场的需求量，而且也限制了企业和人口向城市的集聚，从而不利于城市化，应加快城镇土地制度的进程，并与房地产市场改进和城镇建设投融资体制改革相结合，以规范房地产市场，拓宽建设融资渠道，从而促进城市化进程。

第三，区域发展中的水资源问题。水是人类生存和发展不可替代的资源，直接影响着区域经济的发展。我国人均水资源只有世界平均水平的1/4，是全球13个贫水国家之一；水资源的时空分布极不均衡，华北和西北耕地占全国的60%以上，人口占45%以上，水资源总量不到全国的20%，人均水资源量仅为南方水平的1/3。华北和西北地区水资源的短缺，严重制约了这一地区经济社会的发展，而且还引发了大量的生态环境问题，成为这一地区城市发展的严重制约因素。城市是人口聚集的大型居民点和产品的生产中心，每天都需要大量的生产和生活用水。随着城市化进程的加快，人口大量向城市集中，一方面将带来生活用水需求的大量增加，另一方面也将带来产业发展用水需求的大量增加。

（五）区域间基本公共服务不均等的问题

第一，区域的教育发展问题。我国各区域的教育水平存在着明显的差异。在教育水平方面，中、西部和东北地区落后于东部。2009年，西部文盲率和半文盲比重高于东部和全国平均水平，中西部和东北地区高等学校和职业高中的数量远低于东部，而且教育经费的投入也远远低于东部地区。

第二，区域的科技发展问题。在科技水平方面，2009年东部地区三种专利申请受理量为637402项，占全国的74.63%，而中、西部和东北地区分别为91175、84721、40751项；东部三种专利授权量为369354项，占全国的76.41%，中、西部和东北地区分别为45827、47633和20552项，这表明中、西部和东北地区在科技发明方面与东部存在巨大的差距。从技术开发能力看，大中型工业企业研发经费、研发项目数和研发人数等，北京、广东、江苏、上海、山东、辽宁、浙江和河南，排在前八位，共占全国科技活动经费总支出的67.52%，而在前八位中，中部只有河南，且排在最后。

第三，区域发展中的基础设施建设问题。基础设施与城市发展的相互关系不仅取决于基础设施总量，还与基础设施结构密切相关。区域基础设施结构因城市发展水平的不同而不同。近年来，由于经济的发展，全国各地的基础设施水平都较以前有了很大的改善，但东、中、西部的差距仍较明显。

从交通设施建设来看，中、西部地形复杂，交通道路等基础设施建设的难度大，加上投资不足，虽然西部大开发以来区域的交通有了明显的改善，但城市内部的交通运输设施水平差距还比较大，同时城市供热、上下水管线等基础设施建设也存在着一定的困难，这些都制约着中西部的城市化进程和城市的可持续发展。东部地区城市基础设施较完善，小城镇与大、中城市的联系方便。但人口向城市集聚快，城市的基础设施建设也赶不上人口增加和产业发展的需要。

第四，区域发展中的城市化问题。我国各地区的城市化进程都在加快，城市规模和城市居民生活质量的变化对基础设施系统也不断提出新的要求。城市居民生活方式的变化，对以家庭轿车、地下交通等为代表的交通运输系统、移动通信系统和互联网等提出了新的要求，城市基础设施不足影响城市居民生活质量的提高，从而影响城市的可持续发展。大城市圈和城市的郊区化现象的出现，使城市在提高对本身基础设施建设水平要求的同时，增加了对区域基础设施的质和量的要求。

但是，城市人均 GDP 水平的提高要求城市基础设施与之相适应。世界银行的研究表明，人均 GDP 每增加一个百分点，要求基础设施总量增加一个百分点，居民获得安全饮用水增长 0.3%，铺砌的公路增长 0.8%，电力增长 1.5%，电信增长 1.7%。[①] 而城市的道路、环保设施、公用设施等也必须同步增长。城市化所带来的问题，基本上是速度过快带来的。

三、实现区域协调可持续发展的机制与模式选择

我们在区域发展中面临的重要任务，就是构建实现区域协调与可持续发展的模式与机制。

(一) 建立资源环境协调机制，形成和谐共生区际关系

区域资源环境协调机制是区域协调的重要组成部分，也是保证区域可持续发展的重要手段。区域资源环境协调机制包括资源定价联动机制、生态环境补偿机制、资源环境互助合作机制。

第一，建立区际资源定价联动机制，提高资源空间配置效率。在实施区域协调发展和区域可持续发展过程中，有必要理顺资源产品的价格体系，建立市场调节下的资源定价机制。资源产品的价格应该反映资源稀缺程度、资源开采、环境治理、资源运输等相关成本。考虑到我国资源禀赋地区差异明显，资源地区和消费地区存在空间的错位，区际定价联动机制应该由企业主导、政府协调，综合市场的供需、预期等因素，最终确定资源品的价格。总之，建立该机制的目的在于减少资源产品价格扭曲，尽可能地维护资源地区

① 参见王延中：《基础设施与制造业发展关系研究》，中国社会科学出版社，2002。

的利益，激励消费地区节约利用和经济结构调整。

第二，健全区际生态环境补偿机制，增加对环境治理的投入。近年来，我国对生态环境治理重视程度明显上升，江河湖治理、荒漠化治理等都已付诸实施，并取得阶段性成绩。但是，目前国内环境治理资金仅限于中央和地方垂直投入，尚未建立一套有效的区际生态补偿机制。换言之，缺少地方之间横向补偿，难以激发其他非治理地区对环境治理的关注或支持。面对这个难题，可行的办法是，国家设立中央环境治理专项基金，基金来源于大江、大河下游地区和经济发达地区缴纳的税收，集中用在关系到国家可持续发展的生态环境敏感区和脆弱区的环境治理及维护。此外，一些支流、湖泊、海岸的环境治理可由省区之间、地市之间统筹、设立专项的横向补偿基金。如有可能，进一步采取办法，特别是制定对微观主体（企业或个人）税收激励措施，鼓励非政府组织和个人无偿提供生态治理项目援助服务。

第三，建立区际资源环境互助合作机制，营造共同治理环境的氛围。目前，区域互助合作还主要采取地区对口支援、鼓励发达地区人员到欠发达地区扶贫、技术指导等方式。这种方式确实取得了卓有成效的成绩，如东部发达省市对西部不发达省区的对口支援，东部地区和中央部委对西藏、新疆、内蒙古等边疆地区的支援等。但是，这种方式过于单一，能够动员的资源也有限，不容易扩大规模和力度。所以，下一步采取的互助合作行动，除了继续发挥政府的主导作用外，还应该考虑企业和民间如何参与环境治理的问题。如果能够采取得力的措施，鼓励企业和民间力量参与区际环境治理合作计划，则这种机制就能够建立在牢固的基础上，从而具有更加强大的生命力和更高的社会认知度。

（二）调整区域开放思路，确立合理分工体系

经历了30年的改革开放，我国经济的国际影响力显著上升，国际开放度迅速提高，贸易顺差和外汇储备持续增大，外向型经济被外界称为我国改革开放成功的最重要因素之一。但是，面对当前的国际形势，我们应该未雨绸缪，调整原来的区域开放思路，即由原先的国际开放为重点转变为国际开放和区际开放并举。

第一，重新确立参与国际分工的区域定位。我国国际贸易顺差持续扩大不仅带来更加棘手的贸易摩擦，还对宏观经济稳定构成威胁。中欧、中美、中日的贸易战出现愈演愈烈的趋势，西方国家对中国抱着又爱又恨的心态，这么复杂的国际经贸关系正在深刻地影响着中国区域经济发展。此外，不断增长的外汇储备也在困扰着国家金融决策部门，人民升值的压力、流动

性过剩等问题与通货膨胀相互交织，显得更加复杂。克服这些难题的一种有效办法就是重构分工体系，充分开拓国内市场，但不放弃国际市场。进一步分析，我国的出口是以劳动密集型产品为主产品结构，对资源、能源等原材料的消耗量大。大家早已形成共识：我国相当多的制造业部门还处于全球生产链的最低端，从事低附加值的生产活动，却承担着资源缺口和环境污染压力，所以，转变现有的国际分工体系就要求区域重新分工定位。

第二，降低不合理的国际分工体系对我国区域发展的影响。自“七五”计划以来，我国便确立“东、中、西”三大地带的区域分工格局，东部沿海地区发展“两头在外”的劳动密集型工业，中西部地区根据比较优势发展原材料工业，加强横向经济协作，这种思路已经延续了二十多年。回头反思一下，东部地区的发展对内地和国外的原材料都会产生旺盛的市场需求，相应付出大面积环境污染的代价。进一步分析，沿海地区由于产业升级乏力，与内地争夺原材料和资源的局面仍然继续至今，这种境况不仅阻碍了区域协调发展，也严重阻碍了区域可持续发展的实现。因此，当前紧迫任务就是明确东、中、西的区域定位，东部地区逐渐放弃资源消耗大、破坏环境的劳动密集型产业，优先发展资源消耗低、环境污染小、高附加值的现代产业，培育一批有影响力的民族品牌，提高产品的国际竞争力，参与国际市场竞争；中西部地区则除了发挥原有比较优势外，还要汲取东部发展模式经验和教训，创新资源节约、环境友好的区域发展模式。

第三，以区际开放促进合理的区际分工体系的建立。在过去30年的改革开放中，我国采取国际优先于区际的区域开放模式，既是中国特定的经济转型和发展环境促成的，又不失为一种明智的选择。[①] 改革开放初期，国家仍然坚持计划调节为主、商品经济为辅的国民经济管理思路，允许广东、福建等沿海地区进行先行先试的对外开放体制改革，加强与国外经济技术交流，这正是体现了当时中央“摸着石头过河”的改革原则，也避免了国际因素对国内经济造成直接的冲击。此外，由于当时的中央计划条件占据主导地位，区际开放自身缺少交易主体和激励机制，难以在短期内形成气候。

我国国际开放甚于国内区际开放，区际开放明显滞后于改革开放的步伐，于是出现了如区域市场封锁、重复建设等现象。中央与地方、地方与地方间的体制障碍是造成这种现象的重要原因。从某种意义上讲，区域协调

① 参见赵伟：《中国区域经济开放：模式与趋势》，经济科学出版社，2005，第15页。

发展的重点是区际关系的协调,区际开放则要改善区际关系,促进区域间的良性互动,建立合理的区域分工体系。推动区际开放,实现区域一体化,建立合理的区际分工体系,不仅有助于建立起区域协调发展的机制,还能够调整区域间的利益关系,提高区域可持续发展的能力。

(三)注重宏观调控的区域效应,增强区域间的协同性

长期以来,中央对于宏观调控的区域传导机制认识不足,也难以把握这些政策实施的区域效应。可是,由于我国经济转型的特殊性,各地在渐进式的改革开放历程中所能获得的机会和冲击不尽相同。从某种意义上讲,宏观调控"一刀切"的做法对区域协调发展或者可持续发展都会产生不利的影响。所以,我们需要分析宏观调控的区域效应,增强区域间的发展协同性。

第一,要分析宏观经济调控的区域效应。地区产出波动决定了当地就业的大小,进而影响到当地居民的福利水平高低。考虑到流动性约束,发达地区和落后地区具有不同的应对宏观调控带来的经济波动的能力。当国家实施"踩刹车"的宏观调控时,发达地区作为先行者,具有先动优势,既能够及时躲过,也能发挥强大的融资能力规避风险;相反,落后地区作为跟随者,来不及躲过宏观调控的风险,也无力应对调控造成的各方面压力。经济周期波动对各地经济发展的冲击显然不同,发达地区相对平稳,落后地区的增长波动较大。为此,重视宏观经济政策要体现地区差异,对调控的区域效应做出及时的跟踪评价,择机调整政策组合工具,既要达到调控的目的,又要促进区域协调和可持续发展。

第二,要研究宏观调控的区域传导机制。国家实施的货币政策、财政政策及土地政策等宏观调控措施对各地区作用力明显不同。如果各地的经济周期高度协同,那么,实施统一的宏观调控是可取、有效的,否则就会加剧区域差距。不仅如此,宏观调控的区域传导机制要考虑到各地区要素禀赋、经济结构和产业联系。区域经济结构互补性明显,则各地区的经济波动较为一致;区域经济结构相似度高,则各地区的经济波动协同性差。所以,研究宏观政策区域传导机制就要明确区域间的协同关系,斟酌使用区域有别的宏观调控措施,提高资源空间配置效率。

第三,区域政策要纳入宏观调控的工具组合之中。区域政策是指导区域经济活动的重要依据,既反映区域的差异性,也体现区际的协调性。由于我国过去片面地强调"条条"而忽视"条块"和"块块"相互结合的重要性。以前,区域协调发展在很长一段时期停留于缩小区域经济增长差距的认识,所

以，尽管提出解决区域协调发展的政策措施，但是地区差距问题却始终没有得到很好的解决，资源环境压力反而与日俱增。当前，在制定区域政策时，要将“条块”和“块块”相互结合，产业政策的实施要与区域政策相互衔接、配套，引导产业在区域之间的分工协作，此外，区域政策要体现区域分工，重视区际协作和互动，增强区域经济波动的协同性。[①]

① 参见范恒山：《区域政策：实现宏观调控有保有压的基本途径》，《中国改革》2007年第6期。

第八章　区域协调与城乡统筹发展

城市是人类经济社会发展到一定阶段的产物，是生产要素和非农产业在空间上聚集的必然结果。城市从来都不是一个封闭的系统，它与周边的广大区域及临近城市之间有着密切的经济和社会联系，区域经济发展的过程就是区域内中心城市（群）与其腹地的经济联系不断深化的过程。因此，城市和区域是一个不可分割的有机体。

一、城市与区域发展的关系

区域协调与城乡协调是区域发展的两个相互联系、不可分割的重要方面，两者是相互制约、相互促进的关系。

（一）城市是区域发展的核心

当前，对我国城市化的发展存在不少认识的误区。毋庸置疑，促进城市化健康发展，使更多的农民脱离农业和农村，进入非农产业和城市地区就业、生活，是我国统筹城乡经济社会发展，从根本上解决“三农”问题，全面建设小康社会和构建和谐社会的重要战略任务，是中国实现现代化必经的历史阶段。我们不会因为城市化进程中出现这样或那样的问题而停滞不前，也不应漠视存在问题对我们发展进程的不利影响，当务之急是以科学发展观为指导，着眼于区域整体协调发展，在发展中解决问题，探索新的城市化道路和城镇合理布局问题。

1. 城市是区域发展的要素集聚和扩散中心

城市是区域的商贸流通中心和交通中心，是人口和非农产业的集聚地，具有独特的聚集优势。根据区域经济学中的优位效益原理，在市场机制作用下，生产要素总是流向能获得最大效益的区位。而城市人口和产业集中，基础设施发达，具有更好的集聚效益、规模效益和投资效益，是要素流动的最优区位，等量的要素投入城市所获得的回报，远远高于周边地区。城市正是利用其优势吸引区域内的原材料、资金、人才等生产要素来此集聚，并将产品、资金及其他要素辐射渗透至整个区域，进而协调组织各层次区域经济活动，推进区域发展。

2. 城市是区域发展的文化和创新中心

城市是区域的文化中心，集中了高等院校、图书馆、博物馆、体育馆、体育场、文化馆等文化设施，是"社会交际和信息交流之地；思想和产品在此流通，实现其社会的或经济的价值。城市是创造性和文化的轴心，为人们提供机缘，为进步创造条件，是文明的最牢固的基础"①。从技术进步角度看，城市一方面集聚了大量技术要素：拥有各类高等院校、科研院所和大型企业，有大批科学工作者和专业技术人员，具有很强的原始创新能力；另一方面，城市人口素质较高，是先进生产力的聚集地，是区域人才、技术、科研设备以及科研交流的中心，对新技术的吸纳能力也很强。因此，城市往往是新技术、新产品、新设备的研发中心，也是新管理、新工艺、新制度的发源地。

3. 城市是区域网络协调中心

由于生产专业化程度高，现代城市集中了现代文明发展的各种资源和条件，是人流、物流、信息流、金融流的中心，是区域经济对外交流的枢纽。城市与周边地区构成了开放型的经济循环系统，形成交通运输网络、信息网络、商务流通网络、产业合作网络、城镇体系网络等专项交流网络，这些经济联系纵横交错彼此渗透，最终形成多层次的经济网络体系。所以说，城市是区域网络的协调中心，其发展对于整个区域包括农村的发展，具有带动和辐射作用。

4. 城市的发展过程（城市化）是区域经济发展的重要动力

在需求方面，城市化可以拉动区域消费。城市数量及城市人口的不断增长，将促进区域消费总量的提高。据统计，我国现阶段一个城镇居民的消费水平相当于3.7个农村人口消费水平。城市化水平的快速提高，将极大地发挥出刺激消费、拉动内需、带动经济增长的作用。城市化水平的提高还会带来区域消费结构与消费层次的变化：一方面，城市化水平的提高促进区域高技术含量、高价值、新兴产品的需求增长，出现抑制传统产业、拉动新兴产业、不断调整产品及产业结构的变化趋势；另一方面可导致居民恩格尔系数下降和非物质生活消费水平提高，进而促进区域旅游、教育、文化、艺术等

---

① 豪尔赫·威廉："导论：过渡时期的城市挑战"，《国际社会科学杂志》1997年第1期，第11～17页。

非物质性产业的发展。在供给方面，城市化可以带动区域产业结构调整与升级。西方发达国家城市化的历史发展经验及我国改革开放以来二十多年城市化推进的实践经验表明，城市化进程有利于促进专业化和技术进步，对区域产业结构调整与升级产生了巨大的拉动效应，促进了区域产业结构的高级化、外向化、整合化与生态化发展。

所以，从这个角度看，中心城市保持一定的发展速度并形成相应的城市规模是合乎道理的，省域中心城市也有必要保持一定的首位度。

(二) 区域是城市发展的基础

以赫希曼、缪尔达尔和弗里德曼为代表的“核心—边缘理论”说明了城市(核心区域)及其周边区域(边缘区域)之间存在着紧密的动态联系。弗里德曼认为，任何一个国家都是由核心区域和边缘区域组成。核心区域是一个城市或城市集群及其周围地区所组成。边缘的界限由核心与外围的关系来确定。核心区域指城市集聚区，工业发达，技术水平较高，资本集中，人口密集，经济增长速度快，包括：①国内都会区；②区域的中心城市；③亚区的中心；④地方服务中心。边缘区域是那些相对于核心区域来说，经济较为落后的区域，又可分为：过渡区域和资源前沿区域。[①] 根据核心—边缘理论，在区域经济增长过程中，核心与边缘之间存在着不平等的发展关系。总体上，核心居于统治地位，边缘在发展上依赖于核心。由于核心与边缘之间的贸易不平等，经济权力因素集中在核心区，技术进步、高效的生产活动以及生产的创新等也都集中在核心区。核心区依赖这些优势从边缘区获取剩余价值，使边缘区的资金、人口和劳动力向核心区流动的趋势得以强化，构成核心与边缘区的不平等发展格局。核心区发展与创新有密切关系。核心区存在着对创新的潜在需求，创新增强了核心区的发展能力和活力，在向边缘区扩散中进一步加强了核心区的统治地位。但核心与边缘区的空间结构地位不是一成不变的。核心区与边缘区的边界会发生变化，区域的空间关系会不断调整，经济的区域空间结构不断变化，最终达到区域空间一体化。

可见，城市虽然是区域发展的核心，但它不能孤立、单独地存在，其周边必须有一定的区域空间作为其腹地。城市的发展离不开周边区域的强有力的支撑：首先，周边区域可以为城市提供原材料、能源燃料、人力等资源。这些生产和生活物资是城市正常运转的必需品，而城市本身不可能提供，需要

---

① Friedman, J. R., *Regional Development Policy: A Case Study of Venezuela*, Cambridge: MIT Press, 1966.

周围区域以便捷的交通方式予以供给。其次，周边区域为城市提供广阔的市场空间。城市是产业集聚的中心，因而也是产品生产的中心，城市生产出来的各种产品不仅供应给城市居民，而且更多的是满足区外需求，正是由于周边区域不断扩大的市场需求，城市的产业发展才能获得规模经济效益。再次，城市需要外围区域作为其产业转移的战略替代空间。城市是创新活动的中心，为了满足自身的需要并提高经济效益，城市不断进行产业结构升级换代。为了给新产业腾出发展的空间，城市需要将结构老化的夕阳产业转移出去，吐故纳新，外围区域就成为接受这些落后产业的战略替代空间。

区域对城市发展的基础作用还表现在：第一，区域经济条件对城市发展具有决定性影响：农业生产力的发展及其产生的农产品剩余是城市兴起和成长的第一前提；区域的经济结构和发展模式会直接影响城市的产业结构和发展速度；区域经济的差异还会影响城市分布。一般而言，经济发达地区的城镇分布密度大，而经济欠发达地区城镇分布密度小，并且在发达地区，随着地区经济差异缩小，城市分布也趋向相对均衡。第二，区域的地理位置会影响城市辐射和吸引范围的大小，在一定历史条件下，还会决定城市的优势产业部门和专业化市场。例如新加坡之所以成为东南亚的航运枢纽、转口贸易中心、技术服务中心、电器制造中心、修造船基地、金融中心、旅游中心，是与它所处的欧亚东西航运中点这一位置密切相关的。此外，一个区域的自然资源、生态环境、基础设施、政治文化等因素也影响着城市的发展方向、规模和结构。

从这个角度看，中心城市的单独发展或脱离区域背景而盲目做大是不可取的。要根据区域的人口、资源、环境以及经济发展水平，确定合理的城市发展规模。如果能够做到这一点，就可以避免盲目圈地，盲目建设开发区、大学城等，从而解决城市化进程中的一些问题。

（三）城乡协调发展是区域协调发展的基础和核心内容

城乡协调在于从区域发展角度出发，主要通过市场机制使资源、资金、技术在城乡之间、不同产业之间有序流动和优化组合，促使城乡经济持续发展；城乡关系协调不是消灭城乡差别，而是改善城乡结构和功能，协调城乡利益和利益再分配，实现城乡生产要素在更大范围内合理配置和城乡经济的持续协调发展。所以说，城乡协调是区域协调发展的基础和核心。

1. 城乡协调发展是区域协调发展的最重要的组成部分之一

城乡协调发展本质上就是指城市和乡村这两个不同性质的经济社会单元和人类聚落空间在一个相互依存的区域范围内融合发展、协调共生。城市和乡村代表的是两种不同的生产和生活方式及社会文化类型，它们在产业构成、发展水平、职能作用等方面互相区别，但城乡资源互补、生态共生、经济发展相互依存，构成了两者相互作用的前提。城乡之间的发展联系可以概括为城市作为区域经济核心，与乡村之间进行能量、信息和物质的相互交换，是由中心城市、中心城镇、广大乡村以及各种网络所组成，最终使整个城乡经济区域形成一个有机的整体，促进城乡区域协调发展。

2.城乡协调发展是合理控制区域差距、促进区域协调发展的基础

区域协调发展的一个重要指标就是地区差距保持在合理范围内并渐趋缩小。而地区差距的实质就是工业化进程快慢和工业的合理分布问题，以及城乡差距的问题。目前我国西部地区农业劳动力占其总就业的61%，比全国平均水平高11个百分点；同时西部地区城乡居民收入差距也高于全国平均水平，说明其工业化和城市化水平很低。一般说来，区域内部城乡之间的差距，大于不同地区城市之间的差距。不同地区乡与乡之间差距的扩大，是地区差距扩大的重要组成部分，这是因为发达地区的农村，工业化和城市化进展快，受城市经济的辐射力强。因此，要想抑制地区差距不断扩大，就必须首先统筹城乡协调发展，加快工业化和城市化进程，同时加大城市反哺农村的力度，缩小城乡差距。

3.城乡协调发展是区域协调发展的必由之路

城镇与其所在区域具有地域上的开放性和边界的模糊性。城镇的生产、市场、技术、资金等经济活动要素，必然要按照市场经济规律和经济的内在联系以及自然地理条件，突破城区的行政界限，形成城乡协同区域，双向互补。因此，城乡协调发展是社会发展的必然趋势，它是生产力发展到一定水平时，城市和乡村成为一个相互依存、相互促进的统一体，充分发挥城市和乡村各自的优势和作用，即乡村要确保农业的现代化，为城镇的发展提供资源和市场，城乡的劳动力、技术、资金、资源等生产要素在一定范围内进行合理交流和组合；在空间上互为环境，生态协调、环境幽雅，人们享有充分的自由，形成一种城市和乡村稳定持久的结合，城乡交融发展，使城乡系统的整体功能日益提高，最终实现区域经济社会协调发展、人与自然协调发展。

二、区域协调发展与城市化的关系

城市化的基础是工业化，我国目前处于工业化尚未完成、信息化已经开始的特殊历史时期，又面临日益严峻的资源环境约束，这就决定了我们不可能生搬硬套西方发达国家所走过的城市化模式，而应努力探索出一条既符合我国国情、又能代表历史发展方向的新型城市化道路，即：在区域协调发展战略指导下，坚持统筹城乡和区域协调发展，建立以城市为中心的区域一体化体系；坚持经济社会生态协调发展，集约利用土地、水等资源，保护生态，实现可持续发展；坚持发挥区域特色，城市化道路要符合区域定位和发展需要。

（一）城市化促进区域协调发展

城镇发展的理论和实践告诉我们：城镇不能脱离周边区域孤立发展。城市形成的一般过程是：某些地区凭借区位优势产生经济活动的聚集，从而形成集中的市场，而市场网络的产生和发展又会促成区域分工与协作、专业化与经济多样化的形成与发展，并最终演进成为地区经济结构的节点——城镇。显然，产业的专业化分工和发展是推动城镇发展的内在动力，而单个城镇的孤立发展不可能同时解决产业发展所依赖的资源要素聚集和市场需求问题。由于区域内各地的资源要素禀赋存在明显差异，如果以单一城市的孤立发展来推动城市化进程，某些城市进一步扩张和发展就会面临资源瓶颈；另一方面，起初要素禀赋较好的城市也会由于区域内分工与协作体系的缺失而失去整个区域市场的支撑，难以获得规模优势和比较优势，因而在区域外的市场也缺乏竞争力，从而使城市经济和城市规模的发展面临市场约束。

目前我国大批资源型城市发展陷于停滞就是明证。资源型城市的持续发展面临着两大问题：一是它们与周边城镇和乡村地区之间未能建立起较完善的分工协作体系和有效的区域经济结构，城市的聚集效应与辐射功能均未得到发挥，使这些城市在相应地区变成“飞地”；二是这些城市多以采掘和资源粗加工为主，在区际分工体系中处于价值链低端，所获利益较少，这直接制约其资本供给的形成和技术创新的实现，造成持续发展的动力严重不足。更为严重的是，随着技术进步和知识经济兴起，经济布局活动中资源指向逐步减弱，而市场指向、技术指向不断增强，资源型城市对区域外的资本缺乏吸引力，发展的外部支持得不到有效保证。

因此，应该以城乡一体化和区域一体化思想引领城市化发展政策与实践，逐步建立以核心城市为中心，中小城镇为节点，高速公路和通信为网络的区域一体化体系。在该体系内，城与城之间通过高速公路走廊有效地相互连接起来；城市和附近乡村的联系更加紧密，城乡相互通勤的现象逐渐成为普遍现象；原来单一城市与周围的城市以及与它们相近的小镇及乡村在越来越大的程度上产生各种互动关系，最终构成一个有机的区域发展体。其中，既有起核心作用的大城市，也有起沟通城镇之间和城乡之间、起桥梁作用的中小城镇，还有部分分布在城市周围、与城市经济活动紧密相连的乡村地区。

以区域一体化为目标的城市化道路，是从我国国情出发的必然选择。

首先，这是我国所处历史发展阶段的客观要求。我国同时面临工业化和信息化的双重任务，由此决定了城市产业发展对农业剩余劳动力的吸纳能力较低，而我们的农业人口众多，如果一部分农民能在不丧失土地财产、农村在不丧失文化根基的情况下，依托城乡一体化区域建设的形式而实现就地非农转化，就不会加剧城市失业和贫困等问题，成功避免拉美等国在集中城市化道路上遭遇的“城市化陷阱”。

其次，这是全面建设小康社会的必然要求。对于我国这样一个大国而言，要想实现全面小康的目标，不可能像韩国、泰国等国那样，仅仅依靠首都等一两个大城市就能聚集70%以上的人口，通过大城市的单骑突进就能带动全国经济发展。相反，我们必须发挥区域的整体力量，依靠更庞大、有序而又完善的城镇体系来支撑和带动全国发展：一方面，要发挥核心城市对整个区域在整体功能定位、发展规划、产业结构、市场结构、基础设施布局等方面的主导作用；另一方面，要求地理位置、生产要素和产业结构不同的中等城市和小城镇承担不同的经济功能，发挥城市群体的协同效应，在区域范围内实现单个城市无法达到的规模经济和集聚效应，进而带动整个区域共同发展。

再次，这是促进城乡区域协调发展的必要途径。在我国地方保护和地区分割依然严重的情况下，走区域经济一体化的城市化道路有利于加强城乡之间以及区域之间的各种要素联系，进而在市场原则与适当的产业和区域发展政策的引导下促进劳动力、资金、技术、信息等要素流动，逐步建立起既有效率又比较公平的城乡交易与协作系统，实现城乡协调发展的目标。同时有利于促进经济要素在空间上的有效配置，使劳动力迁移不再盲目，资金流动能基本反映出与其投资回报相适应的趋势，从而促进区域协调发展。

总之，在区域协调发展战略指导下，要求城市化道路以区域一体化为目标，强调的不是单个城市的发展速度和规模，而是整个区域内城市之间、城乡之间的有机联系，其核心在于以城市为中心带动整个区域走向协调发展。

（二）资源环境约束下的城乡集约化发展

1. 集约化发展是城市化发展的内在要求

聚集经济理论表明，城市经济具有显著的聚集经济效应。具有一定规模的城市可以提供较好的基础设施，较完善的生产、金融、信息、技术服务，较集中、有规模的市场以及较大的劳动力市场，因而有较高的经济效益。这种聚集效应会吸引工业向城市集中，并进一步加强城市的聚集效应，从而促使城市不断发展。迈克尔·波特关于产业集群及竞争力的研究进一步演绎了“产业集群—工业化—城市发展—城市化”的作用逻辑，表明了城市化存在一定的内在规律性，即城市化由“集中(数量型)—集聚(数量和质量结合型)—集约(高品位质量型)”的发展趋势。可以说，集约型发展是城市化实现聚集效益的内在要求。

具体而言，城市发展过程中的聚集经济又分为两种：一种是地方化经济，指同一行业的企业或一组密切相关的产业，由于聚集在一个特定地区，通过产业功能联系所获得的外部规模经济，由此产生的聚集效应称为局域化效应；另一种是城市化经济，指由于产业之间存在外部经济，一个产业的发展通过其前向和后向联系，可能对多个产业降低成本做出贡献所产生的外部规模经济，由此带来的聚集效应称为城市化效应。事实上，在城市化过程中，这两种聚集经济效应是相互联系、相互促进的。

例如，有“中国小商品城”之称的义乌的发展就得益于两种集聚效应的共同作用。义乌的企业在原有的服装、针织、饰品、拉链、玩具、小五金、印刷和毛纺八大优势制造业发展的基础上，迅速向义乌经济技术开发区和工业园区聚集，形成了以园区为载体的新型制造业集聚中心。更重要的是，在产业集群经济的促进下，义乌的交通运输业、电信服务业、旅游餐饮业、房地产业和各种服务业迅速发展，从而有效地提升了义乌工业化和城市化的质量。2004年，义乌第三产业在GDP中的比重高达49.4%。在工业和各种服务业迅速发展的过程中，其所产生的乘数效应也促进了农村劳动力转移。自1980年以来，在义乌的31.6万农村劳动力中，就有22万人转向了第二、第三产业。工业和服务业的快速发展实质性地推动了义乌的城市化进程。显而易见，义乌的产业集群与工业化、城市化互动的成功就表现在农村工业—产业集群(围绕小商品市场)—工业园区—产业劳动力结构升级—就业乘数效应—城市化进程—产业集聚这种互促共进的良性循环关系上。[①]

我们认为，在我国工业化仍是农村城市化的主要动力，尤其是制造业及与其相关的社会服务业的集聚发展表现出了很高的带动效应。要解决城市化进程中的土地问题，就必须在城市化过程中，以产业集群为主要形态推动

① 参见冯云廷：《从城镇化到城市化：农村城镇化模式的转换》，《中国农村经济》2006年第4期，第71～74页。

产业发展，集约使用土地等资源，引导生产力集中布局，充分发挥城市的聚集经济效应，同时集群内部不同层次分工有利于加强区域内部经济联系，促进城镇及周边区域的协调、可持续发展。

2. 集约型、可持续的城市化道路是我国在资源环境共同约束下的现实选择

走资源节约型城市化道路是解决资源供求矛盾的重要途径，也是解决城市化进程中资源约束的主要途径。从全国来看，我国资源总量虽然较大，但人均占有量少。我国淡水资源人均占有量为2670立方米，仅为世界平均水平的25%，在全国六百多个城市中四百多个城市供水不足，其中缺水比较严重的城市有110个，全国城市缺水总量达60亿立方米。耕地人均只有1.43亩，不到世界平均水平的30%，如此宝贵的耕地，每年还以近千万亩的速度在减少。据国土资源部最新统计，最近7年，我国耕地总量已减少1亿亩。六百多个县市的人均耕地面积在世界公认的警戒线0.8亩以下。许多矿产资源也不足世界人均水平的一半，资源约束的矛盾日益凸显。而且自然资源的空间分布不均衡，资源分布与经济区域结构不匹配。同时，从总体上看，目前我国的城市化建设和经济发展在很大程度上是依靠物质资源的高消耗来实现的，要保持经济快速增长，推进城市化发展必须重视节约资源，有效利用资源，使有限的资源实现效益的最大化。

走集约型城市化道路是保护生态环境、实现可持续发展的迫切需要。回顾英、法、美、日等西方发达国家的城市化进程，可以看到，每个国家的城市化过程，都带来了生态严重破坏、资源过度利用、城市文化遗产被破坏以及空气严重污染等诸多问题。2005年，在全国开展酸雨监测的696个城市中，357个城市出现酸雨，占51.3%。2007年5月29日爆发的无锡太湖水危机再次为我们敲响了生态警钟，走集约型、可持续城市化道路、切实保护生态环境刻不容缓。我们绝不能重蹈西方发达国家的覆辙，必须走城市与生态、城市与农村、城市化与新型工业化协调发展的集约型、可持续发展的城市化道路。从我国现实情况来看，我国很多地区生态环境持续恶化，某些区域已经达到承载力极限。从资源环境的角度看，发展集约型的城市化，也是一种必然的选择。

3. 以城市群为主体形态推进城市化，形成合理的人口空间分布

对于我们这样一个幅员辽阔、各地资源禀赋差异较大的国家来说，没有必要每一寸国土都实现城市化。事实上，我国相当一部分国土的生态环境十分脆弱，并不适合大规模推进工业化、城市化。研究表明，我国的国土面积中自然生态条件良好、适宜城镇发展的地区仅占22%，较不适宜地区占

29%，不适宜地区则达到了49%。对这些不适宜地区而言，若按照原有的粗放型发展模式推进城市化，势必大大超出生态环境的承载能力，带来生态环境的更大破坏。

因此，必须改变按行政区而不是按经济区推进城市化的做法，把城市群作为推进城市化的主体形态。统筹考虑经济布局、就业岗位、人口居住、资源环境特别是水资源，通过制度完善、规划引导、政策推动等措施，引导经济布局和人口向自然条件良好的区域转移，逐步形成以沿海、长江为带，主要铁路线为轴，城市群为主体，城市群内经济布局、就业岗位、人口居住、资源环境特别是水资源相协调，永久耕地、生态保护区等绿色空间相间隔，基础设施网络完善、分工协作高效、可持续发展的城市化空间格局，促进城市化集约发展。

要实现功能定位清晰，东、中、西良性互动，公共服务和人民生活水平差距趋向缩小的区域协调发展格局，就要求不同的区域应根据自身的功能定位，选择相应的城市化道路。

（三）城市化道路要服务于主体功能区的功能定位

主体功能区战略是落实科学发展观的体现，是促进区域协调发展的重大举措。国家"十一五"规划提出：根据资源环境承载能力、发展基础和潜力，按照发挥比较优势、加强薄弱环节、享受均等化基本公共服务的要求促进区域协调发展。

我们提出的基本设想是：

1.优化开发区域，优化整合大城市群

在开发密度已经较高而资源环境承载能力有所减弱的区域，要优化整合现有已经形成的城市群，如京津冀、长江三角洲、珠江三角洲等大城市群。这些城市群，不仅要吸收农村人口打工，也要使在本地区有稳定职业和住所的农村人口定居。不仅要成为我国最强最大的经济密集区，也要成为我国最大的人口密集区。要明确城市群内各城镇的主体功能定位，加强分工协作和优势互补，增强城市群的整体竞争力，使之成为我国参与经济全球化的主要区域。要着力提升经济的整体素质和经济结构的层次，重点发展技术和知识含量高的制造业和现代服务业，严格限制水平低、占地多、污染大、消耗高的产业。要实行严格的土地总量控制，保护好已经不多的绿色空间，避免单个特大城市"摊大饼"式的扩张。

2.重点开发区域，引导形成新城市群

我国达到人口高峰时将接近15亿人，不能像美国和日本那样只发展几个城市群。要在资源环境承载能力较强、集聚经济和人口条件较好的区域，再引导形成若干新的城市群，如辽中南、山东半岛、闽东南、中原地区、长江中游、长株潭、关中盆地、成渝地区、北部湾沿岸等城市群。要加快这些区域的经济发展和人口集聚，承接现有城市群的产业转移，承接限制开发区域和禁止开发区域的人口转移，逐步成为支撑全国经济持续增长的新的经济密集区和人口密集区。既要着力促进区域性中心城市的形成，也要通过科学规划，合理界定城市群内各城镇的主体功能定位，避免重演现有城市群发展中曾出现的问题。

3.限制开发和禁止开发区域，因地制宜地发展特色城市

在资源环境承载能力较弱、大规模集聚经济和人口条件不够好的生态环境脆弱区域，要实行有限推进城市化的方针。如退耕还林还草地区、天然林保护地区、草原“三化”地区、重要水源保护地区、重要湿地、水资源严重短缺地区、自然灾害频发地区等，主要是发展好现有城市，提高城市质量，而不是盲目地扩大城市规模。要在充分考虑资源环境承载能力的前提下引导城市科学发展，只能形成“点”，不能形成“片”。既要因地制宜地发展本地可承载的特色产业，更要引导人口自愿、平稳、有序转移到重点发展的城市群，缓解人与自然关系紧张的状况。对这类区域，要实行更严格的土地用途管制。

（四）区域协调发展背景下实现城市化的原则

在区域协调发展中解决城市化发展问题，我们认为需要坚持以下三条原则。

1.符合国际发展潮流的国家推进城市化和工业化的大趋势

改革开放30年来，我国城市化呈现快速推进的发展趋势。发达国家的经验证明，工业化和城市化是国家实现现代化的重要途径。推进城市化和工业化是我国经济社会发展的基本目标，也是贯穿发展始终、符合国际发展潮流的大趋势。虽然城市化发展中出现了一系列问题，有些问题还很严重，但我们仍然不宜否定国家实现工业化和城市化的大趋势。

我们主张从促进城市化继续向前发展的思路去解决当前我国城市化进程中的若干关键问题，包括区域中心城市扩张过快的问题、城乡发展不协调问题、局部地区城市化与工业化不相协调问题、城市化发展过程中区域资源和环境约束日趋强烈以及大规模人口跨区域流动、大量农民的就业和社会保障问题等。解决了这些问题，城市化进程将会更加健康地推进。

2.城市化进程的“又好又快”原则

早在20世纪90年代，我们提出了到2050年实现城市化的目标或设想。其基本内容是:到 2050 年,全国 70%的人口居住在城市,生活在农村的居民的生活水平与城市居民大体相同。

如果我们以 2000 年为基准,按照当时大体上 30%的城市化率计算,每年只要把城市化率提升 0.8%就可以达到这个目标;如果我们以 2006 年的 43%的城市化率为基准,以后我们只要每年把城市化率提升 0.6%多一点就可以达到目标。而 0.6%的城市化率提升速度,正好是美国在城市化速度最快时代的速度。如果我们考虑到前期速度可以快一点,后期慢一点,前 10 年不超过 1%,后 34 年 0.5%左右也就可以了。

由于我国在 2010 年城市化率已经达到了 49.5%,正如 GDP 的增长速度要适当,要防止由偏热转为过快一样,"十二五"期间城市化速度也要适度,也要防止过快。城市化率同样是一个综合的指标,不能只从城市人口这个指标去衡量。要关注各项约束条件的情况,要贯彻"又好又快"的原则,防止虚假城市化。正确理解城市化的"快"和"好",避免走入城市化误区。更进一步地讲,"快"是有条件的,城市化速度要遵循经济发展规律和资源环境的承载能力,同时"快"也是有区别的,一些地区经济发展快,就业岗位多,城市化速度可加快些;"好"是指城市化并不意味着城市空间的扩大、城市人口增加和城市设施完善,而是需要城市现代化水平的提高,城市居民享受现代化带来的成果,城市居住环境质量不断提高,城市社会治安稳定有序。

3. 以"十二五"规划目标为指导构建城市化发展的基本框架

国家"十二五"规划制定的城市化目标是动态的,即年均提升 0.8~1.0 个百分点。按照 2010 年城市化率达 49.5%计算,到 2015 年应该是 43.5%~44.5%。"十二五"规划更多是强调城市化的质量,包括:城镇新增就业 4500 万人,城镇登记失业率控制在 5%,人民生活持续改善;全国总人口控制在 13.9 亿人以内;人均预期寿命提高 1 岁,达到 74.5 岁;城镇居民人均可支配收入和农村居民人均纯收入分别年均增长 7%以上;新型农村社会养老保险实现制度全覆盖,城镇参加基本养老保险人数达到 3.57 亿人;城乡三项基本医疗保险参保率提高 3 个百分点;城镇保障性安居工程建设 3600 万套;等等。

继续坚持大中小城市和小城镇协调发展的城市化道路,提高城镇综合承载能力,按照循序渐进、节约土地、集约发展、合理布局的原则,积极稳妥推进城市化,逐步改变城乡二元结构。城市化发展的战略重点是:

第一,分类引导人口城市化。特别要对进城务工人员、失地农民等城市化群体进行合理科学引导,健康平稳地推进城市化进程。

第二,形成合理的城市化空间格局。把城市群作为推进城市化的主体形态,逐步形成以沿海及京广、京哈线为纵轴,长江及陇海线为横轴,若干城市群为主体,其他城市和小城镇点状分布,永久耕地和生态功能区相间隔,高效协调可持续的城镇化格局。对于资源环境承载力较差的地区,鼓励人口向现有城市、县城和城镇集中。

第三,加强城市规划建设管理。城市规划与产业布局要统筹考虑当地资源条件、人口动态发展规模、基础设施、公共服务等关系。在旧城改造、新城建设中要保护历史风貌,传承文化,突出特色。

第四,健全城市化发展的体制机制。消除城乡分割的体制障碍,建立健全与城市化健康发展相适应的财税、征地、行政管理和公共服务等制度。在行政区划、城乡就业管理、户籍管理等方面继续深化改革,推进城乡一体化制度框架的形成。

继续推进城市化进程和提高城市化的质量是城市化的重点,同时充分地说明我国城市化涉及面广、机制复杂和模式多样,包括制度、人口、资源环境、公共管理等方面内容。但是,应该看到体制机制等制度层面的改革依然是我国城市化的核心内容。

这种判断是基于如下五个理由:

第一,全国大部分省份正处于工业化中期阶段,这一阶段的特征是产业结构重型化明显、资源需求猛增、环境压力加大、人口向各级城市集聚。在这样的大背景下,解决城市化问题的关键是要实施综合配套改革,走出一条资源环境集约、人口有序流动、社会秩序良好的健康平稳的城市化道路。

第二,我国地域辽阔,各地区资源承载力和环境容量差异大,并且各地经济发展所处的历史阶段不同,因此,各地城市化的速度和道路不应该搞"一刀切",而要依据区域现状和趋势,探求适合本地发展的特色区域城市化道路。

第三,城市群是经济活动空间演变到新的历史阶段产物,与增长极、点轴等相比,它具有要素集聚效率高、分工协作好、资源流动性强等特点;就目前而言,我国东中西都出现初具规模的城市群,集中了全国六成以上的人口和八成的产值。为此,鼓励人口向现有的城市群适度集中,不仅节约了大量资源,还促进国民经济总体效率提高。

第四,城乡一体化是我国城市化体制机制改革的方向,实施多年的城乡分割二元体制扭曲产品和要素的价格,人为地拉大城乡之间差距。随着改革的不断深入,城乡分割制度将不断被城乡就业、社保、教育等制度的一体化所代替,其核心是提供均等化的公共服务和公共物品。

第五,我国有上百座城市面临着旧城改造和新城建设问题,也就是说,即便农村进城务工人员在城市定居下来，城市空间也不能追求蔓延式发展，而是要对原有城市空间格局进行适当调整，提高城市空间存量，其中包括旧城改造问题。

三、区域协调发展推进城市化进程的战略思路

通过区域协调发展来推进我国的城市化进程，是“十二五”加快城市发展的大思路。

（一）以“统筹城乡综合配套改革”为基本的制度建设方向

综合配套改革包括改革城乡户籍、土地、社保、就业制度。

第一，建立城乡统一的户籍管理制度，在法律上保障城乡居民的迁徙权与定居权。任何形式的封闭，都只能并且必然导致城乡差距拉大，城乡矛盾激化。城乡居民的迁徙权与定居权是相连的，探讨进城务工人员获得城市居民身份的问题，是解决这个问题的必要途径。居民迁徙权一般是指宪法或法律赋予公民任意自由离开居住地到外地旅行或者定居的权利，它是广义人身自由的一种。[①] 目前我国宪法还没有规定居民拥有自由迁徙权，但是加强这方面立法具有重要的意义：首先，城市化的健康发展需要居民拥有自由迁徙权；其次，城乡协调发展需要居民拥有自由迁徙权；再次，从理性经济人分析，农村居民可以利用自由迁徙机会获得更高收益，一旦能够在城市获得落户机会，便可争取接受城市文明的机会，这对于其自身素质的提高具有非常关键的作用，以此类推，从而全面地提高农村剩余劳动力的整体素质；最后，区域之间的功能协调需要居民拥有自由迁徙权。

推进户籍制度改革，打破城乡二元经济格局，这不是一个单纯的户口迁移问题，而是一个涉及各方面的社会管理体制问题。如果不从背后的这些制度逐个进行改革，却希望通过户口管理制度改革来解决所有问题，只是一个无法实现的幻想。在当前的形势下，只有就业、教育、住房、社会保障等各方面将城乡一视同仁，不分地区、不分户口性质，才能真正打破城乡二元经济格局。各方面的配套措施跟上了，户籍制度的改革才能深入下去。

第二，土地制度要与户籍等改革相互配套推进。单独推进户籍制度改

---

① 参见杜承铭：《论迁徙自由权》，《武汉大学学报》（社会科学版）2001 年第 4 期，第 406～410 页。

革容易造成城市过度膨胀。为此,城乡户籍制度与土地制度相互配套改革,具体措施包括:首先,完善农村土地流转制度,鼓励转移出去且在镇一级以上的城市定居的农民流转土地承包权;加快鼓励从事非农产业农户的土地通过流转等方式向大户或者农业开发企业集中,提高农业规模化水平,从而提高全行业的效率。其次,对农村土地进行整理,在确保"一户一房"的前提下,出台相关政策引导农户转让旧房,同时禁止已在城镇拥有合法住所的农村居民在农村申请宅基地建房,以防止大量的农田被挤占。再者,改革城市人均规划建设用地标准和小城镇建设标准,将原来的标准往下调,鼓励走节地、高效的城市化道路。最后,将"城市人口密度"、"经济密度"等与土地空间相关的指标纳入政绩考核体系,不鼓励通过大规模征地实现工业化和城市化的快速发展。

第三,社保制度改革要与其他体制机制改革相统一。城市化追求的是生活在城镇的人能够过上安居乐业的生活,城乡户籍保障制度则是市民生活的安全线,也就是说,城市弱势群体都要纳入城乡统筹社会保障制度,具体改革思路是:首先,确定各主体承担统筹社保基金的比例。中央政府和地方政府财力是统筹城乡社会保障主要的资金来源,受保对象需按一定的比例适当缴纳。财政投入还要依据区域特点进行调整,中央财政转移支付要向中西部地区倾斜,相应地提高支付比例,尽可能降低地方政府配套投入比例。东部地区可以自己统筹解决个别落后地区的财力不足问题。其次,建立职能统一的社保管理机构。改变过去社保机构仅面向城市居民服务,调整服务对象和服务方式,加强对城乡弱势群体的服务意识。增加在镇一级下设服务网点,按照要求对社保机构的工作人员进行统一培训,适应统筹社会保障的要求。再次,整合社会保障政策。集中各职能部门的权限,将分散在卫生、劳动、民政等部门的社会保障政策统一由劳动与社会保障管理机构行使,尽可能降低社保政策运行的成本。再者,建立与完善进城务工人员社会保障制度。进城务工人员的社会保障需要地方政府依据国家相关政策出台地方性的保障方案并加以实施才能实现。社会保障涉及工伤保险、失业保险、养老保险等与农民工生活息息相关的险种,统一单位缴纳,并在用工合同上体现。最后,引导在城市落户的农村居民加入城乡居民社会保险统筹体系,对于已在固定单位就业的人员实施城市居民社会保险,对于从事非固定职业的居民可以在城乡社保统筹中选择一种。

第四,建立与城市化相适应的城乡一体化的就业市场。建立与城市化相适应的就业市场需要统筹农村和城镇劳动力就业,统筹的内容包括统筹城乡劳动力信息、统筹城乡就业岗位、统筹城乡就业渠道、统筹城乡就业保障制度等，并且有必要建立四种机制：一是信息披露机制，及时对就业信息、劳动力信息进行收集整理，建立可靠、及时、高效的信息服务网络。二是劳动力技能培训机制，政府每年拨出专款，对农村剩余劳动力和城市失业人员进行必要技能培训，以满足用工单位的需要。三是城乡就业保障机制。也就是将农村剩余劳动力进城就业与社会保障挂钩，保障农民工工伤保险、医疗保险、就业保险等，政府主动服务，解决农民工与就业单位劳资关系问题，保障农民工的权益。具体的途径包括：一是就业培训，各级政府将城乡居民就业培训数量和质量作为工作任务，并加以考核。政府每年拨出专款用于劳动力就业培训与就业投入，在财力上保障就业培训工程的顺利开展；设立广覆盖的劳动力就业培训体系，从培训技巧到职业培训"一条龙"的培训体系，并且采取定向培训和订单培训相结合的方式，确保合格劳动力获得就业岗位。二是建设就业服务体系。建立就业人员和就业信息网络，为用工单位和求职人员提供社会详细的就业信息、就业政策等，该服务体系应该是以市、县、镇(街道)为中心的三层网络化体系。再者，提供良好的就业服务，建立健全失业登记制度和公共就业服务制度，取消农民工进城的各种就业障碍，为农村进城人员和城市失业人员提供求职登记、职业培训、政策咨询等"一站式"服务。最后，加强劳动力市场硬件建设。一方面是劳动力市场的功能建设，集中政府的各种就业服务职能部门，形成无隙化公共服务平台，降低农村剩余劳动力和城市失业人员的求职成本；另一方面是劳动力市场的信息化建设，可以借鉴聚众和分众传媒的特点，将信息资源不断地向外扩散，减少求职人员的信息障碍和获得信息的成本。三是开拓区内外两个就业市场。各政府职能单位通力协作，及时收集本地各企事业单位、非政府组织等就业信息，通过公开渠道发布，利用劳动力市场进行双向洽谈；政府相关部门主导到区外大中城市对本地劳动力进行品牌行销，采取订单、定点等形式向区外输出劳动力；鼓励有实力的劳务服务公司开拓国外劳务市场，引导素质较高、技能较强的年轻劳动力跨出国门就业。与此同时，地方政府劳动部门建立地域劳动力行业协会，及时对外出农民工的信誉进行维护，为他们的合法劳动权益提供援助；此外，规划塑造具有地方特色的劳务品牌，提高劳务的社会影响力和增强劳务输出的竞争力。四是设立外来从业人员综合保险。综合保险针对外来从业人员流动性大的特点而设立，由政府出台政策强制执行，劳动部门依法征缴，委托保险公司根据政府的法规确定赔偿额度。各单位需要按照政府条文统一为外来从业人员缴纳。这种保险适用于有固定工作单位的外来从业人员和无固定工作单位的工作人员。这种险种包括可享受工伤、大病医疗和老年补贴三项保险待遇。

第五，转变政府的职能，发挥政府和市场的双重促进作用。城乡之间巨大的收入差距主要体现在农村人口的消费水平比城市人口落后了10年；农村教育水平远远落后于城市，农村人口基本教育年限平均比城市少3年，而接受更高层次教育的人口与城市人口相比更是微乎其微。毋庸讳言，城乡居民收入差距达3.3∶1的结果是不正常的。正是因为存在一些不合理的制度因素和政策因素，才使农村居民和城市居民的收入差距超出了合理的幅度。同时，在中国工业化、城市化的进程中，农业的产业地位有相对下降趋势，若农业产值比重下降速度超过其就业比重下降速度，势必造成由劳动生产率决定的工资水平下降，必然使农村劳动力收入水平低于城市劳动力的收入水平，最终形成城乡居民收入的差距，假若各个时期均是如此，城乡居民收入差距就呈扩大趋势。

从现在的情况来看，解决城乡居民收入差距，国家不能仅靠减免农业税或财政转移支付来帮助农民，关键是要加快政府改革，合理管理公共资金和资源。如果国家不能建立一套严格的、制度化的、透明的公共资金和公共资源的管理制度，社会收入分配差距势将不断扩大。因此，建设一个服务型政府十分重要。

第一，转变政府的公共管理理念，将服务城乡居民列入执政能力考核体系。建设服务型政府是当前政府职能亟须改革的方向。转变公共管理理念是改进当前政府公共管理工作的关键。这要求将“亲民、廉洁、高效、务实”的管理理念贯彻落实到每个部门，使每一个管理者都牢牢树立这一新的城市管理理念。在城市化进程中，政府要将进城农民工纳入城市公共管理服务对象，在就业、教育、社保、公安等与这类群体生活关系密切的部门设立专门、集中的办公中心，设计特别的标志和服务指南，避免他们花费太多周折。

第二，调整城市政府职能。政府职能转变要坚持以人为本，实现政府责任和公民权利的双重转变，既要尊重市民的权利，又要强调政府的责任。以推进城市化工作为例，政府要关心失地农民、下岗工人等弱势群体的利益，维护弱势群体的权益。政府要大胆地退出国有资产经营性管理，避免过多干预。在城市化过程中，对待进城务工人员要采取“变堵为疏”的措施，创新用工模式，减少“盲流”的发生。对待下岗、失业等弱势群体，政府应主动服务上门，推出困难专人、专线和专门服务，将任务定到个人。对于已经拥有城市合法居所和就业岗位的农村居民，进行统一登记，享受与市民一样的待遇。考虑到我国转型时期的特殊性，转变政府职能需要建立长效的运转机制，避免走回头路。

第三，建立廉洁、高效的法治政府。政府对社会进行组织、管理和干预，需要有一套公共管理效率评价体系，以追求行政成本最低、耗时最短、收益最大的目标。由于目前城乡分隔管理体制并没有彻底改革，制度不完善为一些人提供寻租空间，有必要加强对政府人员进行监督，并通过自身改革强化廉洁、高效的作风。改进政府的办事方式，建立法治政府。将政府的行为纳入到法律体系的框架内，树立"权源于法，法高于权"的意识，政府各职能部门要严格按照部门法规要求，促进办事程序化、法制化，提高办事效率，加大办事环节的透明度，如建立政府行为问责制，提高机关人员依法行政的意识。尤其是在旧城拆迁和征地过程中，政府与居民利益矛盾特别突出，政府要依法行事，在法律框架下协调各方利益，不得对居民采取强制性行为。如设置举报信箱或者电话，以方便市民的监督。在征地补偿、旧城改造过程中，要灵活处理利益关系，将法庭、房产、劳动保障等部门下派到现场办公，及时调解各种纠纷，减少各类社会群体事件发生。

第四，建立一支高素质的公务员队伍和完善、长效的监督机制。公务员队伍素质高低直接关系到政府绩效和形象，因此，有必要建立公共管理人才评价机制，在人才选拔、培养、任用、提拔等环节中，加强对人才的跟踪管理，做到思想管理和业务管理相结合。提高城市公共管理的技术水平。现代城市政府管理需要现代化技术和设施的支撑，在政府机关内部建立信息共享、服务便捷的电子政务网络，从而消除职能部门间的鸿沟，尤其要及时披露涉及民生问题的重要信息。建立政府监督机制，包括民主监督机制、法律监督机制和政德监督机制，三者互相补充，共同构成疏而不漏的监督体系。值得一提的是，进城务工人员虽然流动性强，但是应该享有与当地市民相当的待遇，允许参政、议政和监督政府。

（二）重视区域城镇化质量，走集约型城镇化道路

改革开放以来，我国城镇化与工业化相互促进，城市水平的进程快速提高，城市规模不断扩大，城市数量持续增加。随着城市经济实力不断增强，城市基础设施建设迅猛发展，城市管理水平明显提高，城市各项社会事业健康发展。但是，我国城镇化面临的问题更引人关注，城乡失衡，土地城镇化过快，大规模人口跨区域流动，资源环境等问题日益突出。显然，这种传统的城市化发展道路已经无法适应中国今天的发展形势，也无法维系现存的发展道路。为此，在区域协调发展战略实施过程中，追求区域城镇化质量，走集约型城镇化道路将成为未来我国区域可持续发展的重要途径。

第一，集约型城镇化是低成本的城镇化。所谓低成本是指资源低成本、制度低成本和集聚低成本。资源低成本要求在城镇化过程中建立一套反映

自身投入产出的成本核算统计体系，全面、客观、合理地将资源投入量和经济效益纳入其中。制度低成本则强调在城镇化过程中实施城乡综合配套改革，最大限度地降低农民转变为城市居民的各种制度成本总和。集聚低成本则立足于通过提高产业间的关联度，建立统一、专业化的劳动市场等途径以提升产业集聚效率，从而降低城镇化的空间成本。

第二，集约型城镇化是节约型的城镇化。合理利用土地资源是节约型城镇化的核心内容，建立有效的城乡投融资机制则是节约型城镇化的关键。具体讲，一方面是协调城乡土地利用，将城乡产业布局、人口分布、土地承载力等统筹考虑，避免因过度开发而造成大量土地闲置或者低效利用以及延伸出的征地、失业等问题；另一方面是完善城乡投融资机制，加强公共财政的投资效益评估，满足城乡均等化公共服务的需要。

第三，集约型城镇化是城乡统筹的城镇化。统筹城乡产业发展，丰富集约型城镇化的经济内容；它表现为在工业化和城镇化互促过程中实现人口向城市集聚和促进产业结构升级。统筹城乡社会发展，提高集约型城镇化的保障水平：即农村剩余人口进城就业和落户，不仅共享工业现代化带来的成果，还能够获得与市民平等的待遇。统筹城乡空间规划，扩大集约型城镇化的覆盖范围；也就是说，城乡空间一体化是城乡协调发展的空间内涵，强调城乡要素的双向流动，增强城市现代化对农村的辐射效应。

第四，集约型城镇化是区域发展的城镇化。每一个区域都有各自的特点，区域化是我国城镇发展的客观现实。所谓“以大带小”和“促进大中小城市和小城镇协调发展”，只有放到具体的区域内才可能实现。所以，片面强调优先发展大城市或者小城镇，都是不客观的，要依据区域的自然地理状况、经济发展基础、人口规模和区域定位，确定每一个地区的城市规模结构，将大中小城市和小城镇协调发展落实到具体的区域。

（三）以区域协调带动城乡协调，完善城市群规划体系

1. 加强全国性规划的指导作用

第一，加强规划的指导和调控作用。走中国特色的集约型城市化道路，促进区域协调发展，必须要有规划的指导。政府要根据国民经济和社会发展的总体要求，制定科学合理的城市化的发展目标和发展规划。在制定城市化规划时，要立足当前，面向未来，统筹兼顾，突出重点，发挥潜力，综合布局；要处理好局部与整体、近期与远期、需要与可能、经济建设与社会发展、城市发展和文物保护以及环境保护等关系；要请专家学者多方调研，反复论证，按法定程序决策审批，保证规划的科学性。另外，还要树立规划的权威，

强化规划对城乡建设发展的指导与调控作用，引导城市化集约高效发展。

第二，增强公共产品供给能力，改善城镇功能。要加强基础设施建设，通过改善道路交通、邮电通信、生活住宅、园林绿化、休闲娱乐等基础设施条件，增强城镇功能，使其充分发挥聚集生产要素和吸纳农村剩余劳动力的作用。提高医疗卫生、教育等公共服务水平。尤其要重视人口老龄化和农民工社会保障问题，提高义务教育的水平，包括对现在已经在城市生活的农民工子女的教育。

第三，营造良好的政策和法律环境。在产业政策上，要给进城创业的企业在土地、税收、信贷等方面以平等的待遇，保障司法公正和社会稳定，营造廉洁高效的政府运营环境、奋发向上的创业环境和宽松愉悦的人文环境，让企业经营者真正享受到进城以后的方便与实惠，从而激发其向城镇转移产业的积极性和主动性。在人口政策上，要清理和消除不利于农村人口向城镇转移的各种歧视性条款，给进城农民以真正的市民待遇，切实解决进城农民在住房、就业等方面的实际困难。

第四，编制城市群或者都市圈等区域性规划，并将周边区域纳入规划之中。城市群是城市经过一系列空间演化的结果，它具有集聚性、协作性和整体性。在编制城市群规划时要明确城市群动态发展规律和预测未来发展趋势，尽管周边城市与城市群的联系还处于薄弱阶段，但是从区域空间运动规律看，理应把城市群周边地区纳入规划之中，以便于统筹城市群未来发展中的人口、产业、资源和环境问题。具体做法如下：一是把城市群辐射区纳入编制城市群区域规划的研究对象；二是要体现区域协调的目标、机制与措施；三是要优先考虑区域交通网的建设。城市群区域交通网要既要覆盖城市群内部，也要延伸与周边区域交通网点衔接。区域交通网络不断扩展，最终将城市群周边地区纳入城市群范围，建立以交通为纽带的紧密经济联系。

2. 协调区域发展规划、城乡建设规划和土地利用规划的关系

在区域协调发展战略下，城市规划应当与周边农村发展相协调，体现城市建设对农村的辐射和带动作用；村镇规划也应当与城市的建设和发展相衔接。一是统筹城乡规划建设，推进城乡空间一体化。高标准编制城乡整体规划，统筹考虑城乡空间布局，形成分工明确、梯度有序、开放互通的城乡空间结构体系；以规划为龙头，加快建设中心城市、中心镇和中心村，整合改造一般镇和一般村，完善城乡基础设施配套，提高城乡空间组织化程度，加快农村城市化进程。二是以规划为指导，统筹城乡产业布局，推进城乡经济一体化。要突破城乡行政区划障碍，调整区域内生产力布局，优化城乡资源配置，推动农民集中居住，促进村庄适度集聚和土地资源集约利用；因地制宜开展新农村建设，推动农村劳动力就业多样化，缩小城乡收入差距，促进城乡经济的共同繁荣。

建立功能清晰、衔接协调的规划体系。目前与城乡区域统筹发展密切相关的规划主要有三类：第一是总揽经济社会发展全局的五年经济社会发展规划，第二是城乡建设规划，第三是土地利用规划。其中经济社会发展规划主要拟定发展目标与方针，确定战略布局与任务，具有宏观性、战略性、指导性；城乡建设规划主要侧重综合部署各项建设，统筹建设所需土地等空间资源，专业技术性较强，而综合性不足；土地利用总体规划侧重于统筹安排各类用地规模和布局、调控土地资源合理配置，更强调耕地保护。因此，应该将经济社会发展规划作为其他各类规划的依据，城市总体规划、镇总体规划以及乡规划和村庄规划的编制，都应当依据国民经济和社会发展规划。同时城乡建设规划还应与土地利用总体规划相协调和衔接：城市总体规划、镇总体规划以及乡规划和村庄规划中建设用地的规模、范围都应与土地利用总体规划保持一致，必须坚持集约和节约用地、保护耕地的原则，尤其要注重对基本农田的保护。而规划区内建设用地的安排，也必须符合相应建设规划确定的用地布局和发展方向。

值得一提的是，要想切实发挥好经济社会发展规划在规划体系中的龙头作用，还必须完善两点：一是加强空间指导和约束功能，明确全国主要区域的主体功能和空间布局的基本原则，为区域规划、城市规划等各级规划的编制提供依据。在空间上引导各大区域内城镇体系、重大基础设施网络、主要产业聚集区、生态环境保护区等的合理布局。二是增强长期指导性。目前我国的城市总体规划和土地利用总体规划一般规划期在 10～15 年，而经济社会发展规划只有 5 年规划期，严重制约了其对同级规划的引导与约束作用。

3.形成中心城市和各级城镇的协作关系

区域城镇体系是指在一个区域范围内，一系列规模不等、职能各异、相互联系、相互制约的城镇有机整体。它是区域经济的骨架，也是区域经济发展和布局的前提，合理的城镇体系可以为经济发展提供广阔的市场和持久的动力。区域城镇体系规划是各级政府指导城市化和城镇发展、调控城乡建设整体空间、促进区域协调发展的重要依据和手段。

当前，我国城镇体系结构不够合理，城镇短缺现象明显。研究表明：占国土面积 32.58％的西北五省区，城市总数只占全国的 6.14％，其中特大城市占 5％，大城市占 1.9％，中等城市占 5.1％，小城市占 7.7％，建制镇占

3.28%，明显地反映出城镇体系的不合理和不健全。例如：宁夏没有特大城市和大城市，青海没有特大城市，甘肃也是大城市短缺，并且普遍缺少作为区域经济中心的中等规模城市，小城市和建制镇短缺现象也较突出。城镇体系的等级结构、职能结构不合理，导致体系内不同等级城镇间的传导机制、扩散机制难以到位，产业的扩散、承接条件尚不成熟，影响各类要素的有效配置，从而不利于城市化进程推进和区域经济发展。

在区域协调发展战略下，区域城镇体系规划应突破常规的“规模结构、职能结构、空间结构”框架，主要强调区域一体化的战略思想。

第一，以加快城市化进程、推动区域经济社会发展为出发点。要紧紧围绕经济社会发展的战略目标，加快城市化进程，逐步改变城乡二元结构，缩小城乡差距，实现城乡区域协调发展。要根据各地区的区位条件、资源禀赋、产业结构及发展潜力，合理确定城镇布局和功能定位。大力发展规划合理、规模适度、功能完善、环境优美的城市，充分发挥其集聚人口和繁荣经济的作用，高起点规划、高标准建设和高水平管理好城市。

第二，要以区域协作和区域统筹为落脚点。规划区域的城镇体系建设，要根据当地的资源优势和区位条件，与周围区域形成合理的分工协作关系，统筹整个大区域内的市场和科技创新力量，面向国内外市场需求，促进优势产业发展，以形成规模经济，提高整体竞争能力，逐步形成垂直型分工与水平型分工相结合的区域经济格局。

第三，以加强中心城市作用、带动区域共同发展为核心。中心城市对区域经济的带动作用目前已经被区域的经济发展所证明。提高规模效应和“极核”作用，积极培育能够发挥区域性枢纽作用和产业优势的中心城市，应当是城镇体系规划的核心任务之一。一方面，要促进中心城市发展，引导要素集聚，进而增强其对整个区域的辐射带动作用；另一方面，还要加强中小城市和小城镇的建设，使其成为各级区域经济的中心，带动城、镇、乡村社会经济全面发展。要通过农业产业结构的调整来促进农业资源的集约化和农产品专业化生产与经营，从而使更多的农村富余劳动力向中小城市聚集，促进中小城市在数量、质量和功能上的扩张。尤其要注意发挥小城镇作为城乡联系纽带的作用。我国目前有两万多个小城镇，多位于分散的乡村和高度集中的城市中间，它们是城镇体系的基础层次，填补了城市地区和乡村地区的空间断层，使城、镇、乡社区联成网络。因此，要注意发挥小城镇的纽带作用，集约发展小城镇，提高城镇质量，扩大第二、第三产业规模，使其成为具有一定辐射和带动能力的农村区域经济文化中心，促进城乡一体化，最终形成城市、城镇、农村的协调互动发展。

（四）加快城乡用地制度的改革

1.调整城市建设用地标准

造成城市化进程中大量占用耕地的问题，有一个重要原因是我国的城市人均建设用地的标准较高。我国的城市规划人均建设用地标准制定于1991年，至今仍然指导着我国各类城市进行城市总体规划修编。由于标准本身存在一系列的问题以及二十年来我国经济社会发展的环境已经发生巨大变化，因此标准所带来的问题正在逐渐地暴露出来。结合我国区域协调发展的要求，提出我国城市规划人均建设用地标准调整的方向。

第一，从区域规划出发，配置区域土地资源，统筹区域建设用地。我国东部地区城市化和工业化水平较高，现已形成了长江三角洲、珠江三角洲、京津冀、山东半岛和海峡西岸等五个城市群，这些城市群的规模、等级以及现代化水平均列全国前列，因此，城市的人均建设用地对城市群整体空间结构的调整具有重要意义。从人均建设用地的规模来看，东部地区、东北地区的城市分布相对集中，城镇体系相对完善，城乡关系相对协调。而中、西部地区地域面积广大，地形复杂多样，城市数量少，城市现代化水平较低，城乡分割严重。基于区域发展趋势，东部地区、东北地区要对几个大城市群进行区域规划，尤其是城镇体系规划和土地规划，按照合作分工的原则对中心城市和其他城市的职能进行协调，避免区域内的各级城市的职能“大而全，小而全”。中西部地区要规划中原城市群、武汉都市圈、长株潭城市群、成渝地区、关中地区等城镇密集的区域，适当提高人均建设用地标准，扩大建成区面积，引导人口和产业向这类区域集聚。在外围地区，中、小城市需要适当降低城市人均建设用地标准，适当增加城市数量，发挥中、小城市对面积广大的农村的带动作用。

第二，从区域主体功能出发，协调城市的规划人均建设用地标准与区域主体功能之间的关系。按照资源环境承载能力、现有开发密度和发展潜力，将我国空间划分为四大主体功能区域，各主体功能区内的城市要服从国家实施的区域政策和区域规划要求，选择合理、科学、可持续发展的人均建设用地标准。具体而言，对于优化开发区域，人均城市建设用地的标准需要维持现状或者适当调低，关键在于提高土地资源的利用效率；对于重点开发区域，人均城市建设用地标准适当放宽，加快工业化和城市化的步伐，承载优化开发区域和国外的产业转移，承接限制开发区域和禁止开发区域的人口，今后将成为我国经济活动和人口集聚的重要载体。对限制开发区域和禁止开发区域，人均城市建设用地标准需要进行严格控制，限制人口的过度集聚和产业的盲目扩张,减少各种开发活动对自然生态环境的影响。

第三,从城市职能出发,城市的规划人均建设用地标准要促进完善城市职能。城市职能就是城市在区域发展中所承担的作用。通常按照城市职能划分,可以将城市分为工业城市、旅游城市、交通枢纽城市、商业城市等几大类。建设部门需要根据城市职能设定不同参照标准,以满足城市在完善其职能过程中的用地需求。一般来说,工业城市和交通枢纽城市要求面积较大的建设用地,因此规划城市人均城市建设用地的标准需要适当调高。反之,对于诸如旅游城市等而言,适当降低规划人均建设用地标准,限制重化工业的发展,也要避免因城市扩张过快对旅游景区产生较大的负荷。

第四,从城乡关系协调出发,建立规划人均建设用地标准的成本核算机制。当前,深入研究城市规划人均建设用地标准与城市化率、征地补偿等之间建立的核算机制,已经成为研究的重要课题。以城市生命周期为参照系,当一座城市处于工业化前期阶段,城市化水平较低,城市规划人均建设用地标准可以适当调低,征地成本相对较低;当一座城市正处于工业化中后期阶段,城市化的进程相应处于急速推进状态,城市建成区面积会迅速提高,提高这类型城市人均建设用地标准是比较合理的,但面临着较高的征地补偿,因此建成区扩大的成本相对较高;对于一些正处于衰退阶段的资源型城市而言,由于城市的经济结构正处于转型期,城市化进程几乎陷入停滞状态,那么维持或者限制这类城市的人均建设用地标准是符合城市发展的需要。总之,城市规划人均建设用地的标准的成本核算是今后修订城市规划建设用地标准的重要内容,对当前进行统筹城乡发展具有重要的实践意义。

2.加快农村土地制度改革

农村土地制度改革,是解决城市化中土地问题的关键。

第一,挤压城镇房地产市场泡沫、稳定房价,鼓励并支持农村房产交易。经济发展是房地产市场繁荣的原因,而不是结果,任何试图凭借房地产的虚假繁荣作为所谓“支柱产业”带动经济发展的做法都不可取。当前很多城镇居民希望周末或假期到郊区农村度假,甚至很多市民希望退休以后到农村去生活,这也是国际大趋势,所以,农村房地产市场的形成和发展,是一种必然。政府应当尽快出台一些相关政策法规,鼓励并支持农村房产交易,规范农村房地产市场的交易秩序,切实维护农村居民的权益,缩小城乡居民房产价值差距。

第二,加强农村土地制度的市场化改革,增加农村土地价值。我国土地政策的重要特征就是对待城市与农村土地上的决然分割。这两类土地受制于不同权利体系并由分立机构和法规管理。政府拥有从农村获得土地及将之出让给城市使用者的排他性权力。在土地转换用途的过程中,不需要在原有的农村土地拥有者和最终获得土地的城市新使用者之间进行直接交易,这种做法显然损害了农村土地所有者和使用者的利益。因此,政府征用土地的范围应该缩小,保留公益性建设用地通过征用来取得,营利性用地则退出征用。同时,政府必须通过规划管制和用途管制规范土地市场。

第三,允许以农村土地承包经营权出资入股设立农民专业合作社。重庆在获得"统筹城乡综合改革配套试验区"后,推出了"允许以农村土地承包经营权出资入股设立农民专业合作社"的改革方案,有人说,这是新中国成立以来的"第三次土地革命"。由于农业生产是土地密集型的产业类型,在现代农业技术条件下,一农户若生产粮食,就可以耕种几百公顷甚至更多的土地,形成规模经营,从而极大提高农业劳动生产率。这样一个认识大概能为当今熟悉农业生产的许多人所接受。然而,中国农村的现实情况是劳动力较多,而土地相对较少,规模经营遇到困难。许多地方政府都想在这个方面迈开较大的步伐。目前,一个比较普遍的做法,就是主张用"股田制"的办法实现土地规模经营。常常是由一个或几个出资者注册一家经济实体,种植经济作物,或搞所谓"设施农业",而农民则用自己的承包地入股,按股取得报酬。重庆的设想则是让农民通过土地入股来组成合作社,而不是公司一类的经济实体。按这个想法,土地经营规模的确可以增大。但是,这种做法也有风险:土地是农民社会保障的载体,一旦这种股份制经营出现破产等情况,会使农民成为既无土地又无保障的失地农民。所以,土地制度改革应考虑各种后果,然后再实行。

城乡关系紊乱与城镇布局的不合理有直接的关系。解决这个问题,就必须在区域协调发展条件下,优化城乡的空间布局,实现城乡统筹发展。

(五) 建立城市化发展速度的调节和预警机制

城市化建设应立足于各地的资源环境、地域环境及其人力资源特点,遵循因地制宜的原则,促进区域经济发展。因地制宜地培育具有竞争优势的主导产业是保持城镇活力、推动城镇发展的重要条件。因此,各地区在城镇建设中要以产业为支撑,积极探索一条适合自己发展特色、发展性质、发展方向和推进速度的城镇发展模式。

当前我国很多地区忽视城镇发展的内在需要,盲目大搞城镇建设,出现"处处皆城镇、处处皆农村"的现象,严重制约了城市化发展的潜力。实际上,从我国城市化发展的实际来看,不乏值得借鉴的模式。如"浦东模式"是改革开放新形势下城市化道路跳跃式发展的先进典型;地处我国中部地区的南阳市按照“建设绿色城市体系”的构想，形成了沿国道发展的路域经济型、资源开发型、产业依托型、商贸带动型、传统工艺型和工矿带动型为代表的著名的“南阳模式”；由农民自筹资金自己建城的“龙港模式”和“温州模式”等等。但这些不是固定的模板，每个区域应该从自身实际出发，探索最适合的城市化模式。充分利用区域经济优势，用特色经济带动特色产业，并进而形成特色城市经济主体，拉动地方经济发展。

区域城市化发展模式要体现区域历史文化特色。历史是城市之根，文化是城市之魂，特色是城市的生命力。健康的城市化要求城镇建设必须与保护当地优秀历史文化遗产结合起来，形成鲜明的地方特色。我国历史文化源远流长，积淀深厚，很多大中小城市和小城镇都有深厚的历史文化底蕴、丰富多彩的历史故事和历史文化古迹。我们应当充分挖掘和保护历史文化遗产、地方民族风情及自然遗产等，突出城市自己的特色，提高城市的文化品位，充分展现自己的风格，避免千城一面。总体上讲，城市化建设必须体现以人为本的精神，改变重物质文明建设、轻精神文明，重人造景点建设、轻历史文化遗产的维修保护，重旅游资源开发利用、轻资源和环境保护的现状。为此，必须坚持“顺应自然、尊重历史、发展特色、整体设计、长期完善”的城镇建设理念，促进城镇文化的建设与发展。

例如，成都市城乡规划以“三个集中”作为规划工作的基本指导思想。一是引导“工业向集中发展区集中”。全市规划确定 21 个工业集中发展区，依托不同区位和资源优势，规划各自的产业特色和定位，制定了工业用地的集约化建设标准。依照规划，成都市迅速完成了工业开发区的清理、缩减工作，2003 年全市共有大大小小 116 个工业区，2004 年集中减少为 21 个。做好规划，打造好载体，同时理顺招商引资体制。二是规划引导“农民向城镇集中”。新规划的市域城镇体系使“以县城和有条件的区域中心镇为重点”在规划上得到落实和支撑。规划的 558 个农村新型社区、167 个农民新居工程、若干中心村聚居点，引导农民居住向城镇、中心村和聚居点集中。这些新集中居住点有着统一建设的水电气系统、道路设施，甚至有着现代化的垃圾处理站。三是规划引导“土地向规模经营集中”。通过实施规划、土地整理，土地合理流转，引导土地向规模经营集中，加快了农业产业化步伐，众多农民从传统耕作者转变为新的股东、产业工人，收入大幅增加。在此基础上，规划还提出了农村“三大重点工程”——农业产业化建设、农村扶贫和环境建设。[①]

---

① 《城乡一体化：城乡规划破解科学发展难题》，《成都日报》2007 年 3 月 26 日。

又如，温州乐清柳市的低压电器产业，总产值近200亿，从业人员达十余万人，由此也集聚了共约13万的外来人口，在柳市、北白象二镇合并之后，新柳市镇常住人口将达24万多，远超过市区所在乐成镇。苍南的龙港镇，其块状产业印刷业从业人口也有十余万，全镇的GDP即占全县GDP总量的45%，2000年人口普查时，其常住人口达27.3万，成为浙江乡镇中常住人口最多的一员，城市规模、人口规模、经济规模、人均GDP等都远远超过县城灵溪镇。同样，在永嘉的瓯北镇，在全县人口流失近20万的前提下，瓯北的常住人口反倒比户籍人口多出了近6万，而且，在泵阀业的推动下，瓯北提出，到2005年城区发展到20平方公里和20万人，成为一个中等城市，而从1997年到2002年，瓯北工业总值占全县的比例已由38.6%提升到49.6%，形成一种高度集中的模式。①

城市化并不是越快越好，当城市化速度过快之后，也应当像预防经济过热一样进行调控，就是说，把城市化速度调控纳入到国民经济宏观调控中来统一进行。

要进行城市化速度调控，就必须有一个速度的预警系统。我们提出的城市化预警系统是以城市化和工业化相互协调为核心，追求城市化均衡发展，即就业平衡、土地平衡、公共物品平衡和公共基础设施平衡。本系统以全国或者区域城市化为研究对象，在城市经济、区域经济、系统论、协同论等学科指导下，采用一系列的预警方法、指标体系、预警模型和信号系统，对监测结果获得的警情、警源、警兆发布警示的决策系统。目前城市化预警系统研究尚属于空白，本研究仅提出区域城市化预警系统设计思路、指标体系和模型。

城市化预警系统的功能在于：第一，恰当地反映了我国或者区域城市化是否能够与工业化、资源环境、公共服务与产品相互协调，在理论支持下，采用统计分析方法便可以获得预警结果；第二，反映未来我国或者区域城市化的趋势，是否存在不协调，或者可能向和谐的城市化转变，及时发出信息，起预警作用；第三，及时反映对城市化系统施加调控的效果。预警是为了及时采取调控措施加以干预，确保区域城市化健康稳定发展。

系统设计的技术路线是依据城市化过程的四大供需平衡，至于四大平衡内部如何运行，各平衡之间的关系等尚无法做出科学解释。因此，假设城市化系统的四大平衡在一定技术和政策措施的干预下，能够平稳健康地运行。基于上述假设，城市化预警系统设计路线如图8-1所示。

---

① 《浙江块状经济刺激下的城镇发展模式》，浙商网，2008年7月。

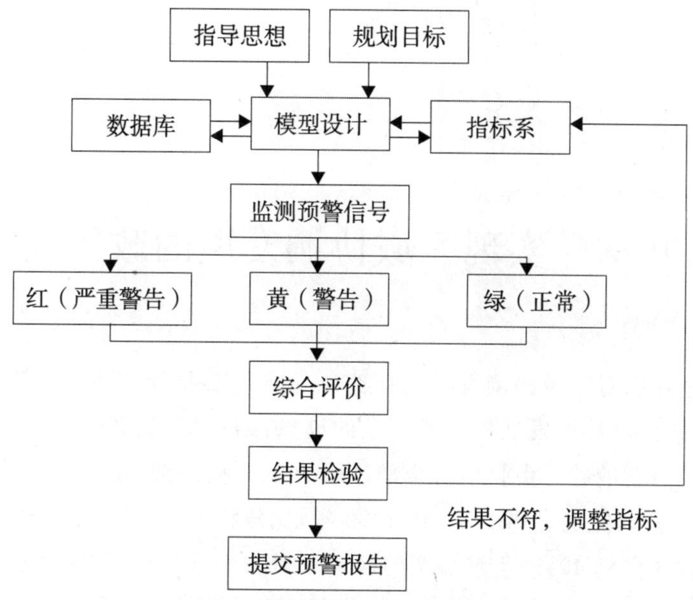

图 8－1　城市化预警系统设计路线

本预警是考察城市化的四大子系统是否存在平衡，供需之间的缺口用于揭示城市化系统运行的状态。设计城市化预警系统指标是重要的基础环节，在指标体系中，采用定性方法选择一批代表性预警指标，然后根据平衡原理求出缺口，缺口相对大小直接反映了城市化的健康状态。城市化预警系统指标分为两类：一类是供给指标，包括土地、劳动力、公共物品和公共基础设施四方面；另一类是需求指标，包括就业岗位、建成区面积等。

第九章　实现区域协调发展的政策措施

根据我们对区域协调发展的研究结论，我们对“十二五”时期和“十二五”以后的区域协调发展提出两步走的设想：第一步，到2015年，全国区域发展比较协调的省区由目前占全部区域的20％提高到30％；基本协调的省区保持在50％左右。第二步，到2020年，比较协调的省区占到50％，基本协调的省区占到40％，不够协调的区域占10％。区域经济向区域共同繁荣的方向演化，主要领域的公共服务和人民生活水平在各个地区大体接近。

我们的总体思路是：系统整体地协调区域发展问题，就是要实施区域发展总体战略，全面构建以东部和东北为龙头，中西部为腹地，实现东中西互动的良好区域发展格局。继续发挥各地区的比较优势，加强薄弱环节，使地区经济、城乡发展差距扩大的趋势得到进一步缓解，地区间的社会发展差距进一步缩小，逐步形成公共服务和人民生活水平差距趋向缩小的区域协调发展态势。

为实现这样的目标，我们提出以下政策措施。

一、区域行政管理体系改革

发达国家的经验证明，设置完善的管理机构，并且明确各管理部门的职能定位和合理的分工与合作，对实现区域协调发展具有重要的作用。目前，我国区域管理体系建设还相当薄弱，主要表现在管理体系主体职能不明确、各管理部门林立、割据、区域经济管理以行政区为界限、缺乏互动性等。要实现区域经济协调发展，必须建立和完善国家区域管理体系，充分发挥其宏观协调和管理能力。

（一）进一步明确政府职责定位

改革开放三十多年来，我国逐步由计划经济体制向社会主义市场经济体制过渡，相对于经济体制改革我国政府职能转变显得相对滞后，计划经济体制下政府直接干预市场的现象仍然大量存在。尽管政府实行间接调控，但是对于大多数国企而言并未完全实现自主经营，政企不分现象仍然存在。各地方政府作为地方经济利益主体为实现区域利益，实施行政干预，实行地方保护主义，违背市场经济规律，造成资源浪费、经济效率低下，严重阻碍了市场经济的健康发展。

因此，必须在遵循市场经济规律的基础上，进一步明确政府的职能定位。一方面应立足于服务市场职能，为促进市场发育，努力进行地区基础设施建设，制定各项政策法规，营造区域发展较为宽松的市场环境；另一方面充分发挥经济宏观调控职能，从经济发展全局和长远目标出发，辅以相关法律政策，加强对市场的规范、引导，防止出现市场失灵导致的地区差距的进一步扩大，来实现市场健康稳定发展。

第一，转变政府职能，实现政企分离，发挥政府的经济调节功能。经济自由是市场经济的灵魂，经济应由市场这只“无形的手”调节。政府是市场规则的制定者和市场秩序的维护者，必须转变过去无所不包、无所不管的“全知全能”大家长角色，成为管理型和服务型并重的有效政府。本着一切有利于群众、有利于经济增长和社会进步的精神，为市场主体提供良好的发展环境。企业和个人是经济活动中最活跃、最具有活力和创造力的力量，要实现企业的自主经营和自负盈亏，由个人自主决策，参与竞争，必须由市场配置资源，实现优胜劣汰。因此要改变以往政府既做“运动员”又做“裁判员”的双重角色，从原来的“参与游戏”和“裁判游戏”转为“制定游戏规则和裁判游戏”上来，保证市场交易的效率和公平性，使市场真正担当起资源配置的角色。政府通过制定规划、政策指导、信息发布以及规范市场准入，主要运用财政、税收、价格、货币、收入分配等经济手段和法律手段并辅之以必要的行政手段，引导和调控经济运行，对社会总需求和总供给进行总量调控，促进经济结构调整和优化，统筹城乡区域、经济社会、人与自然、国内发展与对外开放等各个方面，保持经济持续、快速、协调、健康发展。[①]

第二，政府要进行市场监督，维护公平竞争的市场秩序。我国改革开放三十年来的经验证明，政府应站在市场背后，控制市场总体运行，矫正市场固有缺陷，最大限度减少市场消极面，补充市场的不足，在宏观经济领域实施与市场经济相匹配的政策、制度，促进微观经济领域内市场机制的有效发

---

① 参见王澜明：《社会主义市场经济体制下的政府职能定位》，《中国行政管理》2005 年第 1 期。

挥。加强市场监管体系建设，制定相关法规，对市场主体进行监督管理，加大法律行政措施力度，打击各种制假、商业欺诈等违法行为，建立健全社会信用体系，实行信用监督和失信惩戒制度，实现市场规范化，形成统一、开放、竞争、有序的现代市场体系。[①]

第三，政府要加强社会管理，进一步健全行政法律和社会保障体系。政府的社会管理职能是政府管理的基本职能。政府是社会经济生活中最重要的制度提供者，通过制定社会政策和法规，依法管理和规范社会组织、社会事务，协调社会矛盾，调节收入分配，保证社会公正，维护社会秩序和社会稳定。建立健全各种突发事件的应急机制，提高政府应对公共危机的能力，协调社会的各种矛盾，协调不同利益群体之间的关系，保证社会的公平与公正，严肃处理各种损害群众利益的行为，保护和治理生态环境。

第四，提高公共服务水平，构建服务型政府。公共产品的公有性和非排他性，决定了这一行业投资的非营利性和社会效益性的特点，也决定了此类项目投资建设的主体是政府部门。政府需要投资建设的公共部门主要包括基础设施、社会就业、社会保障服务、科学研究、教育事业、卫生保健服务、文化设施和文化事业、国防及安全、生态环境保护与改善等等。应加强对落后地区的基础设施、科技教育资金投入，健全失业保险制度，制定居民最低生活保障制度，通过相关财政、金融、产业政策支持各种公共项目建设，为实现全局的协调发展奠定基础，全力构建服务型政府，实现政府真正服务于地方、服务于群众。

（二）建立管理区域发展的稳定的职能部门

目前的情况，管理区域发展的部门之间职能重叠、事权不清，缺乏有效的沟通和协调，往往造成区域或地区之间的矛盾和冲突。此外，在某些地方各管理部门管理范围重叠外，还出现了某些领域的管理空地，造成严重的公共资源浪费。管理部门间这种分立、割据的状况严重影响了区域政策的有效实施和政府运行的高效性，与建设法治高效政府的目标和要求相比，亟待改革和完善。

考察西方发达国家管理区域问题的政府部门设置情况，通常采用独立的机构设置，部门设置精简，由中央内阁机构制定决策，其他机构围绕在内阁机构周围执行其决策，及时反馈问题。设立的这些机构具有综合管理能力，通常情况下是由一些职能相近的部门或职能相关的部门归并为一个大

---

① 参见吴强：《政府行为与区域经济协调发展》，经济科学出版社，2005。

部门进行综合管理,增强了管理机构的综合管理功能,同时加强了各部门之间的沟通与协作,极大地提高了政府运行效率。因此借鉴西方国家的经验,一方面要规范各管理部门职能,设置管理权限,通过立法加强中央政府对各管理部门的宏观指导;另一方面要加强部门之间合作,构建交流平台,完善信息管理系统,为管理部门和社会建立快捷、有效的沟通渠道。

第一,精简机构,规范管理部门职能。西方国家的管理机构比较精干,很大程度上得益于实施的大部制度,[①],就是把一些职能相近的部门或职能相关的部门重组为一个大部,把原来的部委或改革为内设的职能司局,或改为部委管理的具有一定独立地位的机构。如法国的经济、财政和工业部是一个超级大部,被人们戏称为“一个不可攻破的大城堡”。它负责经济政策、财政政策和工业政策,还负责经济宏观管理、财政预算和决算、转移支付、国际贸易、税收管理、第一产业、第二产业和第三产业的政策和协调。我国必须立足于国情,按照发展社会主义市场经济的要求,精简机构,并由中央政府明确规定各机构部门的功能和性质,同时加强法律规范,建立办事高效、运转协调、行为规范的行政管理体系。

第二,建立电子政府,构建管理部门合作交流平台,提高政务效率。借鉴当前发达国家构建电子政务的经验,通过信息和通信技术提高政府管理部门的效率和加强政府的职能,使公众更好地获取政府提供的公共服务,更好地获取信息,提高各区域政府的透明度,使区域发展的协调能够顺利实现。

美国是实施电子政务比较成功的国家,在层次上将各区域的政府网站划分为联邦、州与市县三级,每一级政府网站的服务内容各不相同,彼此之间分工明确。同时,每一个政府网站都各具特色,服务包罗万象,力图满足所在地域的每个居民的具体需求。而联邦则建立了一个公共平台,作为联邦政府唯一的政府服务网站,整合了联邦政府的所有服务项目和各地区政府的服务项目,同时也与各州政府和市县政府网站都有链接。任何企业和公民,通过相关网站都可以找到政府部门提供的所有服务。

我国各省区和部门都有自己的网站,但还处于初期阶段,未能真正起到门户网站的作用。应通过政府业务的重组,建立集成业务服务系统以及复杂的技术体系,实现政府与企业、公民的交互式业务交流与服务。电子政务的实现将为各区域构建一个交流的平台,加强区域之间的沟通和合作。

第三,强化经济区经济,促进跨行政区区域合作组织发展。行政区经济

① 参见左然:《国外中央政府机构设置研究》,《中国行政管理》2006年第4期。

与经济区经济，是我国区域经济发展过程中的两种存在形态。行政区经济是在过去特定历史时期产生的，其存在也有一定的合理性，在促进地区经济发展方面也发挥了重要作用。但随着市场经济的不断发展，行政区间的市场分割阻碍了全国统一市场的形成和发展。在经济全球化和区域一体化这两大时代潮流的背景下，强化经济区经济，进一步加强行政区的交往和合作是区域生产力发展的内在要求，也是适应经济全球化、区域化的必然选择。目前我国已形成三大跨越行政界限的区域合作组织——长江三角洲城市经济协调会、泛珠三角区域合作组织和环渤海地区经济合作组织。大区域范围内各地区的合作，促进区域内部贸易自由化要素自由流动，获取区域内地区间的经济聚集和互补效应，提高市场配置效率，依托市场力量对资源进行更为充分和合理的配置，促进专业化分工和产业结构优化，减少重复建设，提高专业化分工水平，进而提升区域总体的综合竞争力，促进区域的协调发展。

第四，设立跨区域协调管理机构，促进区域一体化。要实现区域经济一体化，必须打破各省区狭隘的地方利益界限，各省区需要抛弃短期行为，立足长远，顾全大局，树立可持续发展理念。只有这样，真正意义上的区域合作才会形成。借鉴国外相关的经验，可通过建立相应的跨区协调管理机构，并赋予其相应的行政协调权，统一管理，统一约束，处理区域发展中的重大区际冲突和相关问题。政府要将经济区划作为国家宏观调控区域经济发展的一个重要内容，合理确定经济区域的定位、功能及其发展方向，促进区域间的优势互补和合作交流，最终实现区域一体化。

二、健全区域协调发展的机制

区域协调发展的机制对实现区域协调发展十分重要。我们需要较为完善的市场机制和政府管理的机制。

（一）完善区域的互动机制

第一，建立基于市场经济的互动机制。反对地方封锁，全面清除阻碍生产要素流动的体制障碍，通过市场机制推进劳动力、资本、技术等生产要素的自由流动，将有利于实现区域市场整合；依托市场机制配置生产要素的功能，有利于在充分开放的基础上形成区域经济融合的经济体系。通过体制创新健全区域管理机制，组建跨行政区的区域经济协调发展管理机构；明确各级政府区域管理的职能分工；充分发挥各级政府的规划和引导职能；树立科学的发展观，改革地方政府政绩考核标准。

形成合理的政府引导与市场推进的关系十分重要。发挥政府引导和市场推进的双重力量，产业升级都应该是一种市场行为，是市场选择的结果而不是政府的安排。关于就业机会和人口迁移等问题，政府不需要进行强制性的大规模异地迁移，处理好迁移人口的补偿与安置问题也只是一种暂时措施，最重要的是解决好我国城市化进程中外来人口定居落户的问题，解决我国长期限制人口转移的户籍问题，形成人口的自然流动机制。

第二，建立分工和多赢的区域合作机制。充分发挥各区域的比较优势，探索建立制度化的区域合作机制，开展多层次、多形式的区域合作，突出重点领域，实现区域间优势互补、互利共赢、共同发展。区域合作机制形成的前提是互惠互利。由于区域之间经济分工在不同区域内的收益不同，不可避免地会引发区域利益冲突。因此需要建立和完善区域利益协调机制，维护区际协作利益的协调，使各地区共享发展成果。区域利益协调机制是从区域整体利益出发，对区域内各次区域或地区间分工合作的经济利益进行协调的机制。主要内容包括：完善要素价格形成机制。在充分考虑市场供求状况和资源稀缺程度的基础上，必须进一步完善要素价格形成机制，合理确定协作净利益的分享比例与方式；加快建立生态补偿机制。

建立旨在缩小区域合作成员之间发展差距的发展基金，是建立区域合作机制的重点任务之一。参与区域合作的成员之间的发展差异往往很大，这不仅体现在经济发展的各项指标上，还体现为发展环境及发展目标上。在区域合作中，地处中、西部地区的省份，一方面要改善发展环境，包括基础设施的建设和市场经济发展观念的培育；另一方面还面临经济结构的调整及经济增长点的形成，这种增长点可能是某种产业的形成，也可能是某个空间的要素集聚（如城市化或城市带的建立）。如果区域合作不能关注或有助于这样一些地区的发展需求，就很难使发展落后的成员对区域合作有足够的向心力，会更多地把合作视为商贸洽谈会，而不是有着内在关联的区域性经济合作。怎样才能使区域合作组织增强凝聚力呢？建立带有不同专项功能的基金，以资助有关地区解决所面临的特殊问题是一个可以借鉴的办法。此专项基金一是用于发展落后地区基础设施；二是资助面临结构性困难的区域实施转型；三是支持落后地区的人力资源培训。基金资助应附有条件，即接受基金资助的地区应该按照区域合作的整体规划做出相应政策配合。这一点非常重要，因为基金资助对象大多是发展较为落后的地区，而基金出资较多的则是相对发达地区，基金资助的附加条件实质上是一种权利交换，否则难以对发达地区形成激励。

第三，完善区域的互助和扶持机制。健全互助机制，就是要在总结经验基础上，进一步发扬先富帮后富的优良传统，鼓励发达地区采取多种方式帮扶欠发达地区。做好发达地区对欠发达地区的对口支援，特别要做好对边疆地区和少数民族地区的对口支援，改善贫困地区义务教育、医疗卫生等公共服务条件。在继续搞好资金援助、项目援助的基础上，加大技术援助和人才援助的力度，充分发挥东部地区对中、西部的示范和辐射作用，通过多种形式带动其他地区的发展。

按照公共服务均等化原则，国家加大对革命老区、民族地区、边疆地区和贫困地区等重点地区以及欠发达地区的支持力度，以更大力度支持资源枯竭城市发展接续产业。加大上级政府财政转移支付力度，公平地分配公共服务，逐步缩小城乡、地区间公共服务的差距，提高公共服务的公平性和可及性，逐步保障居住在不同区域的人民共享改革发展成果，缩小不发达地区与发达地区之间的根源性差距。

（二）完善生态补偿的长效机制

生态补偿机制是区域协调可持续发展的政策保障。目前我国的生态补偿机制主要是中央财政转移支付的纵向补偿，并且补偿标准比较低，无法调动生态保护地区保护生态环境的积极性。只有健全生态补偿机制，提高补偿标准，发展纵向补偿和横向补偿相结合的多元化的生态补偿机制，国家才能均衡各区域经济利益关系，通过利益补偿机制实现区域经济发展的效率与公平的协调，实现区域生态公共服务的均等化。

第一，推进和谐社会建设，提高对建立生态补偿机制的认识。从社会道德、公民的权利和义务、社会公平与社会责任的层次上，提高对生态补偿的认识，扎扎实实地推动生态补偿长效机制建设。要认识到生态环境服务功能具有很高的价值，尽管这些价值难以在市场上兑现，但一旦破坏带来的损失，却是我们无法承担的。要认识到生态补偿机制绝对不是施舍，而是体现生态服务功能价值、减少环境冲突、维护环境公平的一种手段，而且只反映了这种价值很小的一部分。要认识到建立生态补偿机制是促进区域协调发展，提高生态文明、建设和谐社会的重要组成部分。

第二，整体筹划，明确责任，把握生态补偿的基本思路。在空间尺度上，可以分为国家、区域或流域两个尺度。西部地区是我国的重要生态屏障区，对维护国家和东部地区生态环境安全至关重要，是国家尺度上生态补偿的重点区域。在区域或流域尺度上，重要生态功能区及自然保护区承担了维护国家生态安全的生态功能保护任务，受益者主要是国家；上游地区为保护流域水环境平衡做出了更多的努力，受益者是整个流域，这两类地区应作为主要的生态补偿区域。在补偿方式上，可以分为纵向和横向补偿两种方式。纵向补偿主要指国家对地方、上级对下级的补偿，包括资金的转移、税赋的调整和项目的实施等。横向补偿主要指区域间的补偿，如东部对西部的对口支援、流域下游对上游的补偿。在补偿手段上，可以分为政府引导和市场调控两种手段。政府手段主要是通过财政手段对保护生态环境的行为予以支持和补贴，或是直接实施生态保护和建设项目。市场手段一方面包括政府通过制定相关政策使生态环境成本内部化，另一方面则是创造条件，将一些生态环境保护的行为推入市场，如配额交易。两种手段都是实施生态补偿的有效手段，针对不同的问题各有侧重。

第三，选取优先领域和区域，试点示范，重点突破。为了尽快推动生态补偿取得实质性发展，应当根据目前的研究基础和实际情况，选取一些优先领域，开展研究和示范，重点突破，在实践中再完善，以点带面，推动社会管理的改变和管理制度的创新。自然保护区和重要生态功能区是国家"十一五"规划明确禁止和限制的开发区，但目前建设投资渠道单一，建设经费严重短缺，一定程度上影响了地方经济发展。我们应尽快完善自然保护区和重要生态功能区建设的生态补偿制度，提高地方和当地居民生态保护的积极性。流域是天然的区域单元，流域上下游关系密切，各自责任比较明确，目前上下游之间的矛盾比较突出，研究与探索经验也比较多，可以作为建立生态补偿机制的优先领域之一。矿产资源开发造成了很大的生态破坏，目前的资源环境法规和管理政策对生态恢复补偿机制的规范还不到位，管理体制上也存在一些问题，各个部门都组织过一些研究，认为这也应该作为实施生态补偿的优先领域之一。

第四，国家引导，地方实践，共同推动生态补偿机制的建立健全。建立生态补偿制度是一项非常系统、实践性很强的工作，需要国家和地方通力合作，各负其责，共同推动，只有这样才能使我国的生态补偿制度有效地建立起来。国家综合部门应会同有关部门共同研究国家的生态补偿政策，各级地方政府组织各有关管理部门，共同商讨建立区域、流域的生态补偿制度。各地应根据本地实际情况选取典型区域、领域，安排一定的启动资金开展生态补偿试点工作，同时根据各地实际情况，研究建立生态补偿标准、核算方法、补偿方式等，为建立科学化的生态补偿机制提供技术支撑。积极探索市场化的生态补偿途径，逐步建立政府引导、市场推进和社会参与的生态补偿机制。广泛开展国内外合作交流与宣传，充分汲取和推广国内外生态补偿的成功经验，结合生态补偿试点工作，提高生态补偿的公众参与程度。

三、确立区域发展总体战略的实施手段

实施区域发展总体战略，需要拥有强大的手段。从我国目前的发展来看，制定和实施分类区域规划，是实施区域发展总体战略最有效的手段。这些规划包括：主体功能区规划、国家层面的区域规划和综合配套改革实验区规划，等等。

（一）主体功能区规划

主体功能区规划是国家《"十一五"规划纲要》明确提出、《"十二五"规划纲要》进一步强调并于2011年正式公布的。主体功能区规划是根据资源环境承载能力、现有开发密度和发展潜力，统筹考虑未来我国人口分布、经济布局、国土利用和城镇化格局，将国土空间划分为优化开发、重点开发、限制开发和禁止开发四类主体功能区，按照主体功能定位调整和完善区域政策及绩效评价，规范空间开发秩序，形成合理的空间开发结构。

在国家"十二五"规划当中，对主体功能区规划给出的总体要求是："按照全国经济合理布局的要求，规范开发秩序，控制开发强度，形成高效、协调、可持续的国土空间开发格局"。

关于"优化国土空间开发格局"，明确提出"统筹谋划人口分布、经济布局、国土利用和城镇化格局，引导人口和经济向适宜开发的区域集聚，保护农业和生态发展空间，促进人口、经济与资源环境相协调"。

1. 主体功能区的概念和内涵

所谓主体功能区，是指根据不同区域的发展潜力和资源环境承载能力，按区域分工和协调发展的原则划定的具有某种主体功能的规划区域。主体功能区的主体，就是指一个地区承担的主要功能，或者是发展经济，或者是保护环境。按照这种分类，优化开发区域是指国土开发密度已经较高、资源环境承载能力开始减弱的区域；重点开发区域是指资源环境承载能力较强、经济和人口集聚条件较好的区域；限制开发区域是指资源环境承载能力较弱、大规模集聚经济和人口条件不够好并且关系全国或较大区域范围生态安全的区域；禁止开发区域是指关系到全国或较大区域范围生态安全的重要水源涵养地、水土保持地、野生动植物栖息地，以及依法设立的各类自然保护区等。

"十二五"规划明确提出"实施分类管理的区域政策",就是"基本形成适应主体功能区要求的法律法规和政策,完善利益补偿机制";"实行各有侧重的绩效评价"是"十二五"规划的新的亮点,"在强化对各类地区提供基本公共服务、增强可持续发展能力等方面评价基础上,按照不同区域的主体功能定位,实行差别化的评价考核",必将能够防止唯 GDP 的倾向;规划还提出"建立健全衔接协调机制","按照推进形成主体功能区的要求,完善区域规划编制,做好专项规划、重大项目布局与主体功能区规划的衔接协调",是对下一步实施主体功能区规划提出了要求。

要阐述主体功能区的内涵,需要弄清以下三个关系。

第一,区划与规划的关系。区划一般是根据区域的自然、经济、社会等客观存在,并考虑发展的要求,按一定的标准划分区域,并确定区域的主导功能的行为。规划则是综合考虑当地的自然、经济、社会等条件,选择最适合的方向、目标,提出相应的措施和策略的过程。目前区域层面规划的主要工具是政策区划和空间管治。而主体功能区划正是要在区域层面完成功能区划及分类的政策研究。

第二,经济区划与主体功能区划的关系。经济区划是依据一定的原则和标准对客观存在的经济区的主观认识与划分,以达到组织区际合理分工,有计划地建立和加强区内各部门间、各子区域间的经济联系,指导区域经济朝着最有利的方向发展,实现整体经济的最优化的目的。而主体功能区划与经济区划的不同之处主要体现在影响因素不同。经济区划主要研究区域的经济活动现状情况;主体功能区划除考虑经济活动外,更多地研究资源与环境对经济活动的影响情况。

第三,生态功能区划与主体功能区划的关系。生态功能区划是根据区域生态环境要素、生态环境敏感性与生态服务功能空间分异规律,将区域划分成不同生态功能区的过程。[①]。生态功能区划是主体功能区划的重要依据。资源环境承载能力是划分主体功能区的主要因素,生态功能区划研究区域生态环境现状、生态环境敏感性、生态服务功能重要性并划分生态功能区,分区结果成为主体功能区划的重要依据。生态功能区划主要考虑区域的自然属性,是专项性的功能区划,主体功能区划除考虑区域的自然属性外,还考虑区域的经济与社会文化属性,是综合性的功能区划。生态功能区划研究人类活动对生态环境的影响,主体功能区划研究自然环境对人类经济社会活动的影响,是一个问题的两个不同方面。因此,主体功能区划可以

① 参见伊铭:《上海生态经济功能区划研究构想》,《黑龙江社会科学》2006 年第 4 期。

看作对自然区划、经济区划和生态区划的有机结合，其目的也在于能够对全国的经济发展和生态建设进行空间上的划分和布局，为各地区进一步发展厘清思路。

2. 主体功能区规划的意义

公布实施主体功能区规划，具有以下四个方面的意义：

第一，体现了以人为本谋发展的理念。主体功能区规划打破长期以来把做大一个地区经济总量作为出发点和唯一目标来缩小地区差距的观念，明确了缩小地区差距的导向不是缩小地区间经济总量的差距，不是要求各个地区的经济总量排名提升，而是缩小地区间人民享有的公共服务和生活水平的差距，从而使居住在不同地区的人民都享有均等化的基本公共服务，都享有大体相当的生活水平。

第二，体现了尊重自然规律谋发展的理念。主体功能区规划打破了所有区域都要加大经济开发力度的思维定式。我国区域之间的资源环境承载能力和发展潜力差异较大，特别是相当一部分国土的生态环境十分脆弱，并不适合大规模地集聚经济，大规模地推进工业化和城镇化。在全国960万平方公里的陆地国土上，有些区域要承担发展经济、集聚人口的功能，支撑全国经济的持续发展；有些区域要承担保护生态环境的功能，对于这些区域，"发展"的含义主要不是做大经济总量，而是保护好自然生态。这样，才能既遵循经济规律，也遵循自然规律，实现又好又快的发展。

第三，体现了突破行政区谋发展的理念。主体功能区规划改变了完全按行政区制定区域政策和绩效评价的思想方法。我国不同区域的资源环境承载能力不同，集聚经济和人口的能力不同，发展的内涵和要求也应该不同，对不同主体功能区的评价内容和重点也应不同。只有采取突破现有体制障碍和政策约束的新举措，制定更有针对性的、差别化的区域政策和绩效评价指标，才能使区域政策和绩效评价指标更加科学，才能更好地引导区域协调发展。

第四，体现了长远战略思维。主体功能区规划改变了过于追求短期发展成效的观念。未来几十年，是我国工业化、城镇化加速发展时期，将有几亿农村人口进入非农产业就业，进入城市居住。在这种与经济结构调整相伴的空间结构急剧变动的历史时期，我国区域发展将面临着更大的压力和挑战。富有前瞻性地谋划好我国未来十几亿人口、几十万亿经济产出在国土空间上的分布，主动引导经济布局、人口分布与资源环境相适应，协调好地域空间有限性与需求无限性的矛盾，对中华民族的长远发展与生存极为重要。

（二）跨行政区的重点区域规划

区域规划是为各区域制定区域经济发展战略，属于一种概念性的规划，主要包括制定战略的依据、战略目标、战略重点、战略措施等主要内容。在我国加快制定主体功能区规划的同时，重点地区的区域发展规划也必须加快制定。

第一，按照科学发展观和构建和谐社会的要求，丰富区域发展规划的内涵与目标。以往的规划体系，主要注重的是物质的增长，经济增长速度始终是其追求的核心，这是在过去市场开放水平较低的短缺经济时代形成的。但是，在如今我国经济高速发展的阶段，人们的生活已不再满足于物质的消费，而是越来越注重生活质量和生存环境。因此区域发展规划内容应随时代进步而不断进步、充实和完善。新时期的区域规划应以科学的发展观为指导，做好经济与社会、人与自然以及区域间、城乡间更全面的统筹规划，全面体现以人为本，关注社会公平、社会就业、社会服务问题，缓解社会矛盾，营造良好的人居环境和社会文化环境，为构建和谐社会服务。

在新形势下，区域发展规划不能再把 GDP 作为发展的唯一尺度，而应以经济、社会和生态环境的多目标协调发展作为指导原则，把绿色 GDP 作为衡量发展的尺度。区域发展是一个综合多维的概念，是既包括经济增长和经济结构优化，也包括社会发展和人的素质提高以及生态环境改善诸方面在内的多元多层次进步过程。与此相适应，规划目标的制定必须紧紧围绕可持续协调发展这一中心议题，由经济发展的单目标模式向经济社会与资源环境协调发展的多目标复合模式转变，真正实现经济发展目标、社会进步目标和生态环境改善目标的高度协调统一。

第二，突破行政边界，加强关键领域和薄弱环节的专项规划，强化各规划之间的衔接。跨行政区的区域发展规划应坚持有利于区域整体发展、区域协调发展、区域有序发展的原则，真正以特定经济区域为编制对象，打破行政区划界限和城乡分割体制的束缚。行政区界限的限制导致规划各部门间相互争夺区域规划空间的现象，导致大量工作重复，资源浪费，各搞各的，互不协调，甚至各不认账，严重影响规划的科学性、实用性和权威性。因此完善区域发展规划体系，首先从跨行政区的区域规划抓起，强化规划的空间指导性，将国民经济和社会发展的目标与任务，与空间资源的配置更紧密结合起来。目前，国家发改委“十一五”规划将长江三角洲地区和京津冀地区列为首批国家级区域规划试点，应该说是完善规划体系的重要举措。

我国所要实现的经济和社会发展目标是多方面的，不仅需要分阶段完成,而且需要分地域完成,有时还要根据特殊需要进行专项安排,由此形成的纵横交错的内容和各种复杂的关系,单一规划形式是难以容纳和胜任的。"十一五"规划中制定我国区域发展的总体战略目标:逐步解决我国地区发展差距不断扩大的问题,促进区域协调发展。近年来,面对我国不同发展水平的问题区域,国家逐步形成了各有侧重的区域发展战略,这就是实施西部大开发、振兴东北地区等老工业基地、促进中部地区崛起、鼓励东部地区率先发展。经过几年的实践证明,上述战略的相继实施,在促进区域协调发展方面发挥了积极作用,使地区发展差距继续扩大的趋势得到了遏制。然而在实施规划的过程中,各级规划彼此之间衔接较差,一些专业规划还存在相互分割、各自为政的情况,严重削弱了规划体系的整体功能。在未来的规划体系确立过程中,各类规划间的协调将成为关键,我们应该通过对各类规划的性质、功能、作用范围进行科学界定,进而进行合理分工,在此基础上促成规划体系内各规划间的协调和配合,以更好地实现经济和社会发展的目标。

第三,重视公众广泛参与,保证区域规划整体上符合全社会根本利益。要使区域规划真正成为指导该地区开发建设空间行为的行动纲领,必须重视公众的参与。跨行政区的区域发展规划更需要重视公众的参与。我国以往所制定的规划大多是政治直接参与的产物,很少考虑公众参与过程,这也是我国规划体系的一大缺陷。美国、日本、德国、英国、加拿大等国家在规划制定的各个阶段允许各方人士参与,使规划保持了较高的透明度和参与度。这种公开透明的规划体系决定了规划部门的任务不单纯是根据领导决定编制蓝图,而是应依靠自己的专业知识对决策具有合法的参与权力和实施规划的权力,并有权在各部门的决策者之间进行协调,最终产生具有广泛群众基础的民主型发展规划。因此在规划过程中应广泛吸收代表各种利益的政府有关部门、非政府组织(社团、公司)以及人大代表、企业家和专家学者等各方面人士参加,使公众的力量和私有部门的力量参与到区域规划的决策系统中。在充分交换意见、集思广益的基础上,加强彼此间的沟通,共同寻求合理解决区域规划中各种利益冲突的有效途径,制定出一个透明度高、实用性强、能为公众所接受、在整体上符合全社会根本利益的区域规划。从规划的全过程看,规划编制工作的完成,仅仅是规划体系成功迈出的第一步,能否实施以及实施的效果,则是规划和规划体系成功的关键,它直接影响着规划体系的生命力与应用前景。在市场经济的条件下,对规划的实施也不能单纯依靠政府部门的管理,仍然需要继续保持政府与公众之间的沟通,使公众与政府密切配合,增强规划的实用性,使规划和整个规划体系真正成为指导实践的有效途径。

（三）各级空间规划的关系

我国目前已经有了多种规划，但规划之间的关系尚不是十分清晰。

第一，理顺规划体系，认清功能区规划、跨行政区区域规划、城市规划三者的区别联系。理顺功能区规划、跨行政区区域规划、城市规划三者之间的关系，已成为我国空间规划发展及其有效实施与合理管理的关键所在，这关系到新一轮空间规划的成败。一方面，功能区规划、跨行政区区域规划是在城市规划的基础上逐渐发展而来的，国内外规划发展历程表明，是先有城市规划，后有功能区规划、跨行政区区域规划，因此城市规划与功能区规划、跨行政区区域规划的联系非常密切，不是能够截然分割和彼此独立的。另一方面，功能区规划、跨行政区区域规划、城市规划是不同层次的空间规划，即在概念上不存在包容关系，没有空间上的重叠，分属空间规划体系中不同层次的规划。功能区规划作为最高层次的综合规划，跨行政区区域规划作为特定区域的发展指导性规划，接下来是微观层面上的城市规划。同时，在规划内容上，三者各有不同侧重，职能有别，但都彼此衔接，三者共同构成一个统一的空间规划体系。此外，功能区规划、跨行政区区域规划、城市规划三个大的空间层次，每个层次还可以下分若干子层次，有总体规划、分区规划、详细规划等子层次。

第二，大力开展空间规划理论研究。我国空间规划理论和方法不足，20世纪60年代学习苏联空间规划理论，改革开放后开始逐步引入西方国家的一些空间规划理论与方法，但因中国经济体制的急剧转轨以及中国经济、历史、文化及社会等特点，引入的理论并不能十分有效地指导中国的空间规划，中国空间规划的理论和方法还在形成之中。目前，大尺度空间或区域协调发展问题已经成为影响我国城市化进程和国际竞争力的重要方面，区域发展中需要协调的问题越来越多，不仅基础设施协调建设方面的问题突出，资源开发与环境保护方面需要协调的矛盾也很多。因此，我国客观上存在着对大尺度空间规划的广泛和迫切的需求，这也是我国开展新一轮国土规划和提出把区域规划作为"十一五"规划工作重点的主要原因。因此，在理论和方法研究层面，必须加大对大尺度或高层次规划的相应支持。深入研究各类规划定位、性质、目的、作用以及与各规划之间的相互关系等基本问题。勇于借鉴国外有关空间规划的经验、教训，结合我国具体国情，形成适合我国国情的空间规划体系的理论与方法。

第三，加强政府指导，建立统一协调的空间规划体系。完善的空间规划体系，有利于明确空间规划的层次、从属关系和分级管理，从而能够合理界定各种空间规划的功能定位和规划内容，进一步理顺现有空间规划之间的内在联系、相互关系和编制时序。现在的空间规划区域冲突严重，跨区域规划间缺乏有效的磋商协调机制，各部门规划间矛盾也层出不穷，迫切需要建立和完善空间规划体系，解决现有空间规划的各种问题。首先，空间规划的内容应按从上到下的不同层次，但层次间能紧密衔接。从战略规划、概念规划、全国国土整治纲要到区域规划和城市规划，相应地分别从指导性（全国功能区规划、跨行政区区域规划）到操作性（城市总体规划）和控制性（城市详细规划）层层约束。其次，各层次空间规划应与相应的行政地域相对应，建立集中统一的规划编制队伍和实施的管理机构，强化规划的宏观调控职能。引入并加强规划方案实施效果的预期评价，并由此进行不同规划方案的优劣比较。[①] 再次，加强不同层级空间规划之间的协调与整合。国家、区域和地方等不同层次的空间规划具有不同的目标、框架、实施手段和工具，缺少任何环节的规划都将使不同层次的规划效果大打折扣。可以通过制定专门的政策或者建立针对性的开发项目，解决一些跨区域的问题如交通、环境污染等方面，来进一步加强各级规划内容的整合，达到空间政策和规划目的的一致。

第四，加强对区域规划及其实施的评估和评价。对区域协调发展进行评估分析是实现区域协调发展的必然要求，也是合理、有效地管理区域经济的必然选择。长期以来，人们只顾制定和颁布各种法规、政策，忽略了各项活动取得的成果如何。评估作为检验实施项目、活动的效果、效益和效率的基本途径，也是决定日后区域政策发展方向的重要依据。对于实现区域协调而言，现行方案和实现途径是该继续、调整、革新还是终止，都必须依据客观资料加强评估指导。为了实施区域规划评估，成立独立、专业的评估组织是十分必要的。所有规划的评价都是由人来制定并执行的，因此评价过程实质上是有关人员对规划的制定者和执行者行为的一种价值判断，其本身就具有主观性，实现评价体系的客观合理必须保证评估人员的合理公正。目前，我国还没有形成科学的规划评估机制，现有的评价机构又多依附于政府，不能独立、自主、客观和公正地展开评估工作。因此，加强对规划评价人员的教育、培训，使其掌握评估和评价的科学理论和相关技术方法，同时还要注重号召广大民众积极参与，改变规划制定、评估两者合一的状况，加强社会沟通，充分体现民意，保证对规划评价的客观和公正。

合理划分目标区域，分别依据中央相关政策制定地方规划政策。总体

① 参见张晙：《国外空间规划特点及其对我国的借鉴》，《世界地理研究》2006 年第 5 期。

目标的分解有利于因地制宜的具体实施。无论是西部大开发,还是振兴东北老工业基地,所划定的目标区域过大,有同质化倾向,影响到政策实施的有效性。我国经济发展水平低,目标区域划分得过细也受到经济实力的限制,三级区域的划分是比较适合国情的。从国家层面上看,一级目标区域包括经济地带或经济区,二级目标区域包括省级经济区或市场关联度高的跨省次区域,三级目标区域主要包括省内地市经济区或次经济区域,个别情况下也可以到县域经济区。

四、完善促进协调发展的区域政策

区域政策是实现区域协调发展的重要保障。在需要健全和完善的区域政策中,主要应当包括区域财政性政策、区域产业政策和区域援助政策。

(一) 中央政府制定区域政策的主要依据

1. 中央政府制定政策的决策权

根据分权定理(奥茨定理),国家和地方政府的主要作用是资源分配(公共物品和服务的供给、规制等)、收入再分配(所得税、社会保障制度等)和稳定经济(金融、财政政策)。其中,收入再分配和经济稳定政策由国家来制定和实施是有效率的。只有决策权掌握在中央政府手中,区域政策才能为问题区域提供足够的资金支持,才能保证有效的协调区域政策目标与工具,而且只有中央政府才有合法的身份来统筹解决区域问题。

2. 中央与地方政府的合作分权

资源分配由中央政府决策、地方政府来实施是有效率的(国防、外交、市场规制等仍由国家来供给)。公共物品和服务具有非竞争性和非排他性,市场无法有效供给,而且受惠范围限定在某一区域内,各区域对公共服务的需求也不一样,宜在国家协调下,由地方政府来提供是有效率的。在分权情况下,将有限的地方财政收入投入到当地社会基础设施的建设或是激励措施上,对地方政府尤其是贫困落后地区的政府而言,是两难选择。长期以来,我国大多数落后地区的“吃饭财政”,虽与其有限的财政收入基数有关,但很大程度上与其无效或低效率的工业投资和资本市场上的投资有关。如果结合中央财政的转移支付,把有限的资金投资于社会基础设施(包括教育)和居民福利上,至少不会恶化其财政水平,还有可能改善其投资环境,吸引资金和项目,逐渐培育起区域经济长期发展的动力。另外,我国地方政府间的合作机制主要是以中央的行政指导为基础的，而逐渐建立起以市场为基础或者市场和行政两种手段互补的区域互惠互利的合作机制，对于丰富和完善我国的区域经济政策体系，促进区域经济协调发展也具有极其重要的理论与现实意义。

3. 在中央指导下的地方政府制定区域政策的自主权

在中央指导下，地方具体制定地区布局政策、地区产业政策、地区特殊政策、地区补偿政策和地区组织政策。地区布局政策是国家区域经济政策的核心组成部分，它的运行和实施主要依靠行政和财政手段。现阶段国家应逐步增强中央政府调节地区布局的经济实力，充分发挥国家投融资政策在地区经济布局中的调控作用。我国地区产业政策的基本思想是强调东西互补，建立合理的区域分工和地区产业结构。其直接手段包括直接投资和财政转移支持，间接手段包括政策引导和利率、税率的优惠。地区特殊政策是国家对重点发展、重点开发的地区赋予在外资、外贸、财政、金融等方面较大的自主权，并给予相应的特殊优惠政策。地区补偿政策，即对老、少、边、穷地区、老工业基地、区位政策优势偏差的山区，在财政、税收、金融等方面的补偿。地区组织政策打破地区封锁，发展地区间经济技术合作，实现区域经济一体化，建立全国比较完整的国民经济体系，是区域组织政策的主要任务。

我国的地方政府竞争与成熟市场经济国家的地方政府竞争相比，有其独有的一些特点。在我国，地方政府竞争的范围和重点在不断变化之中。由于有效规范地方政府竞争的规则尚未完善，地方政府竞争缺乏良好的秩序，竞争的机制也不够完善。规范地方政府竞争是促进区域经济协调发展的必要前提之一。一般而言，规范地方政府竞争应坚持开放性原则、职能下属化原则、原产地规则等原则。规范地方政府竞争的具体措施主要可从强化中央政府的调控职能、进一步深化经济体制改革、适当调整公共政策以及创造可行的政治经济条件、建立各地政府间的协调机制等方面来进行。通过规范地方政府竞争，保障合作各方的合法权益，使区域之间的合作能够顺利进行下去，达到各展所长、优势互补、共同发展的目的。

需要特别提出的是，发达国家主要依靠法律手段来干预区域经济发展，不仅颁布法律来规范区域经济政策体系的运作，还对具体的区域经济政策手段和环节作出明确的法律规定，依靠法律的强制力实现区域经济政策目标。我国也应以立法的形式，建立专门的区域经济政策管理机构，确立区域经济政策的目标体系、适用的区域范围、政策工具、奖惩措施、调整机制以及资金的来源、使用、监督、效果评估，规定各级区域利益主体的权责范围等一系列保证政策有效执行的法律依据。这样，既有助于加强政策执行的系统性、稳定性和权威性，也可以提高政策执行的效率和效果。构建地区法即一定的政权机关制定的具有强制效力的行为规范，用来体现国家的政策主张，并使之得到贯彻落实，为区域经济政策的制定和实施提供依据和保障。

（二）区域政策的主要构成内容

1. 区域协调发展的财政政策

财政政策是区域协调发展的重要作用机制。其主要作用是：

第一，财政政策是区域协调发展的重要调节手段。财政政策是区域经济发展总量调节的重要手段，也是配合产业政策和投资政策，促进区域产业合理分工和区域经济的协调、有序发展的重要手段。区域财政目标具有三个目标：区域经济发展的效率目标、区际公平目标和区际发展的稳定性目标。

第二，规范区域财政支出的使用方向、比例和时间。区域财政政策通常包括两个方面：地方税收和财政分配。从财政收入来看，关税、消费税等归中央固定收入；营业税、房地产税、个人所得税归地方；企业所得税、增值税、印花税、资源税归中央和地方共享。其中增值税为中央政府分享75%，地方政府分享25%。

中央地方加大扶贫、投入的力度，并把全社会各个方面的力量组织起来，形成强大的合力，帮助扶贫地区加快发展。加大对科技、教育的投入。建立健全多渠道、多层次的全社会科技投入体系。加快发挥财政对完善社会保障制度的促进作用，确保人民的基本生活。

第三，充分发挥城市财政在调节区域协调发展中的作用。城市财政随着城市的形成而产生，随城市的发展而发展。由于城市具有人口稠密、工商业发达、交通便利等特点，决定了城市财政的特殊性。城市经济的发展规模和效益制约着城市财政的规模。就城市经济而言，由于其聚集性与空间性特征，经济运行中的自然垄断、外部性和地方公共产品的提供问题表现得较为突出，城市财政必不可少。

国际经验证明，发展中国家提高城镇化水平单纯通过发展大中城市，其作用极其有限。我国的城镇化水平落后，与小城镇财政收入不足明显相关。小城镇距离农村较近，生活成本低，财政收入少，制约了小城镇基础设施等的建设。但另一方面，小城镇吸收农村剩余劳动力的能力强，而且可以兼顾第二、第三产业和农业。发展小城镇可以有效降低城镇化进程中的风险和成本，并且小城镇的发展必有一部分演变为小城市，并且最终演变为中等城市，从而提高城镇化水平。因此加大小城镇财政的投入力度、活跃小城镇经济发展是我们目前面临的一项紧迫的任务。

2.区域协调发展的产业政策

产业政策主要是指产业导向政策，是国家引导产业在不同条件的地区合理科学布局的产业政策、环保政策以及相关的税收政策。

第一，构建区域协调发展的产业政策。政府应当采取有效的区域产业政策及财税政策等，打破条块分割壁垒，形成东部与中西部的统一市场，把国家产业政策与区域产业政策有机结合起来，实现资源在产业间的优化配置。协调地区与地区之间、地区和国家之间产业政策和财政政策。

从我国经济发展需要来看，区域产业政策应该分为两个层次：第一层次是经济区域一级的区域产业分工与协调政策，指导经济区域内产业的选择；第二层次是省、市、区一级的区域产业政策实施机制，因为各省、市、区有各自不同的利益和要求，行政执行和落实主要是在这一层次上体现不同的特点。区域产业分工与协调是由产业规划部门根据国家经济发展的需要，在正确评价区域比较优势变化情况的基础上，确定各区域的哪些产业和部门应予支持和发展，哪些产业和部门应予以限制、禁止或转移，在区域内如何进行产业分工。区域产业政策的实施是由各省、市、区在产业选择的基础上，综合做出具体的发展规划和设想。两个层次的区域产业政策制定方法结合，可加强区域产业政策的科学性和有效性，使区域产业政策真正成为指导经济发展的有力手段。

第二，加强重点地区的产业规划与结构调整。根据我国的实际经济状况，有两类关键区域的产业发展需要政府的重点参与，以缓解结构性矛盾，促进资源优化配置。第一类是资源开发区。资源开发区是指拥有高度聚集的、能够解决国民经济近期和长远重大经济发展任务的关键自然资源的地域。资源性产业长期以来是制约国民经济发展的“瓶颈”产业，而地方政府又无力或不愿投入大量资金。考虑到这些区域开发往往跨越行政区域，产业联系密切，政府应当进行合理开发的综合利用，以提高社会经济环境效益。第二类是结构调整区域。这类区域是指因过度密集而导致负外部性、结构不合理而又无力自身调整，制约国家产业机构高度化的地区。这些区域产业结构问题的解决，可以为不发达地区的产业发展提供新的选择空间和机会，促进不发达地区和发达地区间的协调发展。

第三，对发达地区和欠发达地区按比较优势进行产业分工。政府必须采用产业政策对区域化进行干预，推进区域产业结构的整合与分工，形成布局合理、协作密切的生产体系。具体来讲，就是对全国各产业及其各地区的各产业的经济效益进行分析，对东部发达地区那些具有绝对优势但不具有比较优势的产业，即和区内其他产业相比其经济效益较低且处于下降趋势，同时其资本劳动力比率明显低于区内资本劳动力比率的平均水平的产业，要采取金融、外汇、环保、税收等综合措施限制其扩张；对于扩张过度的产业，如中国沿海地区的纺织业，要强制其退出。对于中西部欠发达地区，主要扶持虽具有比较优势、但尚未形成竞争优势的产业。这样，可以加速发达地区已丧失比较优势产业的退出，退出资金转移到欠发达地区投资，以催化欠发达地区具有比较优势的产业的成长和竞争优势的形成。

（三）强化区域援助政策，促进区域协调发展

在区域政策当中，区域援助政策是发挥作用比较明显、对区域协调发展影响比较大的区域政策。

1. 援助性政策概述

援助性政策也可称为补偿性政策或转移支付政策，是解决由于中央和地方之间的纵向不平衡和各地区之间的横向不平衡而产生的某些地区、某些产业和某些人口的发展落后的问题，是国家为了实现区域间各项社会经济事业的协调发展而采取的·项政策体系。

第一，基本原则。一是“扶持弱者”原则，对弱势群体、弱势产业、弱势企业、弱势地区优先援助；二是“弥补缺陷”原则，弥补市场自发力量下“强者更强，弱者更弱”的缺陷；三是“独立存在”原则，对个别地区独有的问题进行单独援助；四是“适度倾斜”原则，在政策资源有限的情况下，对个别地区给予适度的政策倾斜；五是“同等优先”原则，对同样需求政策条件下，优先考虑综合条件较差的地区。

第二，实施结果。从国内外政策实施的轨迹看，政府的援助性政策通常可能出现两种结果：第一种是负效应。在这种状况下，政府的援助款项被截留或者挪用，由政府资金建设的工程成为劣质工程，政府援助政策使民众产生更强的援助型路径依赖，减弱了其依靠自身致富的努力。第二种是正效应。就是政策的实施能极大地刺激农民和社会各界自主发展的积极性，社会投入相应跟进，地区的主导产业得以强化，农民的素质得到明显提高，更多的农民融入国家现代化的进程，整个农村经济社会发展更为有序也更有活力，城乡经济差距与社会矛盾得以缓和。为实现第二种目标，就需要深化体制改革，建立信息公开透明、资金下达严格、监督机制健全、激励约束规范的新型管理制度。

第三，政策类型。区域援助政策大致分为三类，一是中央财政与省级财政之间的转移支付；二是中央财政对贫困地区的转移支付；三是发达省市区对不发达省市区的转移支付。

2. 中央财政与省级财政之间的转移支付

日本知名财政学者神野直彦教授在描述日本财政体制的特征时，称之为“集权分散型体制”。集权是中央政府在提供公共产品和服务方面具有压倒性的发言权；分散是在实际担负公共产品和服务的支出上地方政府占有较大的比例。集中大部分税收于中央财政的税制结构和中央财政向地方财政的大规模转移支付，是这种体制重要的两个实质性内容。日本财政转移支付的根本原则是：保证全国任何一个地区的地方政府都能向其居民提供一定水准之上的公共产品和服务。此外，国库补助金的拨付大部分也是按照地区政策的目标，主要用于欠发达地区的各项基础设施建设。可以说，地区财政的大部分政策手段都是通过国库补助金形式的财政转移支付来落实的。从这个意义上讲，财政转移支付是区域政策的最基础和最重要的财政手段。

我国中央财政与省级财政之间转移支付包括以下内容：

第一，我国中央对地方的转移支付形式复杂多样。包括税收返还、原体制补助、专项补助和一般性转移支付。其中一般性转移支付又包括过渡期转移支付补助、民族专项转移支付、各项结算补助和其他补助。

第二，我国中央对各省区市的税收返还额是以基数法来确定的。这种计算方法将1993年前财政包干体制下形成的各省区市财力差异状况固定下来，并带入以后每一年的税收返还额计算之中。通过这种方式进行的转移支付，使发达地区得到了更多的实惠，这也正是我国中央财政转移支付大幅度提高的同时，地方人均财政支出相对差异系数也大幅度上升的原因。专项拨款一般占转移支付总额的20%左右，是仅次于税收返还的第二大转移支付形式。目前我国的专项拨款随意性较大，各省分配存在一定的不合理因素，最能体现财政转移支付均衡目标的一般性转移支付则比重较小。

3. 中央财政对贫困地区的转移支付

财政转移支付改善了欠发达地区的财政困难。随着中央与地方财政关系的变化，我国地区财政自给能力也发生了一定的变化。但是，欠发达地区的财政自给能力仍然很低，需要通过纵向与横向的转移支付来缓解这种财政能力不平衡的状况。1994年以前，以横向转移支付为主，且比重均在80%以上；1994年分税制改革以后，中央掌握了更多的财政资源，改为以纵向转移为主，2001年比重已超过90%。

西部大开发之后，中央的财政转移支付对地区财政支出能力的贡献度不断上升，其中西藏、青海、宁夏、甘肃、贵州、新疆、云南、陕西、吉林和内蒙古等省区的转移支付额占财政支出的比重超过50%；西藏自治区更是高达95%以上。说明西部大开发以来我国中西部欠发达地区，尤其是少数民族地区在财政转移支付制度中获得了较大收益，很大程度上缓解了财政困难的压力，基本达到了我国财政转移支付的目的。

4.发达省区对不发达省区的转移支付

邓小平同志共同富裕的构想是：一部分有条件的地区先发展起来，一部分地区发展慢点，先发展起来的地区带动后发展的地区，最终达到共同富裕。避免两极分化，解决的办法之一，就是先富起来的地区多交点利税，支持贫困地区的发展。

发达省区对不发达省区的转移支付按照资金流动方向划分属于横向模式的一种，即财政能力不同的地方政府间资金转移的一种模式，一般需要中央政府立法规范。由于我国目前所处的发展阶段使得中央政府的财力受到限制，而且在制定与实施区域政策时不得不兼顾效率问题，即在对欠发达地区提供政策倾斜和资金援助的基础上，又适当照顾发达地区的既得利益。中央财政对不发达省区的财政援助显得捉襟见肘，需要发达省区对不发达省区提供转移支付。

省及省以下转移支付制度是我国转移支付制度体系的重要组成部分，在平衡各省内地区间经济发展水平及财力方面发挥着重要作用。但长期以来，我们只重视中央对地方的财政转移支付，忽略了省及省以下财政转移支付，作为平衡财力差距的省对地市的转移支付没能发挥应有的作用。因此，转移支付体系特别是地方均等化转移支付体系亟待健全。

社会主义要求体现公平，即应该把转移支付的对象主要对准公共服务能力和经济发展水平较差的欠发达地区，而且规模越大越好。由于各地区所处的经济发展阶段不同，财政转移支付资金投入的重点领域也不同。发达地区主要将此资金用于生产部门，因此对地区经济增长的作用显著；而欠发达地区主要将此资金用于基础设施建设和社会服务保障等非生产性部门，对地区经济增长的作用相对较小。因此，发达省区有义务为不发达省区提供转移支付，帮助它们走出困境，实现共同富裕。

5.完善我国的转移支付制度

目前我国的转移支付制度虽然在实施中对促进欠发达地区经济社会的发展等方面发挥了重要作用，但也存在一些问题，如实施效果偏离初定的目标；一般性转移支付的规模小；转移支付结构不尽合理；省级以下的转移支付制度建设滞后等，需要通过完善我国的转移支付制度加以解决。

第一，通过规定一般性转移支付的特定资金来源，提高一般性转移支付比重。针对一般性转移支付比重过小的问题，借鉴国际上较为成功的经验，赋予一般性转移支付特定的资金来源。改变目前一般性转移支付较大程度上与财政收入增量挂钩的状态，从财政收入总量中划出一个部分，用于弥补财政失衡的缺口，保障最低标准的公共服务均等化。可以考虑将增值税的一定比例作为一般性转移支付的固定来源。

第二，整合专项转移支付，引入整块拨款的专项转移支付形式。清理现有专项转移支付项目，对情况已经发生变化、不能发挥预期政策作用的项目予以取消；对重复交叉的项目进行整合，适当借鉴美国整块转移支付的经验，对亟待完善、属于中央委托地方事务或中央政策应大力支持，同时涉及多种支出类型的公共服务（既有基建支出，又有运转支出等需求），如公共卫生服务，引入整块拨款的专项转移支付形式，由指定具体支出项目的专项转移支付转为指定支出方向、具体分配和管理的权利由地方政府自主掌握的整块转移支付，这样的安排更能适应不同地区的实际需求。

第三，规范省以下一般性转移支付制度。在明确划分各级政府事权的基础上，完善省以下转移支付制度，特别要建立目标明确、责任清晰的省以下一般性转移支付制度。应明确省级政府弥补省以下纵向和横向财政失衡的职责，各省应参照中央对省一般性转移支付办法，建立省以下一般性转移支付制度，出于成本方面的考虑，也可在中央对省方法基础上适度简化。各省对下级一般性转移支付分配方法、分配依据、分配结果及实施效果等都要接受中央政府监督，同时应公开信息，接受社会监督。

第四，完善专项转移支付体系。建立专门用于矫正辖区间外溢效应、中央委托地方事务的补偿性专项转移支付，完善专项转移支付体系，并将其制度化、长期化。研究制定基本医疗等领域的辖区间外溢效应补偿机制，逐步完善外溢效应补偿制度，实行对提供外溢性公共服务的地方政府的有效补偿，矫正外溢效应对地方政府公共支出投向的扭曲作用。在明确界定中央与地方政府事权的基础上，对中央委托地方事务，设立专项转移支付项目。结合实际，合理确定转移支付标准，采取措施监督事务执行效果。①

① 参见王元、国家发改委经济研究所：《改革完善统一规范透明的财政转移支付制度》，《经济研究参考》2009 年第 27 期。

目前，国家的区域发展总体战略正在付诸实施，区域发展总体战略的实施使区域协调发展的要求更加具体和明确。本书希望通过上述研究内容，阐述对区域协调发展若干重大问题的认识，并作为制定区域规划和政策时的参考。

参考文献

[1] 范恒山:《国家区域协调发展战略和环渤海地区振兴》,《经济研究参考》2007 年第 9 期。

[2] 陈耀:《推动我国区域协调发展的新思路》,《中国社会科学院院报》2006 年第 22 期。

[3] 徐瑛、陈秀山:《以科学发展观为指导 全面评价区域经济质量》,《教学与研究》2006 年第 11 期。

[4] 吴超、魏清泉:《"新区域主义"与我国的区域协调发展》,《经济地理》2004 年第 1 期。

[5] 张崇康:《中国区域协调发展中的政策选择》,《中国流通经济》2006 年第 5 期。

[6] 〔德〕赫特纳:《地理学》,北京,商务印书馆,1982。

[7] 陈新、殷格、张林海:《区域发展与区域协调的统一科学发展观视野下的区域发展战略》,《中州学刊》2005 年第 3 期。

[8] 陈秀山、孙久文:《中国区域经济问题研究》,北京,商务印书馆,2005。

[9] 张可云:《区域经济政策》,北京,商务印书馆,2005。

[10] 陈栋生:《东西互动、产业转移是实现区域协调发展的重要途径》,《中国金融》2008 年第 4 期。

[11] 孙久文、叶振宇:《产业集聚下的区域经济协调发展研究》,《中州学刊》2007 年第 6 期。

[12] 孙久文:《主体功能区战略下的地区发展新思维》,《人民论坛》2011 年第 7 期。

[13] 陈栋生:《论构建协调发展的区域经济新格局》,《当代财经》2008 年第 3 期。

[14] 陈栋生:《区域协调发展和区域发展总体战略》,《浙江经济》2007 年第 10 期。

[15] 肖金成:《突出西部大开发在区域协调发展中的战略地位》,《中国财政》2010 年第 19 期。

[16] 肖金成:《中国区域发展新格局及促进区域协调发展的若干建议》,《经济学动态》2009 年第 12 期。

[17] 安虎森、高正伍:《经济活动空间聚集的内生机制与区域协调发展的战略选项》,《南京社会科学》2010 年第 1 期。

[18] 安虎森、蒲业潇:《循环积累因果机制与我国区域协调发展》,《华中师范大学学报》(人文社会科学版)2010 年第 3 期。

[19] 时慧娜、魏后凯:《"十二五"时期中国资源型城市援助政策的调整思路》,《经济学动态》2011 年第 2 期。

[20] 魏后凯、邬晓霞:《"十二五"时期中国区域政策的基本框架》,《经济与管理》2010 年第 12 期。

[21] 张军扩:《对“十二五”时期促进区域协调发展几个重要问题的分析和认识》,《国家行政学院学报》2010 年第 3 期。

[22] 姜文仙、覃成林:《区域协调发展研究的进展与方向》,《经济与管理研究》2009 年第 10 期。

[23] 覃成林:《区域协调发展机制体系研究》,《经济学家》2011 年第 4 期。

[24] 严汉平、白永秀:《我国区域协调发展的困境和路径》,《经济学家》2007 年第 5 期。

[25] 徐康宁:《区域协调发展与全面建设小康社会》,《南京社会科学》2010 年第 2 期。

[26] 国家发展改革委地区经济司:《“十二五”时期促进区域协调发展的基本思路与政策建议》,《中国经贸导刊》2009 年第 19 期。

[27] 范剑勇、谢强强:《地区间产业分布的本地市场效应及其对区域协调发展的启示》,《经济研究》2010 年第 4 期。

[28] 周绍杰、王有强、殷存毅:《区域经济协调发展:功能界定与机制分析》,《清华大学学报》(哲学社会科学版)2010 年第 2 期。

[29] 丁建军:《城市群经济、多城市群与区域协调发展》,《经济地理》2010 年第 12 期。

[30] 孙红玲:《论产业纵向集聚与财政横向均衡的区域协调互动机制》,《中国工业经济》2010 年第 4 期。

[31] 陈耀:《东部地区率先发展的科学内涵:全面协调可持续》,《文汇报》2006 年 6 月 16 日。

[32] 于娟:《新时期促进区域协调发展的体制机制创新》,《宏观经济管理》2010 年第 1 期。

[33] 宋华盛、何力力、朱希伟:《二重开放、产业集聚与区域协调》,《浙江大学学报》(人文社会科学版)2010 年第 5 期。

[34] 汪阳红:《“十二五”时期促进我国区域协调发展的重点》,《宏观经济管理》2010 年第 7 期。

[35] 许正中、高常水:《产业创新平台与先导产业集群:一种区域协调发展模式》,《经济体制改革》2010 年第 4 期。

[36] 孙翠兰:《中国区域经济协调发展研究综述》,《经济经纬》2007 年第 6 期。

[37] 李清彬、金相郁、张松林:《要素适宜度与中国区域经济协调:内涵与机制》,《中国人口·资源与环境》2010 年第 7 期。

[38] 陈钊、陆铭:《在集聚中走向平衡》,北京,北京大学出版社,2009。

[39] 王荣科:《我国区域发展政策的回顾与展望》,《安徽大学学报》(哲学社会科学版)2002 年第 3 期。

[40] 中国科学院:《中国可持续发展战略研究报告》,北京,科学出版社,2004。

[41] 贾彦利:《新区域主义与长三角区域化》,《商业时代·学术评论》2006 年第 18 期。

[42] 孙海鸣、赵晓雷:《2003 中国区域经济发展报告——国内及国际区域合作》,上海,上海财经大学出版社,2003。

[43] 陈秀山、张可云:《区域经济理论》,北京,商务印书馆,2004。

[44] 张敦富:《区域经济学原理》,北京,中国轻工业出版社,1998。

[45] 胡鞍钢、王绍光:《政府与市场》,北京,中国计划出版社,2000。

[46] 周瑞超:《发挥比较优势 促进区域协调发展》,《经济与社会发展》2006 年第 9 期。

[47] 王小鲁、樊纲:《中国市场化指数:各地区市场化相对进程年度报告》,北京,经济科学出版社,2004。
[48] 陈甬军:《中国地区间市场封锁问题研究》,福州,福建人民出版社,1994。
[49] 常修泽:《逐步实现公共服务均等化》,《人民日报》2007 年 1 月 31 日。
[50] 曹洪峰:《山东省区域经济协调发展状况评价与分析》,《山东经济》2005 年第 3 期。
[51] 李海青:《中国可持续发展能力的量化分析》,天津财经大学硕士学位论文,2006。
[52] 吴优:《大连市可持续发展能力的综合评价及对策研究》,东北财经大学硕士学位论文,2006。
[53] 陆立军等:《略论温州模式的精髓与创新》,《中国农村经济》2004 年第 12 期。
[54] 王延中:《基础设施与制造业发展关系研究》,北京,中国社会科学出版社,2002。
[55] 赵伟:《中国区域经济开放:模式与趋势》,北京,经济科学出版社,2005。
[56] 范恒山:《区域政策:实现宏观调控有保有压的基本途径》,《中国改革》2007 年第 6 期。
[57] 豪尔赫·威廉:《导论:过渡时期的城市挑战》,《国际社会科学杂志》1997 年第 14 期。
[58] 冯云廷:《从城镇化到城市化:农村城镇化模式的转换》,《中国农村经济》2006 年第 4 期。
[59] 杜承铭:《论迁徙自由权》,《武汉大学学报》(社会科学版)2001 年第 4 期。
[60] 伊铭:《上海生态经济功能区划研究构想》,《黑龙江社会科学》2006 年第 4 期。
[61] 张弢:《国外空间规划特点及其对我国的借鉴》,《世界地理研究》2006 年第 5 期。
[62] 王澜明:《社会主义市场经济体制下的政府职能定位》,《中国行政管理》2005 年第 1 期。
[63] 吴强:《政府行为与区域经济协调发展》,北京,经济科学出版社,2005。
[64] 左然:《国外中央政府机构设置研究》,《中国行政管理》2006 年第 4 期。
[65] 宫银峰:《中部商贸流通体系建设战略问题》,《学习与实践》2009 年第 3 期。
[66] 李本和:《中部崛起与区域经济协调发展中的现代市场体系建设》,《理论建设》2006 年第 1 期。
[67] 秦娟:《简析西北五省区城镇化》,《人口与经济》2005 年第 1 期。
[68] 王元、国家发改委经济研究所:《改革完善统一规范透明的财政转移支付制度》,《经济研究参考》2009 年第 27 期。
[69] Friedman, J. R., *Regional Development Policy: A Case Study of Venezuela*, Cambridge: MIT Press, 1966.

后　记

本书是全体作者多年研究区域协调发展问题的成果总结，是集体智慧的结晶。书稿的大纲由国家发改委地区经济司范恒山司长、中国人民大学经济学院区域与城市经济研究所孙久文教授和国家发改委地区经济司陈宣庆副司长共同拟定，由孙久文同志具体负责组织撰写。书稿完成后，范恒山同志审阅了全书，并为本书提供了前言。

本书的学术部分由孙久文同志负责。在写作的过程中，作者参阅了大量的文献和课题研究成果，对于书中引用研究成果，我们均进行了标注。如果有因为作者的疏忽而未加标注者，我们在此表示歉意。

感谢国家发改委地区经济司范恒山、陈宣庆两位司长和其他同志对本项研究的长期支持；感谢商务印书馆编辑对本书出版给予的帮助和支持；感谢中国人民大学经济学院杨瑞龙院长和其他同志对我们的科研工作的关怀。没有大家的帮助和支持，我们不可能完成这项研究工作。

本书除了主要著者范恒山、孙久文、陈宣庆之外，参与写作的还有如下撰稿人：孙广宣、周毅仁、肖春梅、潘玛莉、赵崇生、吴树林、张佰瑞、叶振宇、邓慧慧、付宴、杨维凤、贾瑞敏、时晓栋、施晓丽、贝彦威、彭薇、拜黑提亚·阿布都秀库儿、李华香、胡安俊。

我们特别要感谢国家社科基金规划办的领导和同志们，把我们这本书纳入到国家社科基金后期资助项目当中，使我们的工作进一步深入，我们的成果提高了档次，成果的影响更加扩大。